Printed in Great Britain
by Amazon

دنیای دنیا

نویسنده: سلما عطاران

دنیای دنیا

نویسنده: سلما عطاران

ویراستار: صدرا صمدی – سمانه رخشان پوری

طراحی جلد: ساسان حبیبیان

عکس جلد: نریمان مانی

شابک: ۹۷۸- ۱۵۱۱۶۳۵۸۷۵

ایمیل: salma.rokrast@gmail.com

www.salma-attaran.com

تابستان ۱۳۹۳

عشقی زمینی اما حقیقی...

این کتاب را تقدیم می کنم به همسر عزیزم، نریمان مانی. همان که برای تک تک موفقیت هایم منت دارش هستم. همان که باور توانستن را در من قوی کرد و بیشتر از هر فردی با رسیدن بـه اهـدافـم شـاد مـی شود. همان که اگر در زندگی ام قدم نمی گذاشت، این کتاب و بقیه کتابهایم هرگز خلق نمی شدند.

همچنین این کتاب را تقدیم می کنم به دختـرم، ملـودی. کسـی کـه از لحظـه ی ورودش بـه زنـدگیم، آنچنان عشق را در وجودم غنی کرد و معنای زندگی را برایم عمیق تر، که گرمای عشقش مرا هـر روز به اهداف و آرزو های زندگی ام نزدیکتر می کند. او با آمدنش، ملودی زندگی مرا دلنواز تر کرد.

این کتاب در تابستان سال ۱۳۹۳ به رشته تحریر در آمده است و با تشویق های دوستان و آشنایان در سال ۱۳۹٤ به چاپ رسیده است.

سلما عطاران

فصل اول

پاکت رو باز کردم. بالاخره رسید. آره خودشه. چقدر انتظار این لحظه رو کشیدم؟ چهارسال؟ نه... دقیقاً چهار سال وپنج ماه. اما چرا هیچ وقت اونی نمیشه که فکرش رو می کردی؟ چرا همیشه یک چیزی باید باشه تا جلوی همه خوشحالی‌ها رو بگیره! من الان چهار سال و پنج ماهه که برای این لحظه ثانیه شماری میکنم. تمام این مدت به این لحظه فکر کرده بودم. فکر می کردم بالا و پائین بپرم. قهقهه بزنم. گریه خوشحالی کنم. شیرینی بخرم و تو در و همسایه پخش کنم. زنگ بزنم به فرید. بگم: "فرید... بالاخره رسید. بیا امشب جشن بگیریم. بریم یک رستوران خوب و گرون قیمت. تا دیر وقت بیدار بشینیم و شادی کنیم." اما... چقدر دلم خوش بود. خدایا چرا نمیشه همه خوشحالی‌ها با هم اتفاق بیفته؟ بهترین اتفاق زندگیم باید اینجوری کوفتم بشه! انگار روی پیشونی من نوشتن، بد شانس.

دونه دونه پاسپورت‌ها رو باز کردم. ویزاها! چقدر دلم میخواست این ویزاها بخوره تـوی پاسپورت هامون. همیشه فکر می کردم اون صفحه ویزا که تـوی پاسپورت‌های دوستام دیده بودم، یک تیکه جواهره! جواهری که نصیب هرکسی نمیشه. چقدر غبطه خوردم به ندا. وقتی پنج سال پیش با خوشحالی پاسپورتش رو نشونم داد، با اینکه برـاش خوشحال بـودم، اما، امـا... خُب شاید حسودیم شد. نمی دونم. چرا نباید این ویزا تـوی پاسپورت من میبود. چرا من نه؟ مگه من چی کم داشتم از ندا و امثال ندا؟

آخ که چقدر برای این ویزا حرص خوردم. چقدر فرم پُر کردم. چقدر منّت این و اون رو کشیدم تا بهم اطلاعات بِدن، کمکم کنن. این ویزا ثمره چهار سال و نیم جون کندنمه. زبان خوندن ها... امتحان دادن ها... اما الان که باید خوشحال باشم، الان که باید جیغ بکشم و خوشحالی کنم، نمیتونم. باید سکوت کنم. باید خوشحالیم رو تو دلم دفن کنم و با کسی قسمتش نکنم. نه این اصلاً حق من نیست. فرید چهار سال و نیم زندگیم رو، فکر و روح من رو در گیر این ماجرا کرد. اما الان درکمال پر رویی میگه، امکان نداره بیاد کانادا. امکان نداره مادرش رو ول کنه. چقدر گریه کردم و گفتم نکن فرید، چند ماه دیگه بیشتر نمونده. داره کارمون درست میشه. گوش نکرد، تو چشمام زل زد و گفت: "تو برو! راه باز، جاده دراز، اما من و دخترم هیچ جا نمیریم." التماسش کردم. "فرید! تو روخدا، بیا فقط سه ماه بریم، کارت مهاجرتمون رو بگیریم و برگردیم. من این همه برای این ماجرا زحمت کشیدم. کدوم آدم عاقلی این کار رو میکنه که تو می خوای ما بکنیم؟ که بعد از این همه زحمت ول کنیم!" فرید می‌گفت:"چه زحمتی؟ سه تا فرم پُر کردی. کمی زبانت رو بهتر کردی. چند میلیون هم ضرر زدی. جلوی ضرر رو هم هر وقت بگیری منفعته. دوباره این همه خرج الکی نمی کنم ببرمت کانادا هوائی بشی."

آره حق داشت، چه زحمتی؟ همه زحمتها با من بود. شش سال و نیم پیش که لیسانس گرفتم و فرید اومد خواستگاریم، از دانشگاه آلبرتای کانادا پذیرش فوق داشتم، با بورس کامل. نشست زیر پام، که عاشق من شده، بدون من می‌میره! گفت الان نمی تونه بیاد کانادا. التماسم کرد فوق لیسانسم رو تو ایران بگیرم و برای دکترا بریم کانادا. گفت دو سال زمان می‌خواد تا کاراش رو راست و ریست کنه. به خاطر فرید کنکور دادم، دانشگاه تهران قبول شدم و فوق خوندم. پنج تا مقاله به کنفرانس‌های اروپا و آمریکا فرستادم اما واسه هیچ کدوم نتونستم برم. افسوس که هر بار به خاطر این ویزای کوفتی نتونستم برم. دوباره پذیرش گرفتم این بار برای دکترا، اما... اما فرید زد زیر حرفش. گفت دوست نداره با ویزای دانشجویی بریم. دوست نداره بره اونجا تازه دنبال مهاجرت گرفتن باشه. گفتم پس بگذار واسه اقامت کانادا اقدام کنیم. گفت پول وکیل نمیده و هیچ کمکی هم نمی‌کنه. خودم موندم و خودم. باورش نمی‌شد که بتونم، اما دیگه بسه آقا فرید. بسه هر چی من رو فرستادی دنبال نخود سیاه. چطور من رو دست کم گرفتی؟ مثل اینکه یادت رفته من کی هستم. من همون دنیام! همون که رتبه ۲۳ کنکور ریاضی بود، همون که همیشه شاگرد اول بود. بهت نشون میدم، اگه تا حالا هر آهنگی زدی باهاش رقصیدم، بخاطر خنگ بودنم نیست، بخاطراحمق بودنم نیست. تا حالا بهت فرصت دادم، خانومی کردم اما دیگه نمی گذارم با آینده من و این بچه بازی کنی.

پاسپورت‌ها رو قایم کردم. فرید روحشم خبر نداشت که پاسپورت ها رو برای ویزای مهاجرت فرستادم. چند ماه پیش وقتی برای مصاحبه باید به ترکیه می‌رفتیم، با هزار بدبختی راضیش کردم که بریم اما تا از مصاحبه برگشتیم، یک دفعه همه چیز عوض شد. همه اش هم زیر سر مادرشه. شک ندارم. انقدر گریه و زاری راه انداخت که بدون تک پسرش تنها میشه تا بالاخره رأی فرید رو زد. می گفت به خاطر فرید و دختراش - لاله و نغمه - بعد از مرگ شوهرش عروسی نکرده و خودش رو فدای بچه هاش کرده. حالا نوبت اونهاست و نباید تنهاش بگذارن... نمی دونم! یعنی این انصافه؟ یعنی هر مادری که کاری برای بچه هاش می‌کنه، باید اینجوری منّت سرشون

بگذاره؟ به نظر من چنین مادری هیچ کاری رو بخاطر بچه هاش نکرده. هر کاری که کرده بخاطر خودش کرده. فقط خودش. به خاطر تنهائی‌های روزهای پیریش، وگرنه اینطوری برای آینده بچه هاش تصمیم نمی‌گرفت. خُب شوهر می کردی. هم خودت انقدر بدبختی نمی‌کشیدی، هم الان اینجوری با آینده بچه‌هات بازی نمی کردی. هرچند، مطمئنم که آب نبوده وگرنه شناگرماهری بودی! آخه کی حاضر میشد تو رو با این اخلاق وحشتناکت و سه تا بچه قد و نیم قد بگیره؟

باید هر جور شده می رفتم. فقط چند ماه وقت داشتم. این ویزا چند ماه بیشتر اعتبار نداشت. اما هر لحظه ممکن بود که فرید دستش به پاسپورت‌ها برسه و از اینکه چی توی سرم هست بویی ببره. اون موقع شاید پاسپورت‌ها رو گُم و گور می کرد. شاید میزد صفحه ویزا رو پاره می کرد. دیگه حداقلش می رفت اجازه خروج من و نیکی رو باطل می کرد. واقعا چرا؟! چرا این مردا فکر می‌کنن زن ها، مثل داراییشون می‌مونن؟ چرا فکر کرده چون عاشق من شده، میتونه من رو عوض کنه و از آرزوهام دور کنه؟ چطور این حق رو به خودش میده که من رو همون جوری بکنه که خودش دوست داره؟ واقعا چرا بعضی مردا، زن‌ها رو احمق فرض می‌کنن؟ وقتی گفتم فرید، تو از روز اول می‌دونستی من نمی خوام ایران بمونم. اگه نمی خواستی بیای، چرا این کار رو کردی؟ چرا اصلاً گفتی اقامت بگیر؟ اون وقت توی چشمای من زل زده میگه: "گفتم چند سالی سرت گرم این مهاجرت باشه، دست از سر من برداری! بی پدر و مادرها هفت ساله که اقامت همسایه مادرم اینها رو ندادن، اون وقت سرچهارسال مال ما رو دارن میدن! اینم شانس منه."

اصلاً دیگه نمی خوام فکر کنم چطور عمرم رو حروم کرد. چطور با من بازی کرد. من از این اقامت نمی‌گذرم. نمی گذارم بیشتر از این به من ظلم بکنه. اما چه جوری؟ تنها کسی که باید می‌فهمید، سمیرا بود. سمیرا صمیمی‌ترین دوستم توی ایرانه. ازدواج نکرده و اون هم هر لحظه ممکنه کار اقامتش جور بشه. من و سمیرا با هم برای مهاجرتِ کانادا اقدام کردیم. سمیرا هیچ وقت مثل من درس خون نبود که بتونه بورس بگیره. قصد ادامه تحصیل هم نداره اما صد در صد عاقل تر از من بوده وهست که تا حالا شوهر نکرده. چقدر بهش غبطه می خورم. وقتی بریم کانادا، از هر لحاظ راحت تره. راحت تر میتونه پیشرفت بکنه. هیچ استرسی نداره که چه جوری باید از این مملکت بره بیرون. پدر و مادرش مثل شیر پشتشن، مشوقشن. اما من چی؟ اگه مامان و بابام بفهمن که می خوام اینجوری برم، امکان نداره به گوش فرید نرسونن. مامانم میگه دنیا، تو بچه داری، به خاطر اون هم که شده بگذر.

گوشی رو برداشتم و به سمیرا زنگ زدم، با یک غمی گفتم:
- الو... سمیرا... می دونی چی شده؟
- چی شده؟ نیکی چیزیش شده؟ چیه؟ چرا ناراحتی دنیا؟ زود باش... بگو.
- هیچی نشده بابا چرا ترسیدی؟ ویزاها رسید.
سمیرا شروع کرد از خوشحالی جیغ و داد کردن و خندیدن.
- ایول... مبارک باشه. خُلِ دیوونه. پس چرا ناراحتی؟
- باید کمکم کنی. می دونی که فرید امکان نداره بیاد. راضی نمیشه. بیا بریم بیرون حرف بزنیم.

من و سمیرا همیشه توی کافی شاپ سر خیابون قرار می گذاشتیم. هم به خونه ما نزدیک بود و هم به محل کار سمیرا. سمیرا همیشه از کار جیم می‌زد و با من قرار می‌گذاشت. کلاً خیلی کارش رو جدی نمی‌گرفت. توی یک شرکت، طراحی گرافیک می کرد. نیکی رو حاضر کردم و گذاشتم خونه همسایه. همیشه وقتی کار داشتم، دختر همسایه مراقب نیکی بود. نیکی کم کم خوب حرف میزد و همه چیز رو خوب می‌فهمید. درسته که فقط دو سال و نیمش بود، اما به هر حال باید محتاط می‌بودم. ممکن بود از حرفهای ما چیزی بفهمه و ازدهنش چیزی در بره و فرید همه چیز رو بفهمه.

رسیدم پیش سمیرا. سمیرا طبق معمول زودتر از من رسیده بود و شاکی بود. کمی مضطرب به نظر میرسید. با اینکه همه فکر می کردن سمیرا خیلی آدم بی خیالیه، اما من خوب میشناختمش. همه چیز رو تو خودش می‌ریخت و اونجورکه همه فکر می کردن نبود.

سمیرا یک راست رفت سر اصل مطلب:
- دنیا، فقط نگو... نگو که می‌خوای یواشکی بری...
- چرا... سمیرا باید برم... سمیرا، فرید با من بازی کرد. من نمیتونم دیگه اینجا بمونم... نمی تونم... دارم خفه میشم... نفسم توی این شهر بالا نمیاد... نیکی... نیکی همش مریضه... آسمش هر روز بدتر میشه. سمیرا اگه فرید بفهمه همه چیز خراب میشه.
- یعنی می‌خوای بچه اش رو بدون اجازه اش ببری؟ دنیا... تو همچین آدمی نیستی.
برای یک لحظه خیلی جوش آوردم. گفتم:
- چرا سمیرا. تو دیگه چرا؟ هر کی ندونه تو می دونی فرید چه جوری من رو سر کار گذاشت.
- می دونم... اما... اما تو الان بچه داری... اون گناه داره.
- اینم تقصیر من نیست سمیرا. می گفتم بچه نمی خوام. می خوام خودم. یادت نیست؟ بهش گفتم دلم نمی خواد تا کارمون درست نشده بچه دار بشیم. نمی خوام بچه ام مثل من اینجا بدنیا بیاد. گفتم بگذار بریم کانادا... همونجا بدنیا بیاریمش. نمی خوام اینجا بدنیا بیاد و با پاسپورت ایرانی، نتونه حتی واسه یک کنفرانس علمی از کشور خارج بشه. نمی خوام مثل من بشه... اما چی کار کرد؟ گولم زد. بدون اینکه من بخوام___ اصلاً ولش کن... سمیرا... دیگه نمیکشم... مثل یک پرنده شدم توی یک قفس بزرگ... میگن پرواز کن... همینجا پرواز کن... اون بیرون هم نمیتونی بری، اگه بلدی همین جا پرواز کن. اصلاً کی حق داره بگه من کجا باید پرواز کنم؟؟؟ دلم می‌خواد هرجایی که می‌خوام برم... همه دنیا رو ببینم. خدا وقتی زمین رو آفرید هیچ مرزی بین هیچ سرزمینی نگذاشت. گفت سفر کنید تا بیشتر من رو بشناسین... من نمی خواستم برای همیشه برم. من عاشق ایرانم... من فقط می خواستم آزاد باشم اما نمیشه. با این پاسپورت نمیشه. این حق من نبود. این همه برای درسم زحمت کشیدم. چرا نباید ویزا میگرفتم؟ چرا؟... چون ایرانی ام؟ چون مثل خیلی‌ها خاله و عمه ندارم اونور دنیا که حمایتم کنن؟... یکی گفت اگه چیزی به نامت باشه شاید بتونی راحت تر ویزا بگیری اما فرید حاضر نشد خونه رو به نامم بزنه. گفتم تعهد محضری میدم که بعد از اینکه ویزا گرفتم دوباره به نامت کنم ولی قبول نکرد.

نمی دونم چرا اما با یادآوری این خاطره ها بغض‌ام ترکید. آره، من آدمی نبودم که بخواهم بچه ام رو یواشکی ببرم. من دوست نداشتم ظالم باشم اما... اما این تنها راه بود برای رسیدن به آرزوی همیشگی ام.
- سمیرا. میرم کارت مهاجرتم رو می گیرم. اگه تا اون موقع فرید راضی شد و اومد پیشمون که هیچی وگرنه بر می‌گردم. من نباید این آخرین فرصت رو از دست بدم. من واسه این مهاجرت جون کندم. تو که خودت میدونی چی کشیدم.
- راست میگی دنیا... فرید واقعا نامردی کرده اما کاش راضیش می کردی. بالاخره رگ خواب شوهرت رو باید بلد باشی. اینجوری من نگرانتم.
- سمیرا جون، رگ خواب نداره. فعلاً این اونه که من رو چند ساله خواب کرده.

گوشی موبایلم زنگ خورد. فرید بود. از سمیرا عذر خواهی کردم و گوشی رو بر داشتم.

- سلام... دنیا... خونه نیستی... من اومدم خونه... دنبال پاسپورتم می‌گردم. پیدا نمی کنم. توی کشوی مدارک نیست.

هُری دلم ریخت پائین. وای خدایا... چرا الان؟ الان نه!
- باید توی همون کشو باشه عزیزم، من بهش دست نزدم، حالا چرا؟ چرا دنبال پاسپورتتی؟
- هیچی، باید جمعه برم دبی جنس‌ها رو بیارم. قرار بود علی بره اما امروز خانومش زایمان کرده، زنگ زده میگه نمی تونه بره.
- به این زودی زایمان کرده؟ مگه یک ماه دیگه نبود موقع زایمانش؟
- من چه می دونم دنیا. مگه من متخصص زنان و زایمانم؟ پس این پاسپورت‌ها کجان؟ همیشه توی همین کشو بودن.

قلبم داشت توی دهانم میومد. نه، نباید می‌فهمید، نباید پاسپورتش رو میدید. حالا باید چی کار کنم؟ سعی می کردم خودم رو خیلی خونسرد نشون بدم و فرید بویی نبره.
- کشو بغلیش رو بگرد، شاید اونجاست.
- نه اونجا رو هم گشتم. نیست که نیست.

فرید داشت از کوره در میرفت. همیشه وقتی چیزی رو گم می کرد دست و پاش رو گم می کرد.
- عشقم ناراحت نباش، من میام خونه پیداش می‌کنم.
همون لحظه بی اختیار کیفم رو باز کردم. هر سه تا پاسپورت ها روهُل هُلی توی کیفم قایم کرده بودم و با خودم آورده بودم.

- نه... نه... نه... نیست... یعنی چی نیست؟ مگه جای پاسپورت‌ها اینجا نیست؟ شناسنامه‌ها و کارت ملی‌ها همین جان اما پاسپورت‌ها نه.
کم کم داشتم دست و پام رو گم می کردم. گفتم:

- من الان میام خونه پیداشون می‌کنم... شاید زهره خانوم که اومده بود واسه نظافت جا به جاشون کرده.
- بی خود اجازه میدی به این کشوها دست بزنه. اگه گم و گورشون کرده باشه چی؟
- نه فرید، خودت رو کنترل کن، من قول میدم پیداشون می‌کنم.
- پس زود باش بیا خونه... کی میای؟
- میام عزیزم تا نیم ساعت خونه ام.

گوشی رو قطع کردم. حالم خراب بود. حالا باید چی کار می کردم؟
- سمیرا... بیچاره شدم! فرید دنبالِ پاسپورتشه... چی کار کنم؟ اگه ببینه چی؟ اگه ویزا رو ببینه کارم تمومه.
- پاسپورتها کجان؟
- همین جا تو کیفم.
سمیرا پاسپورت‌ها رو گرفت. ورق زد و گفت:
- ای بابا این پاسپورت‌ها هم که کلا ویزا ندارن. خالیِ خالیه... این یکدونه ویزا این وسط توی چشمه. این چی؟ این ویزای کجاست؟
- اون ویزای هندوستانه پارسال فرید رفته بود برای سفر کاری! سمیرا یعنی می‌بینه؟
- نمیدونم... شاید نبینه... فکر نکنم ببینه دنیا... نگران نباش. اما بالاخره تو می خوای چی کار کنی؟ اگه می خوای بری زود باید بری. هر لحظه ممکنه بفهمه.
- آره... می خوام برام دنبال بلیط بگردی... میتونی؟ از آژانس برادرت برام بلیط بگیر... برای همین جمعه... فرید اگه جمعه بره، شنبه برمی‌گرده. همیشه یک روزه میره... باید... باید همون روز برم.
- چهار روز دیگه؟ چه جوری توی چهار روز می خوای هم بلیط پیدا کنی هم وسیله جمع کنی؟ خُل شدی؟ به ندا گفتی اصلاً؟ پول داری؟ دلار گرفتی؟
- وای سمیرا... تورو خدا انقدراسترس نده. نه، منتظرم که به ندا چهار ساعت دیگه زنگ بزنم. الان حتماً خوابه. ندا می دونه که هر لحظه ممکنه برم پیشش. وسیله خاصی هم نمی‌برم. چند دست لباس برای خودم و نیکی. دلار هم دارم. چهار سال و نیمه که دارم جمع می‌کنم. تو فقط بلیط رو بپرس. هرچی هم بود بگیر. فقط صبر کن ببینم بلیط فرید دقیقا کی میشه. من باید یک خاکی تو سرم کنم که این ویزا رو نبینه.
- پاره کن... اون صفحه ویزای پاسپورتش رو پاره کن... نمی‌فهمه.
- دیوونه شدی سمیرا؟ من می خوام اون بیاد پیشمون. اگه ما بریم حتما میاد. ویزاش رو پاره کنم که چی بشه؟! نه یک فکر دیگه تو سرمه. فکر کنم این صفحه ویزا رو بچسبونم به صفحه بغلیش. فقط گوشه هاش رو که بعداً راحت باز کنه و بیاد پیشمون!
- ایول... بابا نابغه. خوب فکریه... آره بچسبون... اصلا عسل رو بردار بچسبون به گوش هاش. اگه هم یه موقع شک کرد، فکر میکنه دستت نوچ بوده. بگو داشتی عسل می خوردی.
- عقل کل. با پاسپورت فرید داشتم عسل می خوردم؟ مگه نون بربریه؟ نه عسل نه... چسب میزنم... فوقش اگر فهمید فکر میکنه چسبِ ویزا بوده. چه می دونم. حالا یک کاریش می‌کنم. من باید زود برم خونه.

دست و پام می‌لرزید. پریدم توی یک مغازه و چسب خریدم، خدا خدا می کردم نفهمه... فرید اصلا آدم فضول و شکاکی نبود. بیشتر از چشماش به من اعتماد داشت. اکثر کارهای خونه رو به من سپرده بود. مثلاً حساب و کتاب خونه، پرداخت قبض‌های خونه. اما جز یک پول ماهیانه که به من می داد تا از توش به کار خونه برسم، هیچ وقت هیچ کدوم از حساب‌های بانکیش رو به من نشون نداده بود. نمی دونستم چقدر پول داره، چقدر سرمایه داره. همیشه جوری وانمود می کرد که وضعش خیلی خوب نیست اما من دیگه فهمیده بودم، این حرفها رو میزنه که یک موقع من پررو نشم و ول خرجی نکنم. فرید دوازده سال از من بزرگتر بود و تا دیپلم بیشتر درس نخونده بود اما مغز اقتصادی خیلی خوبی داشت. از هجده سالگی رفته بود دنبال کار آزاد. با درآمدش هم برای خودش، هم برای مادرش خونه خریده بود. حتی جهازِ خواهرش رو هم داده بود و جهازِ خواهر کوچیکش هم آماده بود! یادم میاد وقتی اومد خواستگاریم، بابام بهم گفت:
- دنیا! مطمئنی می‌خوای با فرید عروسی کنی؟ فرید مثل تو دنبال درس نبوده. دنیای اون با دنیای تو خیلی فرق میکنه. پشیمون نشی دخترم؟
پشیمون؟ آره! شاید خیلی وقت باشه که پشیمونم! فرید رو دوست دارم اما نمی دونم چی شد که من توی بیست و دو سالگیم، تو اوج پیشرفت درسی، یک دفعه به فرید بله گفتم! انگار طلسم شده بودم. اما شایدم دلیلش این بود که فرید می گفت عاشق درس‌خون بودنم شده! اینکه من رتبه دو رقمی داشتم، جذبش کرده. گفته بود آدما دنبال مکمّل هم می‌گردن، نه کسی مثل خودشون. من خیلی بچه بودم. خیلی ساده بودم که همه اون حرف‌های رومانتیک رو باور کردم! تا اینکه چند سال پیش فرید رو در حالی دیدم که داشت به دوستش توصیه می کرد زن هم سنّ و سال خودش رو نگیره! زنی بگیره که بیشتر از ده سال ازش کوچیکتر باشه تا بتونه اونجور که دوست داره بارش بیاره! اون موقع بود که شستم خبر دار شد که فرید تو ذهن خودش داره من رو تغییر میده! داره من رو اونجوری بار میاره که دوست داره.

صفحه ویزای پاسپورت فرید رو چسب زدم و خودم رو به خونه رسوندم. خونه زیر و رو شده بود! فرید هر چی توی کشوها بود خالی کرده بود روی زمین. دور خونه راه میرفت و نق میزد. خودم رو در حال گشتن نشون دادم. همین که فرید از در اتاقی که قبلاً پاسپورت‌ها توش بود رفت بیرون، گفتم:
- فرید... کشوها رو در آوردی ببینی نیفتاده ته کمد؟
کشو رو تا لب بیرون کشیدم و زود پاسپورت‌ها رو ته کمد انداختم... کشو رو بستم. فرید از دور گفت:
- نه... یعنی افتاده پشت کمد؟

فرید اومد تو، مهلت نداد که من کشو رو بیرون بکشم. کشوها رو در آورد و پاسپورت‌ها رو پیدا کرد... قلبم از جا داشت کنده میشد! اگه پاسپورت من یا نیکی رو نگاه می کرد کارم تموم بود! هر سه تا پاسپورت رو برداشت. گفت:
- وای. تو چقدر باهوشی دنیای من.

فرید من رو بغل کرد و بوسید. هر وقت فرید می گفت "دنیای من" یعنی خیلی خوشحال بود... زود پاسپورت‌ها رو باز کرد و پاسپورت خودش رو پیدا کرد. خدا رو شکر اولین پاسپورت مال خودش بود! همینکه اومد که پاسپورت‌های من و نیکی رو بگذاره روی میز، گفت:

- اصلا بذار اینارو ببرم بذارم توی گاو صندوق شرکت. اینجا جاش امن نیست. این زهره خانوم هم معلوم نیست چی کار میکنه توی این خونه با این تمیز کردنش.

فکر کنم رنگم پرید. فرید پاسپورت‌ها رو توی جیبش گذاشت و داشت از در میرفت بیرون. خدایا! همه چیز تموم شد. دیگه دستم به پاسپورت ها نمیرسه. اگر این پاسپورت‌ها از در بیرون می رفتن دیگه معلوم نبود کِی به دستم می رسیدن. نه! نباید! نباید می گذاشتم که ببره.

- خُب عزیزم حالا که می بری همه چیز رو ببر... شناسنامه ها، کارت های ملی، سند ازدواج... همش رو باهم ببر.
فرید وایستاد... چند ثانیه گذشت تا اینکه برگشت و گفت:
- آره راست میگی... همین الان بده همه رو ببرم.
- باشه صبر کن برات بیارم.

رفتم کشو رو باز کردم. شش سال بود که از ازدواجمون گذشته بود و من شش سال بود سراغ سند ازدواج نرفته بودم. هر چی فکر می کردم نمی دونستم کجا باید باشه. از توی اتاق بلند داد زدم:
- عزیزم می دونی سند ازدواج کجاست؟
- نه... تو کشو وسطی نیست؟ راست میگی خیلی وقته که ندیدم. باشه پس دنیا پیدا کن، فردا همه رو باهم می‌برم.
برگشتم دم در. فرید پاسپورت‌های من و نیکی رو پرت کرد روی جا کفشی دم در و گفت:
- بذار اینها رو تو کشو. تا فردا هم سند ازدواج روهم پیدا کن.
در رو بست و رفت.
آخ... نفسم حبس شده بود. نفس عمیقی کشیدم. وای خدایا. هیچی دیگه وقت ندارم. فردا... فردا ممکنه پاسپورت‌ها رو با خودش ببره. اصلاً امروز ممکنه صفحه ویزا رو ببینه. ناخودآگاه رفتم و چمدون کوچیکی رو در آوردم و سه تا بلوز، سه تا شلوار، کمی لوازم آرایش توش گذاشتم. به سرعت رفتم توی اتاق نیکی. چند دست لباس خواب و لباس گرم برداشتم. عروسک مورد علاقه نیکی رو هم پیدا کردم و انداختم توی چمدون. گوشی رو برداشتم و زنگ زدم به سمیرا، گفتم:
- الو سمیرا. همین الان بیا و این چمدون رو با خودت ببرخونتون. می ترسم فرید چمدون رو ببینه و شک کنه. برام بلیط پیدا کن. واسه همین امشب سمیرا. همین امشب. تورو قسم میدم به جون هر کسی که دوست داری. هر چقدر هم پروازش بلند باشه اشکال نداره، فقط همین امشب باشه. از هر جا که میشه. تو رو خدا زنگ بزن به برادرت، تو رو خدا.
سمیرا دستپاچه شده بود اما قبول کرد. گفت خبرش رو زود میده.

ساعت سه بعد از ظهر شده بود. مطمئناً ندا هنوز خواب بود اما چاره ای نداشتم. باید زنگ می زدم و می گفتم که دارم میرم. زنگ زدم، چند تا بوق خورد و بالاخره ندا گوشی رو برداشت. باینکه خیلی صداش خواب آلود بود اما فکر کنم میفهمید چی میگم... همش میگفت، اوکی، اوکی، اوکی... به ندا گفتم که امشب احتمالاً راه میفتم، سمیرا بهت میگه که کی می رسم. ندا باز هم گفت: اوکی.

تا گوشی رو قطع کردم سمیرا زنگ زد گفت:

- دنیا. بلیط نیست. برای امشب نیست اما پس فردا شب چرا. ولی مسیرش خیلی بده، اول میری قطر، بعد فرانکفورت، بعد تورنتو. بگم بگیره؟

- وای نه. سمیرا همین امشب... همین امشب... فرید می خواست پاسپورت ها رو ببره بذاره توی گاوصندوق شرکت... گفت فردا میبره... اگه فردا هم بهانه در بیارم حتماً شک میکنه. تو رو خدا!

- عجب خُلی هستی... به خاطر این می خوای امشب بری؟ خُب بابا فوقش میری کلید گاو صندوق رو کش میری. خُل بازی در نیار هول هولکی کجا می خوای بری دیوونه... فکر کردی می خوای بری کرج؟ میخوای بری کانادا... اون ور کره زمین. کلی وسیله باید ببری... کلی کار داری دیوونه.

- سمیرا، اگه قرار باشه نیکی رو نبرم، هیچی نمیبرم باخودم. همین امشب باید برم تو رو خدا... من توی عمرم گاو صندوق باز نکردم، حتّی اگه بتونم کلید رو کش برم، اصلا نمیدونم چطوریه... بابا گاو صندوق رمز هم داره... فکر کردی الکیه؟

- خوب رمزش یا سال تولدشه یا شماره شناسنامشه.

داد زدم سر سمیرا گفتم:

- سمیرا دیگه داری دیوونه ام میکنی... تو رو خدا حداقل یک بلیط بگیر برای ترکیه، از ترکیه میرم. اما امشب باید برم. هر جور شده باید برم.

زدم زیر گریه... شاید سمیرا راست می گفت، خیلی هول کرده بودم اما دست خودم نبود. مثل کسی شده بودم که داره غرق میشه و دست و پا میزنه... دستش به هر چیزی هم برسه میگیره تا خودش رو بکشه بالا، چون دیگه آخر خطه. برای من آخر خط بود. رفتن از این شهر... دور شدن از این قانون... قانونی که باعث میشه عشق آدمها به هم کمرنگ بشه. نمیدونم، شاید اگر فرید، برای منصرف کردن من از رفتن، از ابزار قانون استفاده نمی کرد و انقدر قانون رو به رخ من نمیکشید که قانون اجازه نمیده بچه ام رو با خودم ببرم، پس باید بدون بچه ام برم، شاید اگر اون موقع ها که تازه می خواستیم عروسی کنیم، از ابزار عشق استفاده کرده بود برای منصرف کردنم، که بدون من میمیره، عاشق من شده، دنیا رو بدون من نمیخواد، شاید اینجوری می تونست باز هم خرم بکنه. شاید اینجوری دلم خوش بود که به خاطر عشقش میخواد که بمونم، نه بخاطر زورش، زوری که هم قانون بهش داده و هم توی بازوش هست.

بالاخره سمیرا اومد. کمی از دستم ناراحت بود. به من می گفت ترسو. می گفت ترسوام که می خوام اینجوری فرار کنم اما سمیرا چی می فهمید؟ از درد من و امثال من هیچی نمیفهمید. صمیمی

ترین دوستم بود اما نفسش از جای گرم بلند میشد. مثل من آقا بالا سر نداشت. پدرش پول دار بود و نمی گذاشت آب توی دلش تکون بخوره. سمیرا زندگی خیلی خوبی در ایران داشت اما فکر می کرد باید حتماً اقامت کانادا رو بگیره. یک دوست پسر اینترنتی هم توی تورنتو پیدا کرده بود و ندیده عاشقش شده بود. پسره کاری کرده بود که سمیرا هر وقت خواست با هزینه خود پسره بهش زنگ بزنه. از این شماره‌های خط ایران، گرفته بود. سمیرا هم ۲۴ ساعته با پسره حرف میزد و یک دل نه صد دل عاشقش شده بود.

چمدون رو به سمیرا دادم. سمیرا گفت:

- همین؟ داری میری کانادا... مثل اینکه حالت خوش نیست... این چمدون، چمدون دستی برای داخل هواپیماست.

همون موقع بود که گوشی سمیرا زنگ خورد. برادرش بود. سمیرا خوشحال شد و گفت پاسپورت هارو تا نیم ساعت می بره. گوشی رو گذاشت و گفت:

- وای فردا شیش صبح پروازته. دو تا جا باز شده. از راه فرانکفرت. باید ساعت سه نصف شب فرودگاه باشی. می تونی؟

همون لحظه بود که صدای باز شدن در اومد. وای فرید بود. وای فرید بود. چقدر زود برگشته بود. فرید اومد تو و سلام کرد، اولین چیزی که نظرش رو جلب کرد، چمدون بود. نگاهی به چمدون کرد و خیلی شکاکانه پرسید:

- این چمدون چیه اینجا؟

من و سمیرا زبونمون بند اومده بود. هاج و واج به هم نگاه کردیم. مغزم قفل شده بود، تا اومدم دهنم رو باز کنم سمیرا گفت:

- فرید جان من دارم میرم مسافرت، اومدم خداحافظی کنم.

فرید مکثی کرد و دوباره به چمدون نگاه کرد و با مِن و مِن گفت:

- به سلامتی... این... این چمدون دنیا نیست؟

وای دوباره سمیرای عجول داشت سوتی می داد، پریدم توی حرف فرید و گفتم:

- آره سمیرا گفت چمدون دستیش خراب شده، این رو میدم با خودش ببره.

- خُب به سلامتی کجا میری سمیرا جان؟

- شمال، میرم زود میام، کاش شما هم بیاید بریم، الان ویلا خیلی خوش می گذره ها.

- الان که وسط هفته است، منم دارم آخر هفته دارم میرم دبی. ایشالا دفعه بعد.

باز سمیرا نتونست چونه اش رو ببنده و گفت:

- پس بذارید دنیا و نیکی رو با خودم ببرم. تو که داری میری و نیستی.

اون لحظه دلم می خواست سمیرا رو ساکت کنم، همه اش می خواست حرف بزنه، منم از حساسیت فرید روی سمیرا هیچ وقت چیزی به سمیرا بروز نداده بودم. فرید خیلی روی سمیرا و کلاً تمام دوستای مجردم حساس بود، همیشه می گفت:" تو شوهر داری، دوست ندارم با سمیرا و امسال سمیرا بگردی، تو چه حرف مشترکی با سمیرا داری؟" بعضی وقت ها واسم خط و نشون می کشید که دیگه حق ندارم با سمیرا اینور و اونور برم. هرچی حرص می خوردم بابا سمیرا چه ضرری برای من و زندگیم داره؟ هیچ دلیل منطقی نداشت که بیاره. البته خدا رو شکر همیشه آبرو

داری می کرد و حسابی سمیرا رو تحویل می گرفت ولی بعد از رفتن سمیرا غرغرهاش همیشه به راه بود. واسه همین منم سعی می کردم بیشتر بیرون از خونه با سمیرا قرار بگذارم. حالا هم با این حرف سمیرا می دونستم دوباره فرید می خواد سرم غرغر کنه که چرا سمیرا به خودش اجازه میده که پیشنهاد بده زن و بچه من رو بدون من با خودش به شمال بیره.

سمیرا همینجور داشت حرف می زد و اصرار می کرد.

- بابا این زنت رو سه روز به ما قرض بده دیگه... قبل از اینکه زنت بشه دوست من بوده ها.

دیگه نتونستم ساکت بمونم، مخصوصاً که می دیدم فرید داره به سمیرا از اون لبخندهای مصنوعی همیشگیش می زنه. گفتم:

- سمیرا جون من بدون فرید نه شمال نه هیچ جای دیگه بهم خوش نمی گذره، فرید هم نگه برو من نمیرم.

زیرچشمی فرید رو نگاه کردم، بادی به غبغب انداخته بود. سمیرا هم یک ابروش رو انداخت بالا و به من نگاه کرد، حتماً تو ذهنش می گفت آره جون خودت هیچ جا به جز کانادا بدون فرید نمیری. رو کردم به فرید گفتم:

- بلیط خریدی فرید؟

- بلیط رو آژانس برام گرفته ولی یک سر باید برم، هنوز نرفتم، کیف پولم رو جا گذاشته بودم انقدر اعصابم به هم ریخته بود. خب با اجازتون من میرم، بمون برای شام سمیرا جان.

- نه دیگه من که برم که فردا مسافرم، باید شب زود بخوابم.

فرید رفت. همین که فرید رفت به سمیرا گفتم:

- خُل شدی که گیر دادی که ما رو ببری؟ همچین گیر دادی و اصرار می کنی انگار واقعا می خوای بری شمال.

- حال کردی؟ می خواستم اصلا شک نکنه، دیگه فکر کنم مطمئن شد که چمدون رو واسه خودم می خواستم، به جای دستت درد نکنه، طلبکار هم شدی؟

- دستت درد نکنه اما فرید دوست نداره با مامانم اینا تنها برم چه برسه با دوستام. حالا بی خیال، تورو خدا زود باش برو این بلیط ها رو بگیر، من حدود ساعت یک و نیم شب میام چمدون و بلیط ها رو می گیرم و میرم خُب؟

پاسپورت ها رو دادم سمیرا و رفتم دنبال نیکی، بردمش حموم و وسوسه شدم یک سر به مامانم اینها واسه خداحافظی بزنم. معلوم نبود کِی بر می گردم و کِی دوباره می بینمشون اما پشیمون شدم. ترسیدم رفتاری ازم سر بزنه که مامانم بویی ببره. دلم می خواست مامانم رو بغل کنم و های های گریه کنم. بغل مامانم تنها جایی بود که احساس آرامش می کردم اما حیف، توی این چند سالی که نیاز داشتم بغلش کنم، گریه کنم و بهش بگم مامان! من خوشحال نیستم، من خوشبخت نیستم، چون خودم نیستم، چون دارم اونی میشم که فرید می خواد، نه اونی که باید باشم. مامان من دلم برای خودم تنگ شده، برای دنیایی که اگه می خواست کاری رو بکنه، رد خور نداشت که بتونه. نتونستم اینها رو هیچ وقت بگم، شاید چون... چون نمی خواستم غصه بخوره، نمی خواستم بابام بهم بگه، دنیا! من گفتم فرید با تو فرق داره، نگفتم؟! طاقت سرزنش شدن نداشتم. نمی خواستم به اشتباهم اعتراف کنم، چون شاید خیلی غد بودم، خیلی.

شب شده بود، فرید مثل هر شب سر ساعت ۱۲ رفته بود توی رختخواب، من همیشه دیرتر از فرید می‌خوابیدم. به آژانس زنگ زده بودم و گفته بودم سر ساعت یک و ربع سر کوچه باشه. یک کوله پشتی داشتم که ترجمه همه مدارکم توش بود، مثل ترجمه مدارک لیسانس و فوق لیسانس و حتی دبیرستان. لپ تاپم و چند تا لباس و خوراکی واسه نیکی و همه پول هام رو هم برداشتم. آروم رفتم کنار فرید، خواب بود و خُرو پف می کرد، نگاهش کردم، توی دلم آرزو کردم خیلی زود بیاد و ببینمش. بالش رو زیر لحاف گذاشتم که اگه بیدار شد زود جای خالی من رو نبینه اما می دونستم مثل هر شب که مثل سنگ می افته و تا خود صبح می خوابه، بازم بیدار نمیشه.

نیکی خواب بود، بغلش کردم و پاورچین پاورچین از خونه رفتم بیرون، آژانس سر کوچه بود، سریع سوار شدم و آدرس خونه سمیرا رو دادم. قرار بود سمیرا دم در با چمدون منتظر من باشه تا مامان و باباش چیزی نفهمن. رسیدم، سمیرا دم در بود. پاسپورت ها و بلیط ها رو گرفتم، دیدم سمیرا به جای یک چمدون، دو تا چمدون آورده و میگه:

- یک سری لباس و خرت و پرت گذاشتم به یاد من ببری و استفاده کنی، همه اون لباس های من رو که دوست داشتی برات گذاشتم.

همدیگر رو بغل کردیم و زدیم زیر گریه.

- بسه سمیرا گریه نکن، زودِ زود ویزات میاد و میای پیشمون.

خدا حافظی کردیم و رفتم.

تمام راه تا فرودگاه داشتم از ترس می مردم، همش تجسم می کردم الان فرید بیدار میشه و همه چیز تموم میشه، نکنه... نکنه... بفهمه وجلوی رفتنم رو بگیره؟ نه... اینطوری نمیشه، من و نیکی از اینجا میریم.

رسیدیم فرودگاه و من به سرعت رفتم و چمدون هام رو تحویل دادم. ساعت ۳:۴۰ شده بود و تا ساعت ۵ وقت داشتم تا از بازرسی گذرنامه رد بشم و برم سمت هواپیما. هر چقدر که زمان می گذشت و هیچ خبری نمی شد خیال من راحت تر می شد. اگه فقط دو ساعت دیگه خبری از فرید نمی شد، می تونستم نفس راحتی بکشم.

بالاخره از بازرسی گذرنامه هم رد شدم و رفتم تا رسیدم به گیت شماره بیست و یک، جایی که قرار بود، ازاونجا وارد دنیایی بشم که با دنیای امروزم خیلی فاصله داشت. ساعت ۴:۳۰ شده بود وتقریبا چهل دقیقه دیگه سوار هواپیما می شدیم. بالاخره نفس راحتی کشیدیم، دیگه تموم شد، گوشی رو برداشتم تا به سمیرا زنگ بزنم، سمیرا گفته بود بیدار میمونه تا من پرواز کنم، گفته بود حتماً باهاش تماس بگیرم. زنگ زدم به سمیرا و گفتم همه چیز خوبه و بره بخوابه.

نیکی دوباره توی بغلم خوابش برده بود. داشتم به صورت معصوم نیکی نگاه می کردم که یکدفعه دیدم گوشیم داره زنگ می خوره. یک لحظه نفسم بالا نیومد، دلم هُری ریخت پایین. زود موبایل رو از کیفم در آوردم و دیدم از خونه داره زنگ می خوره. فرید بود، وای خدای بزرگ کمکم کن، خدایا، خدایا حالا باید چی کار کنم؟ نباید، نباید گوشی رو بردارم، اگه بر می داشتم و صدای

بلند گو ها رو می شنید چی؟ حتماً می فهمید که اومدم فرودگاه. وای خدا، کافی بود زنگ بزنه به پلیس و بگه بیا ورود من به هواپیما رو بگیرن. یعنی پلیس می تونست با تلفن اون جلوی من رو بگیره؟ یعنی لازم نبود خودش بیاد و با مدرك ثابت كنه كه من همسرش هستم و دارم بدون اطلاع اون خارج میشم؟ نه نمی تونست، نمی تونست با یك تلفن این كار رو بكنه، امكان نداشت، این خلاف قانون بود. نمی شد با یك تلفنی كه معلوم نبود راست باشه یا دروغ جلوی سفر كسی رو بگیرن... شاید شش بار زنگ خورد و من گوشی رو جواب ندادم. بالاخره بدون اینكه گوشیم زنگ بخوره چند دقیقه گذشت. زود گوشی رو بر داشتم و موضوع رو به سمیرا گزارش دادم. ساعت داشت پنج می شد و هنوز بیست دقیقه مونده بود تا سوار هوا پیما بشیم. خدایا یعنی می شد این مدت هم می گذشت و من سوار هواپیما می شدم و پرواز می كردم؟ وای چرا نمیشه یك نفس راحت بكشم؟ چرا؟!؟؟

دوباره گوشیم زنگ خورد این بار فرید اینبار با موبایلش بود. برنداشتم. ده باری زنگ زد و من برنداشتم. ده دقیقه گذشت. خبری از فرید نبود. پنجاه دقیقه دیگه ساعت شش می شد و پرواز می كردیم. خدا خدا می كردم پرواز تأخیری نداشته باشه وگرنه فرید می تونست خودش رو به فرودگاه برسونه و همه چیز تموم بشه. گوشیم زنگ خورد، اینبار سمیرا بود، سمیرا انگار دست و پاش رو گم كرده بود، تا گوشی رو برداشتم با گریه و زاری گفت:
- دنیا! دنیا! فرید اومده دم در خونمون داره داد و هوار می كنه، بابام الان رفته دم در. فرید همه همسایه ها رو بیدار كرده، میگه من، تو و نیكی رو دارم بدون اجازه می برم شمال. دنیا! الان بابام بهش میگه شمالی در كار نیست، دنیا! دنیا حالا باید چی كار كنم؟

همون لحظه صدای بابای سمیرا رو شنیدم كه اومده بود سر سمیرا داد می زد و می گفت:
- سمیرا، زود بیا بگو جریان چمدون و شمال چیه؟
سمیرا قطع كرد. زدم زیر گریه. وای تموم شد. الان سمیرا همه چیز رو لو میده و فرید هم با یك تلفن كوچیك جلوی من رو می گیره و دنیای من همین جا، دم همین گِیت تموم میشه.

همه اش دعا می خوندم، با خدا حرف می زدم." خدایا، كمكم كن، خدایا نذار همه چیز خراب بشه، خدایا كمكم كن." بالاخره موقع سوار شدن رسید، اول از همه من و مسافرای بچه دار رو سوار می كردن، پریدم جلوی صف، همون موقع سمیرا زنگ زد، وای یعنی چی شده. زود گوشی رو برداشتم و با عجله گفتم الو سمیرا، چی شد؟ یك دفعه به جای سمیرا، صدای غضبناك فرید رو شنیدم و بند دلم پاره شد.
- كدوم گوری هستی نصفه شبی دنیا؟ زود باش بگو وگرنه كل اینجا رو آتیش می زنم.
بابای سمیرا صداش می اومد كه داد می زد:" سمیرا بگوپس كجاست؟ چمدون دنیا رو كه گرفته بودی الان كجاست؟"
فقط صدای گریه سمیرا رو می شنیدم كه می گفت:" من نمی دونم، نمی دونم، نمی دونم، هیچی نمی دونم" همون لحظه خانومی كه دم گِیت ایستاده بود گفت:" پاسپورت لطفاً"
فرید داد زد و گفت:
- نكنه رفتی فرودگاه؟ نكنه، نكنه داری فرار می كنی بری؟ دنیا!

به سرعت قطع کردم وموبایل رو خاموش کردم. پاسپورت ها رو از کیفم درآوردم، انقدر حالم خراب بود که دستم می لرزید، اون خانوم پرسید:

- حالتون خوب نیست خانوم؟ اتفاقی افتاده؟

زود به خودم اومدم وگفتم:

- نه نه چیزی نشده.

رفتم توی هواپیما و سر جام نشستم. یك حسی بهم می گفت که همه چیز تموم شد، الان با ذلت و خواری من رو از هواپیما پیاده می کنن. فقط یک ربع تا پرواز مونده بود... همه مسافرها سوار شده بودن ولی در هواپیما هنوز بسته نشده بود. صندلی من و نیکی جلوی جلو بود. خدایا یعنی میشه که پرواز کنیم؟ خدایا به من کمک کن.

همون لحظه مهماندار شروع کرد به بستن در هوا پیما. دلم می خواست این ثانیه ها که مثل یک عمر در حال گذر بودن، زودتر بگذرن و اون در لعنتی بسته بشه که صدای زنی رو شنیدم که می گفت صبر کن و جلوی بسته شدن در رو گرفت.

وای تموم شد. فرید کار خودش رو کرده بود. حتما با پارتی بازی و رفیق بازی همه فرودگاه رو علیه من بسیج کرده بود. اون زن همونی بود که پاسپورت من رو قبل از وارد شدن به هواپیما دم گیت چك کرده بود. شروع کرد به پچ پچ کردن با مهمان دار و همون لحظه هر دوشون بر گشتن و به من نگاه کردن. من همینجور که نیکی رو به خودم فشار داده بودم و همه بدنم می لرزید، تو چشمای اونها نگاه می کردم و پلك نمی زدم.

تمام وجودم پر بود از ترس و وحشت. فقط چند دقیقه می گذشت تمام سرنوشتم ممکن بود جور دیگه ای رقم بخوره. مهماندار هوا پیما همینجور که با اون زن حرف می زد به من نگاه می کرد و قیافه اش حسابی مضطرب و دگرگون شده بود. بالاخره مهماندار کاملا به طرف من برگشت و راه افتاد به سمتم. اون لحظه مطمئن شدم همه چیز تموم شد. سرم رو انداختم پایین و نا خوداگاه اشکام دونه دونه از چشمام سرازیر شدن، تا اینکه شنیدم که اون زن بلند داد زد:

- خانم درگاهی بیا، بیا.

مهماندار به من نزدیك شده بود اما بالافاصله برگشت. اون زن دوباره شروع به حرف زدن با مهماندار کرد و خیلی مستأصل از هواپیما بیرون رفت. مهماندار به سرعت در هواپیما رو بست. وای... خدایا، یعنی چی شده؟ چه اتفاقی داره می افته؟ هواپیما شروع کرده بود به عقب رفتن و مهماندار هنوز به نظر دستپاچه می رسید. هر از گاهی از پنجره به بیرون نگاه می کرد. وای یعنی ممکن بود پلیس با ماشین بیاد و هوا پیما رو متوقف کنه و من رو با خودش ببره؟ چه افتضاحی میشه اگر با اون وضع پیاده ام کنن. همه مسافرها فکر می کنن من یک دزد یا جنایتکارم که دارم از مملکت فرار می کنم. اما نه، شاید با دیدن نیکی کنارم، همه بفهمن موضوع از چه قراره. شاید عده ای دلشون برام بسوزه. شاید همه فکر کنن من یک آدم پست و ظالمم که دارم با بچه ام فرار میکنم. کی می دونه درد من چیه؟ کی می دونه فرید چطور با ازدواج با من، من رو رو اسیر خودش کرده؟

همه اش توی چشمای مهماندار زل می زدم، شاید می اومد وباهام حرف می زد می گفت موضوع از چه قراری هست. اما اون اصلاً به من نگاه نمی کرد، همه اش نگاهش رو از من می دزدید. خلبان از بلندگوها شروع به حرف زدن کرد، همه مهماندارها به سمت صندلی هاشون می رفتن تا کمربند هاشون رو ببندند، انگار می خواستیم پرواز کنیم. خدایا یعنی میشه؟ مهماندار داشت از کنار من رد می شد تا بره به سمت صندلی خودش که دم در اصلی هواپیما بود. دوباره تو چشماش زل زدم، اینبار به من نگاه کرد، خم شد و آروم توی گوشم گفت:

- همه چیز خوبه، نگران نباش.

همینطور که دست نیکی رو محکم فشار داده بودم، زدم زیر گریه. پس درست حدس زدم، فرید کار خودش رو کرده بود. اما هنوز من روی این زمینم، هنوز پرواز نکردم، نمی تونم، نمی تونم نگران نباشم خدا.

هواپیما شتاب گرفت. چشمام رو بستم، بالاخره رفتیم توی هوا. همینجور اشک می ریختم و نیکی رو نوازش می کردم. نیکی خیلی هیجان زده بود و همه چیزِ دور و بر براش عجیب بود. چشمام رو بستم. فکر کنم خوابم برد.

چند دقیقه ای نگذشته بود که دوباره چشمام رو باز کردم. اصلاً باور نمی کردم که بالاخره توی آسمونم. باورم نمی شد که چی به من گذشته بود. توی تلویزیونِ هواپیما، مسیر پرواز دیده می شد و هنوز معلوم بود که هواپیما توی خاک ایرانه. دلم می خواست هر چه زودتر هواپیما رو بیرون از این خاک ببینم. چقدر بد بود که فرید من رو مجبور کرده بود به جای اینکه مثل هر مهاجری الان لبخند روی لبم باشه، اینجور پریشون باشم و دور شدن از این خاک برام آرزو بشه، انقدر شوکه بودم که هنوز فکر می کردم فرید می تونه هوا پیما رو متوقف کنه و بیاد سرم رو گوش تا گوش ببره. تازه فهمیده بودم چه کاری کردم. باور کردنی نبود، من، دنیا، بدون اجازه فرید و مامان و بابام، دارم از ایران خارج میشم. منی که نمی تونستم بدون اجازه اونها حتی به شمال برم. شمال که هیچی، حتی برای اینکه با دوستای دوران لیسانسم برم کرج، باغ یکی از بچه ها برای تجدید دیدارها، باید کلی التماس می کردم که فرید اجازه بده، و در نهایت به شرطی که خودش بیاد و دم در منتظر بشینه، می تونستم دو ساعتی دوستام رو ببینم. تازه به عمق کاری که کرده بودم پی برده بودم. نکنه فرید دیوانه بشه و بیاد کانادا و پیدام کنه و بلایی سرم بیاره؟ برای یک لحظه پشیمون شدم که ای کاش صفحه ویزاش رو جر و واجر کرده بودم. فرید من رو نمی بخشه. هرگز...

بالاخره از مرز رد شدیم. همه اش فکرهای عجیب وغریب توی ذهنم بود. هشت ساعت باید توی فرودگاه فرانکفورت منتظر می موندم. همه اش مثل روانی ها فکر می کردم توی این هشت ساعت شاید فرید خودش رو برسونه اونجا و من رو تیکه تیکه کنه. مطمئن بودم الان از هر آدم عصبانی ای عصبانی تره. همه اش قیافه اش رو تجسم می کردم که چشماش سرخ شده و داره از حدقه در میاد و صورتش گر گرفته. نکنه با یک پرواز غیر مستقیمی خودش رو به من برسونه؟ همه اش دلم می خواست بفهمم موضوع این مهماندار و اون زن دقیقاً چی بوده... نمی تونستم دست روی

دست بگذارم. بالاخره آخرای پرواز بود که مهماندار رو صدا زدم و در حالی که صدام می لرزید پرسیدم:

- میشه خواهش کنم بگید اون خانم چی گفت؟ چرا رفت؟ چی قرار بود بشه؟
مهماندار کمی مکث کرد و گفت:

- من چیزی نمی دونم، فقط به من گفت تو در رو بستی، نه تو من رو دیدی نه من اومدم توی هواپیما. بعدم گفت زود در رو ببند و رفت. دیگه نمی دونم چی می خواست چی کار بکنه ودقیقاً چی شد! اما بهش زنگ زدن و گفتن نگذاره شما سوار هوا پیما بشید.

دوباره چشمام پراز اشک شد، اون زن چرا این کار رو برای من کرد؟ حتماً با دیدن اشکهای من و قیافه ی مظلوم نیکی، دلش به حالمون سوخته... یعنی اون یه فرشته بود از طرف خدا برای من؟!

توی فرودگاه فرانکفورت با نیکی قدم می زدم تا اون هشت ساعت بگذره. حس غریبی داشتم، هیچ وقت توی زندگیم به جز ترکیه و دبی از ایران خارج نشده بودم. من، دنیا، بالاخره پرواز کردم، بالاخره از قفسی که برام ساخته بودن زدم بیرون... دوباره شدم همون دنیایی که اگه می خواست کاری بکنه انقدر تلاش می کرد تا بالاخره موفق بشه.

یاد چند سال پیش افتادم که یکی از مقاله هام قبول شده بود و نتونستم ویزا بگیرم و به آلمان برم. اومدن و راه رفتن روی خاک آلمان برام رویا شده بود، شاید تا دو ماه بعد از گذشتن از تاریخ کنفرانس خواب می دیدم که بهم ویزا دادن و می خوام به آلمان برم، اما تا یادم می افتاد کنفرانس تموم شده با ناراحتی از خواب می پریدم.

به مردم نگاه می کردم، دنیای غریبی داشتن، برای من که همیشه با ایرانی ها برخورد داشتم، دیدن و حتی حرف زدن با آدم های اونجا خیلی عجیب بود، نمی دونم چرا اما شاید حتی حس می کردم این آدم ها از یک کره دیگه ای هستن.

اما فکر فرید از کله ام بیرون نمی رفت، سعی می کردم جلوی چشم مردم باشم تا اگه یک موقع فرید مثل اجل معلق رسید نتونه بلایی سرم بیاره. خیلی می ترسیدم. خسته بودم. نیکی همه اش می خواست بیاد بغلم، انقدر سراسیمه اومده بودم که از خیر کالسکه بچه گذشته بودم.

باید به ندا و سمیرا زنگ می زدم. با لپ تاپم به اینترنت فرودگاه وصل شدم و اول با ندا حرف زدم. ندا گفت که بی صبرانه منتظر دیدن من و نیکی هست. همه اطلاعات پرواز رو از سمیرا گرفته بود. بعد از ندا با سمیرا حرف زدم. سمیرا تا گوشی رو برداشت گفت:

- وای دنیا خوب زنگ زدی داشتم سکته می کردم. خدا رو شکر رفتی همه اش نگران بودم.
- زود باش بگو چی شد، همه چیز رو تعریف کن سمیرا، از اولش.
- هیچی بیست دقیقه بعد از اینکه زنگ زدی فرید اومد. نصفه شبی مثل دیوانه ها دستش رو گذاشته بود روی زنگ. مامانم اینا از خواب پریدن و بابام رفت دم در، فرید هی می گفت دنیا با سمیرا رفته شمال، بابام می گفت سمیرا خونه است و خوابیده، تا اینکه جریان شمال و چمدون رو

بهش گفت. بعدم بابام با فرید اومدن تو و هی سوال و جواب کردن و منم هی حاشا کردم تا این زمان کوفتی بگذره و تو پرواز کنی. اما فرید مدام می گفت اگه راست می گی چمدون دنیا رو که قرض گرفتی رو نشون بده. تا اینکه موبایل من رو ازم به زور گرفتن و فرید بهت زنگ زد. بعد هم که موضوع لو رفت و تو گوشی رو بر نمی داشتی، فرید مثل روانی ها می کوبید توی در و دیوار می گفت بگو دنیا داره کجا می ره. بلیطش برای کی هست. به خدا کم مونده بود من رو بزنه دنیا، وگرنه نمی گفتم، خیلی ترسیده بودم، بهش گفتم ساعت ٦ پروازشه خودتم بکشی نمی رسی فرودگاه، نیم ساعت دیگه پریده. مثل روانی ها از در رفت بیرون. وقتی می رفت حسابی برای من و بابام خط و نشون کشید.

داشتم از خجالت آب میشدم.
- سمیرا تو رو خدا ببخش، من شرمنده ام.
- تقصیر تو نیست منِ خر الکی حرف شمال رو زدم وشك کرد، همه اش تقصیر خودمه. اما الان خوشحالم، بالاخره به آرزوت رسیدی دنیا.

خدا حافظی کردیم، گوشی رو قطع کردم. با خودم گفتم به فرید زنگ می زنم، شاید بتونم آرومش کنم و مطمئنش کنم که بر می گردم. باید می فهمید چرا مجبور شدم این کار رو بکنم. از طرفی دلم می خواست مطمئن بشم هنوز ایرانه و ببینم چی تو فکرش می گذره، نکنه می خواد بیاد و بلایی سرم بیاره؟! با برنامه وایبر به گوشی فرید زنگ زدم. خودم براش وایبر نصب کرده بودم و بهش یاد داده بودم. فکرشم نمی کردم گوشی رو برداره. همین که زنگ زدم با اولین زنگ گوشی رو برداشت، گفتم سلام. فرید عربده کشون گفت:
- سلام و زهر مار، بی شرف، بی شرفِ بی همه چیز، کدوم گوری رفتی؟ دنیا! رفتم ازت شکایت کردم، هرجا که بری به جرم بچه دزدی می گیرنت و می اندازنت هولوفدونی. تو یه دزد نامردی، الان جلوی مامان بابات دارم می گم، بچه ام رو ازت می گیرم و سه طلاقت می کنم، نمی ذارم مامان باباتم حتی یه ثانیه نیکی رو ببینن چه برسه به تو. دنیا هر گوری که هستی فقط چند ساعت وقت داری برگردی، اگه برگشتی شاید گذاشتم بچه رو ببینی وگرنه به ابوالفضل، رنگ بچه ات رو هم نمی بینی، همین الان با اولین پرواز برمی گردی، فهمیدی یا نه؟ چرا حرف نمی زنی؟
هیچی نمی گفتم، همین بیشتر عصبانیش کرده بود. صدای مامان بابام رو می شنیدم که می خواستن گوشی رو بگیرن و حرف بزنن اما فرید گوشی رو نمی داد و همه اش داد می زد.
- چرا حرف نمی زنی؟ دِ حرف بزن.
بالاخره دهنم رو باز کردم و خیلی آروم گفتم:
- فکر نمی کنم الان تو، توی شرایطی باشی که بتونی من رو تهدید کنی، من زنگ زدم و می خواستم باهات حرف بزنم، بدونی چرا مجبور شدم این کار رو بکنم اما الان تو آمادگی حرف زدن نداری، چند روز دیگه بهت زنگ می زنم اگه اون موقع حرف حساب حالیت بود حرف می زنیم.
- خیلی پستی، خیلی. قبل اینکه زنگ بزنی پیدات می کنم و ازاینکه زنده ای پشیمونت می کنم، فهمیـ _

قطع کردم. حسابی اعصابم رو بهم ریخته بود. از اینکه بهش زنگ زدم حسابی پشیمون شدم. وای خدایا یعنی میشه یک نفس راحت بکشم؟! فرید خیلی عصبانی شده بود. دلم می خواست بهش فکر نکنم و کمی خوش باشم، از دور و برم لذت ببرم، به لحظه ای فکر کنم که پام رو می ذارم روی خاک کانادا، جایی که مدتها بود بهش فکر می کردم، اما باز اعصابم رو خورد کرده بود، واقعاً نکنه تا وارد کانادا شدم من رو به جرم بچه دزدی بگیرن؟ اما نه، فرید مزخرف می گفت، فقط می خواست اینطوری من رو بترسونه و اعصابم رو خورد کنه. شاید توی ایران می تونست با رفیق و پارتی بازی حرفش رو پیش ببره اما اونجا کاناداست و هیچ چیز برای یک بچه مهم تر از مادر نیست.

چندین ساعت گذشت، سوار هواپیما شده بودیم. نیکی خیلی خسته شده بود و همه اش به من می چسبید، از کت و کول افتاده بودم. بالاخره لحظه ای که مدتها بهش فکر کرده بودم رسید. هواپیما نشست و از یک صف طولانی گذشتم و افسر مهاجرت مدارک ورود به کانادا رو به دستم داد و به انگلیسی گفت:

- به کانادا خوش آمدید.

بالاخره اونجا بود که بعد از مدتها با تمام وجود خندیدم.

داشتم از خستگی می مردم، بعد از گرفتن بارم وارد سالن انتظار شدم. ندا رو دیدم که از دور داره بالا و پایین می پره. بغلش کردم. هنوز توی شوک بودم، باورم نمی شد بالاخره این کار رو کردم. ندا تنها بود و گفت همسرش امیرحسین توی ماشین منتظرنشسته. هیچ وقت امیرحسین رو ندیده بودم، فقط یک بار دو سال و نیم پیش بعد از عروسی ندا باهاش تلفنی حرف زده بودم و تبریک گفته بودم. همون موقع ها که نیکی به دنیا اومده بود. ندا شش سال پیش به کانادا مهاجرت کرده بود و فوق لیسانس گرفته بود و توی یک شرکتی مشغول به کار بود. هیچ وقت از امیر حسین حرف نمی زد، منم نمی دونستم چطور آدمیه.

رسیدیم به ماشین، امیر حسین خیلی رسمی و جدی سلام کرد، چمدون ها رو توی صندوق عقب ماشین گذاشت و سوار شدیم. خیلی شوکه بودم، از انرژی ای که امیر حسین بهم منتقل می کرد خوشم نمی اومد. توی راه ندا مدام از خاطرات دانشگاه می گفت و می خندید اما دریغ از یک لبخند که روی لب امیر حسین بیاد. تمام راه داشتم فکر می کردم، نکنه امیرحسین از بودن من و نیکی توی خونه اش ناراضی باشه؟! نکنه ندا روش نشده به من بگه.

من هیچ کس رو جز ندا تو کانادا نداشتم، البته یک فامیل دورداشتیم، که اصلاً نمی دونستم کجای کانادا زندگی می کنن! باز دوباره غم دنیا روی دلم نشست، خدایا من چقدر تنها و بدبختم. بالاخره رسیدیم خونه ی ندا. یک اتاق نقلی برام آماده کرده بود، بعد از خوابوندن نیکی چند ساعتی باهم حرف زدیم و همه ماجرا رو برای ندا تعریف کردم، ندا هم تاکید کرد که نباید امیرحسین از این جریان بویی ببره.

صبح زود بیدار شدم، خیلی خوابم بهم ریخته بود، کمی سرِجام موندم و تو فکرهای خودم بودم. اینکه باید چه کار کنم، چطوری به این راه پُر پیچ و خمی که شروع کرده بودم ادامه بدم، تا اینکه دیدم کسی داره در اتاقم رو می زنه. امیرحسین بود، نمی دونم چرا حتی وقتی صداش رو می شنیدم می ترسیدم. امیرحسین خیلی قد بلند و لاغر بود، صورت استخونی و خیلی جدی ای داشت که واقعاً با یک من عسل هم نمی شد خوردش. گفتم بفرمایید. امیر حسین گفت:
- صبحانه آماده است بفرمایید پایین.
سریع آماده شدم و رفتم پایین اما ندا نبود. کمی ترس برم داشته بود، به نظر خیلی رفتارش مشکوک بود.
- پس ندا کجاست؟
- رفته باشگاه. هر روز از ساعت هفت تا هشتِ صبح میره ورزش می کنه.
اصلاً دلم نمی خواست بدون ندا سر میز بشینم اما به اجبار نشستم. امیرحسین برام چای ریخت و گفت:
- بفرمایید تا سرد نشده، ندا هم الان میاد.
کمی گذشت و امیر حسین پرسید:
- خُب به سلامتی آقا فرید کی تشریف میارن؟
- يك سری كار دارن، اونها رو انجام بدن میان.
امیر حسین در حالی که داشت چایی می خورد، خیلی ریلکس گفت:
- مطمئن هستید که میان؟
خیلی تعجب کردم. منظورش رو نمی فهمیدم.
- متوجه نمیشم چی می گید؟
يك آن امیر حسین لیوان چایی که تو دستش بود رو محکم روی میز کوبید و گفت:
- فکر می کنم خیلی هم خوب متوجه می شید من چی می گم... واقعاً تاسف آوره. من اگه دیشب می دونستم جریان از چه قراره امکان نداشت اجازه بدم ندا با شما همدست بشه. ما دنبال شر نیستیم. همسرتون دیشب بعد از اینکه رسیدیم خونه به فیسبوك من پیام دادن و همه چی رو تعریف کردن. واقعاً نمی فهمم، چطوری؟ یعنی واقعاً شماهایی که ایران زندگی می کنید چی در مورد اینجا فکر می کنید که حاضرید به خاطر این ور زندگیتون رو آتیش بزنید؟ شما بچه دارید، نمی دونم چی بگم به شما؟

خیلی هول کرده بودم. از طرفی داشتم آتیش می گرفتم که فرید مثل بچه ها با من رفتار می کنه و حاضر نیست منطقی حرف بزنه و شکایت من رو به این و اون می کنه، از طرف دیگه از پیش داوری امیرحسین عصبانی شدم.
- شما تو زندگی من نیستید، لطفاً وقتی هیچ چی نمی دونید قضاوت نکنید.
- لازم نیست کسی توی زندگی شما باشه تا بفهمه اشتباه کردید یا نه، این کار شما از بیخ و بن غلطه. شما بچه تون رو از پدرش دور کردید. اگر شوهر خوبی برای شما نیست، بابای بدی هم هست؟ بگید خواهش میکنم. حتی اگر بابای بدی هست هم به نظرم بازم حقش نبود این کار رو بکنید، چون بالاخره اون یک پدرهست.

- بابای خوبی هست، خیلی هم خوب اما من فقط اومدم کارت مهاجرتمون رو بگیرم و تا سه ماه بر می‌گردم.
- کارت رو بگیرید که چی بشه؟ اگه شوهرتون نیاد، شما هم نیاید، کارتتون باطل می‌شه.
- راضیش می‌کنم، اون من رو فرستاد دنبال مهاجرت بعد زد زیرش، مقصر من نیستم.
- به هر حال این چیزهاش به من مربوط نیست و نمی‌خوام وارد جزییات بشم. مهمون حبیب خداست، اما متاسفانه من نمی‌تونم با این وضعیت اجازه بدم اینجا بمونید. لطفاً اگر دوست خوبی برای ندا هستید، ندا رو توی درد سر نندازید، اون دل رحمه و از روی احساسات ممکنه کاری کنه که برای شما هم دوستی خاله خرسه بشه. همسرتون براتون بلیط گرفتن، برای فردا صبح زود. همین فردا باید از اینجا برید. من بعداً تکلیفم رو با ندا روشن می‌کنم، این اولین بار نیست که از من چیزی رو پنهون می‌کنه.

من شوکه شده بودم... امیر حسین از خونه رفت بیرون و من گریه کنون توی اتاقم رفتم و چمدون نیمه بازم رو بستم. باید نیکی رو آماده می‌کردم و هر چه زودتر از اونجا می‌رفتم.

کوله پشتیم رو روی کولم انداختم و نیکی رو بیدار کردم. یک نامه کوتاه نوشتم و روی چمدونی که سمیرا برام داده بود گذاشتم.

" ندای عزیزم، ببخش که بدون خدا حافظی میرم، اما مجبورم. لطفاً وقتی سمیرا اومد این چمدون رو بهش بده. دنبال من نگرد . دوستت دارم. - دنیا "

ساعت یک ربع به هشت بود و باید قبل از ساعت هشت که ندا برسه از خونه بیرون می‌رفتم، از خونه رفتیم بیرون اما نیکی که تازه از خواب بیدار شده بود، گریه می‌کرد و هر چی دستش رو می‌کشیدم خودش رو عقب می‌کشید. بالاخره خودش رو روی زمین انداخت و گریه کرد. بد خواب شده بود و می‌دونستم حسابی گرسنه است.
- بلند شو مامان، به خدا نمی تونم بغلت کنم، گشنه ای می دونم، الان میریم می شینیم یه جا، یه صبحونه خوشمزه می خوریم، باشه مامانی؟

نیکی گریه می کرد و می گفت:
- نمی خوام، نمی خوام.

هر کاری می کردم بلند نمی شد، انقدر لفتش داد که مجبور شدم با وجود کوله پشتی که خیلی هم سنگین بود بغلش کنم، با یک دست هم چمدون رو می کشیدم. به سختی خودم رو سر کوچه رسوندم، اصلاً نمی دونستم کجام، کجا می خوام برم، چی کار باید بکنم. فقط باید زود از اونجا می رفتم تا ندا من رو نبینه. دلم نمی خواست جلوم رو بگیره و در نهایت شوهرش دست من رو تو دست فرید بگذاره.

همین که سر کوچه رسیدم، صدای بوق ماشینی رو شنیدم. انگار کسی دستش رو روی بوق گذاشته بود. وای ندا بود... ندا ماشین رو کنار من آورد و گفت:

- دنیا... معلوم هست اینجا چی کار می کنی؟"

- ندا تو رو خدا برو، بذار برم.

ندا جیغ کشید:

- چی می گی؟ کجا بری؟ چی شده یه دفعه... خواب نما شدی؟

- ندا نترس. تو رو خدا.

- برگرد بیا خونه حرف بزنیم ببینم چی شده آخه؟

- نه ندا من خونه نمیام باید برم. فرید با امیر حسین تماس گرفته و امیرحسین از دست تو هم شاکی شده که چرا مخفی کاری کردی. می خواد فردا صبح من رو ببره فرودگاه که برم ایران.

- امیر حسین بیخود می کنه، مگه دست اونه؟ اصلاً فرید از کجا فهمیده اومدی پیش من؟ سمیرا بهش گفته؟

- نمی دونم ندا! اما فکر کنم خیلی وقت پیش که زیر حرفش نزده بود باید بیایم کانادا، بهش گفته بودم که تو گفتی بیایم پیشتون تا زمانی که جا بیفتیم، حتماً یادش مونده! خُب می‌دونسته تو تنها کسی هستی که دارم اینجا. اما من از این حرصم میگیره که رفته امیرحسین رو تو فیسبوک پیدا کرده و اینجوری آبروریزی کرده. همیشه فکر میکنه من بچه ام! هیچ وقت آدم حسابم نمیکنه. هیچ وقت حرف جدی با من نمیزنه. خسته شدم بس که من رو دست کم می گیره. همیشه بهم میگه هر چقدرم درس بخونی، بازم نمیتونی اندازه من پول در بیاری. ندا! من می خوام بهش ثابت کنم بچه نیستم. می خوام باورم بکنه. دیگه نمی دونم باید چی کار کنم. دیوونم کرده.

- خیلی خب... بهش ثابت میکنی اما فعلاً باید به فکر این باشی که از این عصبانیت درش بیاری. منم با امیرحسین حرف میزنم. بیا بالا حرف بزنیم دنیا! هیچ کس نمیتونه تو رو به زور ببره فرودگاه.

- بابا ندا! امیرحسین توی چشمام زل زد و گفت نمی تونه بذاره من توی خونه اش باشم. محترمانه بیرونم کرد. تو در مورد من چی فکر کردی، هان؟ فکر می کنی غرور ندارم؟ شده برم مسافر خونه اما پام رو دیگه تو خونه تون نمی ذارم.

ندا خیلی عصبانی شده بود.

- بیخود کرده گفته. اونجا خونه منم هست. نمیتونه با مهمون من اینجور رفتار بکنه. صبر کن بهش زنگ میزنم ببینم به چه حقی با دوست من اینجوری برخورد کرده؟

- نه تو رو خدا ندا... بخدا اگه بهش بگی، میرم دیگه هیچ وقت نمیام پیشت. تو رو خدا فقط من رو ببر یک هتل. خواهش میکنم.

- خب لامصب حالا سوار شو، بعدش هر جا بخوای می برمت. امروز به خاطر تو مرخصی گرفتم برمت دنبال کارهات. حساب بانکی باز کنی. برای کارت درمانت درخواست بدی. سکیوریتی نامبرت (شماره امنیتی) روبگیری. بچه بازی در نیار بیا بالا.

بالاخره سوار ماشین شدم. ندا من و نیکی رو برای صبحونه به یک رستوران خیلی زیبا برد. واقعاً از دیدن اون مکان و خوردن اون صبحانه لذت بردم اما یک دفعه دلم گرفت، چقدر دلم می خواست فرید هم اینجا بود. خدایا! چرا؟ چرا فرید اینطوری کرد؟! ای کاش مثل زن و شوهرهای

واقعی متّحد بودیم. ای کاش برای خواسته ی من ارزش قائل بود، ای کاش زیر قولش نزده بود. چرا هیچ وقت نتونستم کاری بکنم که حرف من و خواسته من به مامانش ارجحیت داشته باشه؟ چرا مامانش نمی ذاره یک آب خوش از گلوی ما پایین بره؟ ای کاش باباش زنده بود، مطمئنم با چیزهایی که در موردش شنیدم، اگر زنده بود هم جلوی کارای بدون فکر مادر شوهرم رو می گرفت، هم الان انقدر مادر شوهرم آویزون زندگی ما نبود و من الان یه حامی داشتم توی خانواده شون. مطمئناً اگر زنده بود مثل خیلی از پدر شوهرها که عروس نواز هستن، همیشه طرف من بود، اما حیف... ای کاش فرید اینطوری با زندگی من بازی نکرده بود، به آرزوهام اینطور بی تفاوت نبود. اون وقت شاید الان کنار من و نیکی نشسته بود. شاید الان انقدر دلم نگرفته بود، شاید الان انقدر نگران آینده نبودم.

ندا داشت حرف میزد، اصلاً گوش نمی دادم چی میگه. همه اش توی فکر بودم. به فرید فکر می کردم. به اینکه آخرش چی میشه. به اینکه اگه فرید نیاد باید چی کار کنم! به پذیرش هایی که چهار سال پیش از دانشگاه‌های کانادا داشتم. یعنی میشه دوباره برای دکترا پذیرش بگیرم؟ نکنه به خاطرچهارسال وقفه توی درسم، دیگه نتونم مثل سابق پذیرش بگیرم؟! توی این فکرها بودم که ندا گفت:

- خُب؟ جواب نمیدی چرا؟ اصلاً حواست به من هست؟

یک آن به خودم اومدم و گفتم:

- نه ببخشید... کمی حواسم پرته... چی می گفتی؟

- به فرید فکر میکنی؟

- آره... هم به فرید، هم به دانشگاه... میشه یک خواهشی کنم؟ میشه امروز بعد از بانک و کارای مهاجرتم، من رو ببری دانشگاه تورنتو؟ چند سال پیش یک استادی به من پذیرش داده بود، ایرانی بود. می خوام برم ببینمش. فامیلش شریفی بود. حمید شریفی. استاد برق مخابراتِ توی دانشگاه تورنتو.

- مگه نگفتی بعد از سه ماه برمی‌گردی ایران؟

رفتم توی فکر... بعد گفتم:

- شاید فرید راضی شد، شاید اومد. می خوام با دست پُر راضیش کنم. تو فقط دم دانشگاه وایستا، پیش نیکی بمون، من میرم ببینم اصلاً هست یا نه. اگه بود ببینمش. فکر میکنی باشه؟ یا دانشگاه تعطیله؟

- فکر کنم الان روزهای آخر امتحانها باشه. ممکنه دانشگاه تق و لق باشه اما ممکنه استادا باشن. به هر حال من می برمت.

باز دوباره حرف از دانشگاه و درس و امتحان شد و تمام وجودم پُر شد از انرژی. دست خودم نبود، من عاشق درس و دانشگاه بودم. آرزوم بود که بعد از گرفتن دکترا و فوق دکترا، استاد دانشگاه بشم و توی یک شرکت خیلی خوب هم کار کنم. تقریباً چهار سال پیش که فوق لیسانسم رو گرفتم، توی یک شرکتی در ایران که به نظر خیلی خوب بود شروع به کار کردم اما بعد از چند ماه فهمیدم اون کار، کاری نیست که من بتونم توش دوام بیارم. خیلی سخت بود کار کردن توی جایی که رئیست هیچی حالیش نیست. خیلی سخت بود انجام دادنِ کار به روشی که شک

نداشتم غلطه اما مجبور به انجامش بودم. چقدر ساده بودم که فکر می کردم رئیس اصلی شرکت که رئیسِ رئیس من بود، از عدم کفایت رئیس من خبردار نیست! وقتی با دلیل و منطق راه درست رو برای انجام کار به رئیس اصلی شرکت عنوان کردم، توی چشمای من نگاه کرد و گفت: "هر کاری که رئیستون میگه انجام بدید. دیگه هم در این موارد با من صحبت نکنید و مستقیم با خودشون حرف بزنید، ایشون اگر لازم بود من رو در جریان می گذارن." باور کردنی نبود، چرا رئیس یک شرکت براش مهم نبود سرمایه شرکت داره هدر میره؟ اصلاً چرا باید رئیس من، کسی مثل اون آدم می‌بود که نه تحصیلات آکادمیک داشت و نه تجربه لازم برای این کار؟ یک روز یکی از همکارام به من گفت، تو آخر ماه پولت رو بگیر و کاری رو که میگن انجام بده. چی کار داری که این کار تلف کردن وقت و سرمایه هست یا نه؟! بعد از چند ماه فهمیدم، هیچ کس توی شرکت کارش رو درست انجام نمیده و دلش برای شرکت نمی‌سوزه. چرا باید دل من بسوزه؟ چرا من باید انقدر حرص بخورم؟ وقتی نیکی بدنیا اومد، از کار زدم بیرون. دیگه دلم نمی خواست برگردم سر اون کار. کار کردن در جائی که روابط بر ضوابط ارجحیت داشت، رئیسم چیزی بارش نبود و هیچ چیز سر جای خودش نبود، برای منی که با جون و دل کار می کردم شکنجه بود.

اما به هر حال دوباره شور و اشتیاق درس و دانشگاه وفکر کردن به گرفتن دکترا، حال و هوام رو عوض کرده بود، حتی اگه این یک رویا باشه، یک رویای کوتاه، دلم می خواست این رویا رو ببینم. فکر اینکه امروز وارد دانشگاه بشم، همه وجودم رو پُر از شادی کرده بود، برای چند دقیقه همه ی اضطرابی که به خاطر فرید توی وجودم بود فراموش کردم.

بعد از صبحونه و انجام دادن کارهای مهاجرت و باز کردن حساب بانکی، رفتیم به سمت دانشگاه. خیلی خوشحال بودم، تو پوست خودم نمی‌گنجیدم. یعنی میشه استاد شریفی رو ببینم؟ یعنی بعد از این همه سال من رو یادش هست؟ رسیدیم، ندا من رو پیاده کرد و من با خوشحالی محض وارد دانشگاه شدم. از همون لحظه اول که وارد شدم، حس عجیبی تمام وجودم رو گرفت. ساختمان‌های دانشگاه، عظمتی وصف ناپذیر داشتن. شاید عکس‌های زیادی رو از اون دانشگاه دیده بودم اما دیدن اون عکس‌ها با اون لحظه که توی دانشگاه قدم برمی داشتم قابل قیاس نبود. سقف‌های بلند، ساختمون‌های قدیمی و فوق العاده زیبا، و حتی ساختمون های بسیار مدرن و جدید. بچه‌های دانشگاه رو میدیدم، چقدر در تکاپو بودن. چقدر رنگارنگ لباس پوشیده بودن. چقدر آزادانه لباس پوشیده بودن، دو تا دختردانشجو رو دیدم که روی صندلی نشستن و دارن باهم درس می خونن، یکی شلوارك پوشیده بود و اون یکی حجاب سرسختی داشت. چقدر دیدن این دو دختر کنار هم به من حس خوبی داد، دوستی بر مبنای انسانیت، نه اعتقادات فردی. برای یك لحظه حسابی حسودیم شد که چرا من از اول فرصت درس خوندن در این جور دانشگاه ها رو پیدا نکردم. خدایا! چقدر همه چیز به نظرم قشنگ بود، چقدر رنگهای شاد توی در و دیوارها می دیدم... سرک می‌کشیدم توی کلاس ها، چقدر همه چیز تمیز بود، چقدر معماری دانشگاه زیبا بود، چرا روی دیوارها مثل دانشگاه‌های خودم در ایران، چیزی نوشته نشده بود و یا خط خطی نبود؟ چه میز و صندلی‌های زیبائی. وای خدایا! اینجا کجاست؟ یعنی ممکن بود کسی توی این دانشگاه دانشجو باشه و درس خون نباشه؟! مگه میشه توی این محیطِ پُر از انرژی بود و درس نخوند و

مثل خیلی از بچه های دوره لیسانس توی حیاط دانشگاه ول بود و سر کلاس نرفت و غیبت خورد و شیطنت کرد؟؟؟

نمی دونستم توی کدوم دانشکده هستم، وارد اولین ساختمون شده بودم و هاج و واج این طرف و اونطرف رو نگاه می کردم. چقدر همه چیز فرق داشت از جایی که من توش درس خونده بودم. رسیدم به یک اتاق بزرگ. وای اونجا اتاق کامپیوترها بود که بهش می‌گفتن lab یا همون آزمایشگاه! چقدر کامپیوتر اونجا بود! به عمرم این همه کامپیوتر رو یک جا ندیده بودم. شاید بیشتر از صدتا کامپیوتر اونجا بود. از اونجا به یک ساختمون دیگه رفتم. باور کردنی نبود، کل اون ساختمون چندین طبقه کتابخونه مرکزی دانشگاه بود. برام قابل درک نبود. یعنی یکی از کتابخونه‌های دانشگاه از بعضی دانشکده‌های دانشگاهی که من توش درس خونده بودم بزرگتر بود. هر چی بیشتر جلو میرفتم و بیشتر قدم میزدم، به جای اینکه خوشحال تر بشم ناراحت میشدم. انگار بیشتر و بیشتر دلم می خواست اونجا بمونم. من... دنیا، این حق رو دارم که اینجا درس بخونم. وای خدای من! نکنه فرید راضی نشه؟ نه... هر جور شده، به هر قیمتی شده من باید دکترام رو توی این دانشگاه بگیرم. بیشتراز اون چیزی که تصورش رو می کردم دل بسته ی اون محیط شدم. خدایا! دیگه نمیتونم، نمیتونم بی تفاوت بگذرم. من باید، باید، باید ادامه تحصیل بدم، توی همین دانشگاه.

یک دفعه به خودم اومدم و دیدم ساعت یک شده و من نیم ساعتی هست که دارم اینطرف و اونطرف میرم، یاد نیکی و ندا افتادم. باید زودتر برمیگشتم. ممکن بود نیکی بهونه گیری بکنه. یک نقشه اونجا بود، نقشه ای که تمام دانشگاه رو نشون میداد. دانشکده مهندسی الکتریک رو روی نقشه پیدا کردم، فهمیدم که خیلی ازش دور شدم. شروع به دویدن کردم تا هر چه زودتر خودم رو به دانشکده برسونم. وقتی به دانشکده رسیدم سراغ از نگهبانی سراغ اتاق استاد شریفی رو گرفتم و به سمت اتاقش رفتم. اتاقش طبقه دوم بود، از پله‌ها بالا رفتم و اتاقش رو پیدا کردم. از دور دیدم که در اتاقش بسته است. نا امیدانه به سمت اتاقش می رفتم. نکنه امروز دانشگاه نمیاد!؟ نکنه مسافرت رفته و من حالا حالاها پیداش نکنم؟! شاید بهتر بود که بهش ایمیل می زدم اما من همیشه عجول بودم. وقتی رسیدم دم در اتاق استاد، متوجّه شدم که روی در، ساعت‌هایی که توی دفتر کارش هست نوشته شده. ساعت یک و نیم تا چهار . به ساعت نگاه کردم. تقریباً یک ربع بعد باید استاد میومد. کنار در اتاقش ایستادم، کوله پشتیم رو باز کردم و با ذوق و شوق ترجمه تمام مدارکم و تمام مقاله هام رو کنار هم چیدم. چند دقیقه نگذشته بود که دیدم مردی که شبیه به ایرانی‌ها بود و تقریبا ۳۵ - ۳۶ ساله میزد از تَه راهرو داره به سمت من میاد. یک مرد قد بلند با هیکل ورزشکاری، به نظرم خیلی خوش تیپ اومد. با خودم گفتم حتماً یکی از دانشجوهای دکترای استاد شریفی باشه. مرد نزدیک شد و به من نگاه کرد. رو به من کرد و به انگلیسی گفت:
- منتظر من هستید؟
با دست پاچگی به انگلیسی گفتم:
- شما استاد شریفی هستید؟
لبخندی زد و به فارسی گفت:
- بله شما ایرانی هستید؟

رفت توی اتاقش و گفت بیاید تو. صندلی رو نشون داد و گفت بشینید. اصلاً باور کردنی نبود، همیشه استاد شریفی رو مرد مسنی تجسّم کرده بودم. اصلاً یادم نمیومد که آیا قبلاً عکسش رو دیده بودم یا نه! اما اگر دیده بودم، حتماً فکر می کردم این عکس یکی از دانشجوهاست، نه استاد. میدونستم که چهار سال پیش که پذیرش گرفته بودم، فوق دکترا داشت، و چندین سال بود که توی دانشگاه تورنتو استاد بود. چطور ممکن بود که به این جوونی باشه؟

دست و پام رو گم کرده بودم، استاد نگاهی به من انداخت و گفت:
- خب، بفرمایید. با من کاری دارید؟
با مِن و مِن گفتم:
- بله... من راستش چهار سال پیش از این دانشگاه پذیرش گرفتم، اما شرایطم جوری نبود که بتونم بیام. نمیدونم من رو یادتون هست یا نه! اما خیلی از موضوع تحقیق من خوشتون اومده بود، وقتی هم گفتم نمی تونم بیام، ایمیل زدید که خیلی متاسف شدید و اگر روزی نظرم برگشت حتماً دوباره باهاتون تماس بگیرم، منم دیشب وارد کانادا شدم. امروز اولین چیزی که با تمام وجود دوست داشتم انجام بدم این بود که مزاحم شما بشم، همه مدارکم رو هم آوردم که ببینید.
استاد مدارک رو گرفت و شروع کرد به ورق زدن. چند دقیقه‌ای هیچی نمی گفت. به وضوح صدای قلبم رو می‌شنیدم. با تمام وجودم دلم می خواست قبول بکنه. بالاخره سرش رو بالا گرفت و سکوت رو شکست:
- بله کاملاً یادمه. من واقعاً روی اومدن شما حساب باز کرده بودم و تا آخرین لحظه به من خبر ندادید که نمیاید، منم یادم میاد مجبور شدم جای خالی شما رو با یه دانشجوی دیگه پُر کنم، که هنوزم که هنوزه از قبول کردنش پشیمونم.
استاد خیلی جدی حرف می زد، از حرف زدنش حس کردم که خیلی از نیومدن من و دیر خبر دادنم عصبانی شده. جوری که بعد از این همه سال هنوز یادشه. اما من تا آخرین لحظه داشتم سعی می کردم فرید رو راضی کنم. با شرمندگی گفتم :
- بله استاد، من می دونم اشتباه از من بوده اما مشکل من حل نشد و من داشتم سعی می کردم حلش کنم، تو رو خدا استاد من رو ببخشید.
استاد نگاهی به من کرد و گفت:
- الان مشکلتون کاملاً حل شده؟
مکث کردم، نکنه باز هم مجبور بشم به خاطر فرید از خیر درس بگذرم و باز استاد رو سر کار بگذارم. اما نه من این بار نمی گذرم. بسه هر چی بهم زور گفته.
- بله استاد دیگه هیچ مشکلی نیست.
دوباره نگاهی به مدارکم کرد و گفت:
- پس از طریق دانشگاه درخواست بدید و من هم پیگیری می کنم و تا چند روز بهتون خبر میدم که می تونم این ترم دانشجو بگیرم یا نه.

تو پوست خودم نمی گنجیدم، از استاد تشکر کردم و دوان دوان تا ماشین دویدم. خوشحال و خندون وارد ماشین شدم.
- ندا فکر کنم تموم شد، استاد من رو یادش بود خیلی از دیدنم خوشحال شد. معلوم بود.

- خدا رو شکر. حالا باید سور بدی.

- باشه بریم من سور می دم.

- هر جا بگم می ریم؟

- آره هرجا.

- باشه... می ریم خونه ما، نه هم نمی گی، امیرحسین هم می خواد ازت عذر خواهی کنه.

- ندا شروع نکن، گفتم نمیام، گفته بودم به امیرحسین زنگ نزن. تو من رو نمی‌شناسی؟ نمی‌دونی دیگه امکان نداره بیام خونتون؟

- چرا توی غد مغرور رو میشناسم اما خوبم میشناسم چقدر دل رحمی. میدونم زود آدم ها رو می بخشی. امیرحسین واقعاً از رفتارش پشیمونه. میگه می‌خواد از دلت در بیاره. دنیا... به خدا تحت تاثیر حرف‌های فرید قرار گرفته بوده. انگارفرید شماره امیرحسین رو تو فیسبوک می گیره و زنگ میزنه یک ساعت مغزش رو شستشو میده. من جریان رو بهش توضیح دادم. اذیت نکن دیگه... بریم خونه این بچه هم خسته است.

- ندا مطمئن باش اگه شستشوی مغزی داده شده باشه به این راحتی الان پشیمون نمیشه. من میدونم، یک نقشه دیگه با فرید سوار کردن. می‌خواد یک جوری دستِ من رو بذاره تو دست فرید.

ندا خیلی پکر شد و گفت:

- ای بابا... بس کن دیگه. یعنی من شوهر خودم رو نمی‌شناسم؟ گفتم که... اشتباه از من بود که بهش نگفته بودم، چون حوصله توضیح دادن نداشتم... باور کن دلیل دیگه‌ای نداشت اما الان حسابی همه چیز رو گفتم. حتی قول داده با فرید حرف بزنه و راضیش بکنه بیاد اینجا. میگه سعیش رو میکنه تشویقش بکنه بیاد اینجا زندگی کنید، حداقل تا زمانی که این چند سال بگذره و پاسپورت کانادایی بگیرید. تو هم دکترا تو می گیری دیگه. بذار همه چیز رو درست کنیم... خواهش میکنم.

اخم هام رو کرده بودم تو هم گفتم:

- ندا من می‌دونم اینجوری که تو میگی نمیشه، اصلاً احساس خوبی ندارم... تو رو خدا اصرار نکن.

- پس بذار یک بار باهات حرف بزنه.

ندا موبایلش رو برداشته بود و داشت به امیر حسین زنگ میزد. گوشی رو دم گوشم گرفت و مجبور شدم حرف بزنم. ازم عذر خواهی کرد و گفت تحت تاثیرحرف‌های فرید قرار گرفته بوده. بالاخره بعد از حرف زدن با امیرحسین به قول ندا، از خر شیطون پائین اومدم. رفتیم خونه ندا. عصر که امیرحسین اومد، اخلاقش زمین تا آسمون فرق کرده بود. کمی شک برانگیز بود. دست خودم نبود اما می‌ترسیدم هر لحظه سر و کله فرید پیدا بشه و بلایی سرم بیاره. دلم می خواست بهش زنگ بزنم اما باید چند روز صبر می کردم.

چند روز گذشت، من برای دانشگاه تورنتو دوباره اقدام کردم و منتظر ایمیل از استاد شریفی بودم، شنبه صبح بود، اصلاً فکرش رو نمی کردم که روز تعطیل آخر هفته خبری از استاد بشه اما با خوشحالی دیدم که پیام داده و گفته تمایل داره که من رو به عنوان دانشجوی دکترا بگیره.

در مورد بورسی که احتمالاً به من تعلق می گیره نوشته بود. بورس فوق‌العاده بیشتراز اون چیزی بود که فکرش رو می کردم، به غیر از بورس درآمد کمك استادی و تحقیق بهم تعلق می گرفت. استاد نوشته بود که باید چند هفته برای گرفتن پذیرش کتبی از دانشگاه صبر کنم. ندا باورش نمی‌شد که انقدر سریع همه کارهام دارن جور میشن.

حالا دیگه وقتش شده بود تا به فرید زنگ بزنم و با هم صحبت کنیم. بیش از هر وقت دیگه مصمم به موندن بودم. اگه آسمون به زمین می رسید و زمین هم به آسمون، من اونجا می‌موندم و هیچ نیرویی نمی تونست باعث بشه که من از خیر این دکترا بگذرم.
گوشی رو گرفتم تا زنگ بزنم. قلبم تند تند می تپید. فرید تلفن خونه رو بر نمی‌داشت و موبایلش خاموش بود. کمی فکر کردم و یادم اومد که قرار بود فرید روز قبل به دوبی بره. با خودم گفتم پس حتماً الان اونجاست. فردا دوباره زنگ میزنم تا شاید برگشته باشه. دم دم‌های عصر بود. من و ندا نشسته بودیم و باهم حرف می زدیم، که امیرحسین اومد توی آشپز خونه و باحالت عجیبی گفت:
- همین الان فرید زنگ زد. از فرودگاه تورنتو. آدرس خونه رو خواست، هر چی اصرار کردم که بریم دنبالش قبول نکرد. گفت تاکسی می گیره. خواهش کرد به شما نگم تا برسه. خواستم بدونید و فکر نکنید من با فرید همکاری کردم. من اصلاً نمی دونستم قصد داره بیاد اینجا.

تمام وجودم شروع به لرزیدن کرد. داد زدم و با گریه گفتم:
- نیکی! نیکی! نیکی کجاست؟! اومده نیکی رو ببره. اومده نیکی رو ببره. ما باید هر چه زودتر از اینجا بریم ندا.

ندا من رو بغل کرد و لام تا کام حرف نمی‌زد. قلبم داشت میومد توی دهنم. اصلاً نمی‌تونستم حدس بزنم الان فرید چه حالی داره. نکنه هنوز عصبانیه؟ نکنه عصبانی تر شده؟ نکنه جلوی ندا و امیرحسین آبروریزی بکنه؟ نکنه نیکی رو به زور ببره؟
- ندا. زودباش. زودباش به ۹۱۱ زنگ بزن. بگو پلیس زود خودش رو برسونه. فرید می‌خواد نیکی رو ببره. این حق رو پلیس بهش نمیده، میده؟

- هیچ کاری نمی‌کنه دنیا، انقدر نگران نباش. نیکی رو بدون پاسپورتش نمیتونه از کانادا خارج بکنه. پاسپورتش رو بده من، میذارم یک جای امن. انقدر نگران نباش، شاید بشه با حرف زدن مشکل رو حل کرد. امیرحسین هم هست، می شینه و باهاش حرف میزنه.
- لطفاً من رو ببر یک جای دیگه. نباید ما رو ببینه. زود باش.

شروع کردم به دویدن و دنبال نیکی گشتن. نیکی داشت اون گوشه موشه‌ها بازی می کرد. ندا دنبالم دوید و به زور من رو نشوند روی مبل.
- دنیا، تا کی می خوای فرار کنی؟ بالاخره باید رو در رو بشین و حرفاتون رو بزنید. بس کن... خواهش می‌کنم بس کن... قول میدم سه تایی بتونیم آرومش کنیم... هر جور شده یک راه حل پیدا می‌کنیم... بهت قول میدم.

انقدر عصبی بودم که در حالی که دستم رو روی پام گذاشته بودم، پاهام رو تند و تند تکون می‌دادم، سرم رو انداختم پائین و شروع کردم به فکر کردن. نه اصلاً مخم کار نمی کرد.
- چند دقیقه دیگه میرسه؟
- نیم ساعت تا سه ربع دیگه.
- ممکنه بیاد آبروریزی بکنه. داد و بی داد بکنه. بذارید برم.
- هیچی نمیشه... شما نگران نباشین.
دستام یخ کرده بودن، حالم خراب بود، نیم ساعت تموم، دور خودم راه رفتم و فکر کردم. پاسپورتِ نیکی رو دادم ندا که قایم بکنه. اون نیم ساعت برام مثل چندین ساعت گذشت، تا اینکه بالاخره رسید، از پنجره یک تاکسی رو دیدیم که دم خونه نگه داشت و از توی ماشین فرید پیاده شد. راننده چمدون فرید رو بهش داد و فرید به سمت خونه راه افتاد. سعی کردم از نوع راه رفتن فرید حدس بزنم الان تو چه حالیه! به نظر خسته می رسید ولی خیلی تند راه می رفت. نمی‌تونستم بفهمم این شتاب بخاطر هیجانِ دیدن نیکی باشه و یا عجله برای گرفتنِ حال من.

امیرحسین در رو باز کرد و سعی کرد خیلی گرم با فرید سلام وعلیک بکنه. فرید تا پاش رو گذاشت تو و سلام علیک کرد، پرسید: نیکی کجاست؟ امیر حسین گفت که همین جاست بیاید تو... ندا سلام کرد و بعد شروع کرد به صدا زدن نیکی. فرید اومده بود تو اما اصلاً توی چشمام نگاه نمی کرد...
- نیکی! نیکی! بیا ببین کی اومده.
نیکی دوید... تا فرید رو دید، با خوشحالی داد زد... بابا! و پرید بغل فرید. فرید شروع کرد به بوسیدن و بغل کردن و بو کردن نیکی. بعد نشست روی مبل اما هنوز توی چشمام نگاه نکرده بود. نیکی روی پاش نشسته بود و از اسباب بازی فروشی ای که دیروز با ندا رفته بودیم براش تعریف می کرد.
- فردا می برمت همونجا و هرچی خواستی برات می‌خرم. باشه بابا؟
نیکی خوشحال شد و رفت به سمت اسباب بازی‌های جدیدش تا اونها رو هم به باباش نشون بده تا اینکه فرید گفت:
- برو با خاله ندا بازی کن تا منم بیام.

ندا با این حرف فرید بلند شد که بره... پشت سرش امیرحسین هم رفت. وقتی همه رفتن توی اتاق تلویزیون، و من و فرید رو تنها گذاشتن، فرید گفت:
- نمی‌خوای حرف بزنی؟
بالاخره فرید تو چشمام نگاه کرد. نگاهش وحشتناک نبود. فکر کنم عصبانیتش فروکش کرده بود.
- می تونیم منطقی حرف بزنیم؟ عصبانی نیستی؟
- عصبانی... عصبانی که هستم اما نه به اندازه قبل. دنیا یعنی انقدر این کانادا برای تو مهم بود که بخاطرش این کار رو کردی؟ انقدر برات مهم بود که اینطوری دزدکی رفتی؟ حتی بدون خداحافظی از مامان و بابات؟

- کانادا برام مهم نبود. من فقط می خوام دکترا بگیرم. از روز اولم می‌دونستی... گفتی فوقت رو بگیر و برای دکترا بریم کانادا. توی این چند سال صد جور حرفت رو عوض کردی. راهی برام نذاشتی فرید.
- خب برای اینکه میدونم میتونی توی ایران هم دکترا بگیری.
- دکترای ایران رو نمی‌خوام. حتی بنظرم فوق هم وقت تلف کردن بود. صد بار بهت گفتم التماست می‌کنم بذار این کار رو که همیشه می‌خواستم بکنم. ببین فرید، من از دانشگاه تورنتو پذیرش گرفتم. تو رو خدا بذار دکترام رو بگیرم. قول میدم بعدش برگردیم ایران تا پیش مامانت باشی. توی این چهار سال هم پاسپورتمون رو میگیریم، هم من درسم رو می خونم. بعدش میریم ایران، من میرم استاد میشم. هیچی تغییر نمی‌کنه فرید. به خاطر قولی که بهم دادی، این کار رو بکن.
فرید از کوره در رفت. صداش رو کمی برد بالا و گفت:
- دیدی تو سیر بشو نیستی. قبلاً گفتی بریم سه ماه بمونیم کارت مهاجرتمون رو بگیریم و برگردیم. چهار روز نشده که پات رسیده اینجا، میگی به جای سه ماه، چهار سال می خوای بمونی. فکر کردی بعد از چهار سال نمیدونم چی قراره بگی؟ میگی فرید بذار فوق دکترا رو هم بگیرم. فرید بذارچند سال اینجا کار کنم. فرید من ایران نمیام... تو سیرمونی نداری دنیا. منم خامت نمیشم.
- من از قبل ازدواج بهت گفته بودم که می خوام برای ادامه تحصیل برم کانادا. هیچ وقتم زیر حرفم نزدم و نمیزنم. این تو بودی که زیر حرفت زدی، نه من. الانم حاضرم قسم بخورم که بعد از دکترا برمی‌گردم. فقط چهار سال فرید. تازه شاید بتونم توی سه سال تمومش کنم. تو که میدونی من می‌تونم.

نگاه های فرید فرق کرده بودن. باورم نمیشد. فرید حسابی نرم شده بود. خیلی عادی تر از اون چیزی که فکر می کردم بود. یعنی چطوری؟ چی شد انقدرعوض شد؟ فرید رو کرد به من و گفت:
- باشه... اگر انقدردوست داری اینجا دکترا بگیری، بگیر اما نیکی رو با خودم می‌برم ایران. اینجوری راحت تر میتونی درست رو بخونی خانوم دکتر.
- من بدون نیکی می‌میرم، اون هم بدون من غصه می خوره. تو هم بدون من نمی تونی نیکی رو جمع و جور کنی. پس حرفش رو هم نزن.
- براش پرستار میگیرم.
- حاضری پرستار بگیری اما بچه ات رو از مادرش دور کنی؟
- مامانش درس داره. پرستار بهتراز مادری که درس داره به بچه ام میرسه.
- من بدون نیکی نمی تونم، بدون تو هم نمی تونم. اصلاً اگه تو نیای منم برمی گردم.

نمی دونم این چه حرفی بود که زدم. یک لحظه احساس کردم فرید نیاز داره که بفهمه هنوز برام مهمه. برای یک لحظه مثل بچه‌ها شد، حرفم مثل آب روی آتش بود.
- دروغ میگی. فقط نیکی برات مهمه نه من.

- نه فرید! اگه تو نباشی توی زندگیم، من دکترا نمی خوام. من به امید اینکه راضیت کنم اومدم اینجا. اگه تو نخوای برمی گردم.
همه این حرفها رو که داشتم میزدم، توی دلم به خودم فحش می دادم. هیچ کدوم از اون حرفها از ته دلم نبود. شک نداشتم که من چه فرید بمونه و چه نمونه، از دکترا و از آینده‌ای که برای خودم تو ذهنم ساخته بودم، نمی گذرم. من نمی ذارم بیشتر از این با زندگیم بازی بکنه. مگر چند بار به دنیا میام که به همین راحتی از آرزوهام دست بکشم؟ اما ناخودآگاه این حرفها از دهنم بیرون اومده بود تا به قول معروف خرش کنم.
اشک تو چشمای فرید جمع شد. دستش رو جلوی صورتش گرفت و سرش رو پائین انداخت. اصلاً باور کردنی نبود. خیلی آروم گفت:
- وقتی رفتی فکر کردم برای همیشه ولم کردی دنیا!
نا خودآگاه از جام بلند شدم. من روبروی فرید نشسته بودم اما با دیدنش توی اون حال، نتونستم طاقت بیارم، رفتم روی مبل کنارش نشستم و دستم رو دور کمرش انداختم. فرید هم سرش رو روی شونه ی من گذاشت و گریه کنان گفت:
- ترسیدم... خیلی ترسیدم از دستت بدم دنیا.

ندا از اونطرف حواسش به ما بود، و وقتی ما رو توی اون حال دید، با خوشحالی به طرف ما اومد.
- همین؟ تموم شد؟ خدا رو شکر. امیرحسین آشتی کردن... هورا... واقعاً درسته که میگن زن و شوهر دعوا کنن، ابلهان باور کنن. دیدی دنیا چقدر الکی ناراحت بودی؟ دیدی گفتم همه چیز درست میشه؟ من می دونستم فرید آدم روشن فکر و منطقی ای هست.

اما من واقعاً توی شوک بودم. چطوری انقدر عوض شده بود؟ چطوری؟ من فکر کردم الان میاد و من رو تا حد مرگ میزنه... باورم نمیشد... یعنی چطور ممکن بود؟!

اون شب به شادی و بگو بخند گذشت. امیرحسین و فرید هم حسابی با هم دوست شده بودن. شاید اون اولین شبی بود که بعد از مدتها با آرامش سرم رو روی بالش گذاشتم و خوابیدم. واقعاً معجزه شده بود. فرید از این رو به اون رو شده بود. دوباره مثل روزهای اول ازدواج به علایق من احترام می گذاشت و با من حرف میزد، بحث می کرد، آدم حسابم می کرد. اگر فرید دوباره میشد همون فرید شش سال پیش، من دیگه هیچ غمی توی دنیا نداشتم. اون شب تا صبح خوابهای خوب می دیدم.

صبح شد، چشمام رو باز کردم و دیدم فرید کنارم نیست. سر جام نیم خیز شدم تا به نیکی نگاه کنم اما دیدم نیکی هم سر جاش نیست. از جام مثل برق گرفته‌ها پریدم. ترس همه وجودم رو بر داشت. نیکی... نیکی کجاست؟! نکنه فرید...؟

به سرعت از جام بلند شدم و با همون لباس خواب از اتاق بیرون پریدم. با اضطراب داد زدم،

نیکی! نیکی! نیکی! ندا نیکی کجاست؟ ندا! هیچ کس توی خونه نبود. صبح یکشنبه بود اما هیچ کس توی خونه نبود. بی اختیار اشک ریختم و شروع کردم به داد زدن و نیکی رو صدا کردن.

همون لحظه بود که ندا در بالکن رو باز کرد و وارد خونه شد.
- چی شده؟ چی شده... دنیا... چت شده؟
انگار رنگ صورتم پریده بود گفتم:
- فرید... فرید نیکی رو برد.
ندا برای یک لحظه عصبانی شد و گفت:
- دنیا تو واقعا آدم بد بینی هستی... حالا می فهمم فرید به اون وحشتناکی که تو تعریف کرده بودی نیست. نگاه کن، فرید و نیکی توی حیاط هستن... نیکی داره با باباش آب بازی می‌کنه... ببین با این بدبینی هات چه جوری داشتی زندگیت رو بهم می ریختی؟ فریدِ بدبخت! فوق‌العاده مرد خوبیه. به نظرم نیازی به این جیمز باند بازی‌ها هم نبود. فرید رو راضی می کردی مثل بچه ی آدم میومدی. از صبح که بیدار شده داره از امیر حسین در مورد خونه میپرسه. که کجا خونه اجاره بکنه، که هم نزدیک به دانشگاه باشه، هم گرون نباشه. ازم خواسته در مورد مهد کودک از دوستای بچه دارم برات تحقیق کنم. بابا این شوهر تو خیلی مَرده. صبحانه رو توی حیاط چیدم، الان می‌خواستم بیام بالا بیدارت کنم.

گیج و منگ دور و برم رو نگاه می کردم... یعنی چی؟ فرید صد و هشتاد درجه تغییرکرده بود... یعنی چی باعث شده بود انقدرعوض بشه؟ شاید کله اش به جایی خورده بود. لباس پوشیدم و رفتم پیش نیکی و فرید. فرید من رو بغل کرد و گفت:
- خوشگل من. ندا ازت خیلی تعریف کرده... میگه سه روزه پذیرش گرفتی. بورس گرفتی. میگه چنین چیزی تا حالا ندیده بوده. مثل اینکه خیلی کارت درست بوده و ما نمی دونستیم!
- تو نمی دونستی فرید؟ نمی دونستی من چقدر تو درس و کارم موفقم؟
- می دونستم، اما نه انقدر... خب خوشحالم.
- واقعاً به دنیا تبریک میگم. فرید تو فوق‌العاده هستی. اینکه از دنیا اینجوری تعریف میکنی اونم جلوی دیگران، اینکه حاضر شدی به خاطرش از خواسته خودت بگذری، واقعاً برای دنیا خوشحالم.
به ندا چپ چپ نگاه کردم... دلم نمی خواست فرید رو پُررو بکنه. باید هرچه زودتر تنها گیرش میاوردم و بهش اخطار می دادم.

صبحانه رو خوردیم. همگی با هم رفتیم بیرون. فرید برای نیکی از همون اسباب بازی فروشی بزرگ، چند تا عروسک خرید. من رو توی چند تا مغازه برد و به زور برام یک جفت کفش و چند تا پیراهن خوشگل خرید. هر لحظه که می گذشت ندا بیشتر و بیشتر تو چشمام نگاه می کرد و چشم غرّه می رفت. باورش نمیشد کسی که من به خاطرش از کشور فرار کردم انقدر مهربون و با گذشت باشه. اما من باید چی کار می کردم؟ فرید قسم خورده بود که کانادا نمیاد. واقعاً راهی برای راضی کردنش نمی‌دیدم. شایدم واقعاً عجله کرده بودم. شایدم این آرزوی گرفتن دکترا، من رو بدبین کرده بود. شاید ندا راست می گفت.

فرید برای من و خودش دو تا خط موبایل خرید تا زمانیکه به ما سر می‌زنه خودش هم خط موبایل داشته باشه و راحت تر باهم تماس بگیریم. یک کالسکه هم برای نیکی خرید. فرید واقعاً مهربون شده بود. البته فرید همیشه مهربون و خوش سفر بود، همیشه توی سفر حسابی خرید می کردم و هیچ وقت پول خرید نکن اما خب توی ایران به این دست و دلبازی نبود. خیلی کم به من پول میداد اما همیشه برای سفر خوب خرج می کرد و ما رو به هتل‌های خیلی خوب می‌برد.

بالاخره عصر شد. نیکی هم حسابی خسته شده بود و توی بغل باباش خوابش برده بود. رفتیم خونه. خیلی خسته بودم، نیکی رو بردم سر جاش آروم گذاشتم. همین که برگشتم پائین، ندا، امیر حسین و فرید، شروع کردن به دست زدن و آهنگ تولد رو خوندن. یک کیک روی میز بود. وای تازه یادم اومد. فردا روز تولد ۲۸ سالگیم بود. می‌خندیدم و توی پوست خودم نمی گنجیدم. فرید همیشه برای تولدهای من از یک کار جدید می کرد. این کارش هم واقعا سورپرایز بود. از پله ها پائین اومدم و فرید بغلم کرد. ندا اشک توی چشماش جمع شده بود. تا اینکه فرید از توی جیبش یک جعبه در آورد. بازش کردم. یک انگشتر زیبا بود. از خوشحالی اشک از چشمام سرازیر شد. فرید واقعاً من رو دوست داشت. من خیلی به فرید بد کردم.

- این رو کِی خریدی؟
- این رو چند هفته پیش خریده بودم، وقتی می اومدم با خودم گفتم بیارمش، به هر حال تولدت بود دیگه.
ندا یک بسته کادو به دستم داد و گفت تولدت مبارک، این هم از طرف من و امیر حسین. یک ژاکت بود.
- این هم برای روزهای سرد کانادا که خیلی زود می‌رسن.
ندا رو بغل کردم، ندا با لحن شوخی همیشگیش آروم توی گوشم گفت:
- خاک تو سرِ قدر نشناست کن.

واقعاً خجالت کشیدم. فرید مثل همیشه برای تولدم سنگ تموم گذاشت. نه تنها آبروم رو نبرد، بلکه به ندا و امیرحسین ثابت کرد که چقدر من براش مهم هستم.

چند روز گذشت. امیرحسین و ندا صبح تا عصر سر کار بودن و من و فرید هم از صبح دنبال خونه اینطرف و اونطرف می‌رفتیم. بالاخره چند تا خونه رو انتخاب کردیم که قرار شد با ندا و امیر حسین بریم و ببینیم و بالاخره یکیش رو اجاره کنیم. آپارتمان‌ها وسط شهر بودن و یک اتاق خوابه. اکثراً نوساز بودن و یا خیلی تمیز و بازسازی شده. واقعاً برای من فرقی نمی کرد که کجا زندگی کنم اما فرید همه اش تاکید می کرد که باید جای امنی باشه که خیالش راحت باشه.

یک روز صبح همینکه از خواب بیدار شدم، دیدم ایمیلی از استاد شریفی دارم. استاد شریفی گفته بود که می‌خواد من رو همون روز چهار ساعت بعدازظهر ببینه تا در مورد برنامه اش با من حرف بزنه. از خوشحالی بالا و پائین پریدم و فرید و نیکی رو بوسیدم. این روزها همه خبرها خبرهای خوب بودن، زندگی بهتر از اینی که بود نمی تونست باشه. فرید هم حسابی خوشحال شده

بود. هیچ وقت در مورد بورس از من نپرسیده بود. وقتی فهمید با پولی که قرار هست دانشگاه به من بده، لازم نیست پول زیادی برام بفرسته، گفت:
- زن باهوش و درس خون واقعا نعمته. تازه زن من فقط درس خون و تیزهوش نیست، خوشگل هم هست.

فرید دقیقاً مثل پنج - شش سال پیش شده بود. اون روزها درس خون بودن من رو یک امتیاز می دونست، اما هر چی بیشتر گذشت نشون میداد که هیچ ارزشی برای درس خون بودن من قائل نیست. خیلی وقت بود از این حرفها نزده بود. چهار روز دوری از من، دوباره یادش انداخته بود که چقدر زندگی با من براش مهمه. توی این چند سال زندگی با هم، هیچ وقت بدون فرید جایی نرفتم. همیشه با هم بودیم، به جز وقتهایی که اون مجبور بود چند روز به سفرکاری بره. به نظرم دوری از من براش لازم بود.

تا ساعت سه با فرید و نیکی خونه بودیم و من ساعت سه از خونه بیرون رفتم تا با اتوبوس به دانشگاه برم. نیکی خواب بود و فرید گفت پیشش می مونه تا من برگردم. بالاخره لحظه ای که آرزوم بود رسید، خیلی برام مهم بود بدونم استاد شریفی چه موضوعی رو برای دکترای من در نظر گرفته، البته من موضوع هایی که خیلی بهشون علاقه داشتم و در موردشون قبلاً تا حدی تحقیق کرده بودم رو آماده کرده بودم. با یك مشت کاغذ و پرینت پیش استاد رفتم.

استاد تا من رو دید لبخند زد، خیلی قیافه اش مهربون بود، با اینکه خیلی دلم می خواست دکترام رو با یك استاد خارجی بگیرم تا ایرانی، اما به نظرم پروفسورشریفی خیلی آدم متشخص و خوبی بود.
- خب دوباره بهتون تبریك میگم، با دانشگاه هم مکاتبه کردم و ظرف چند روز آینده پذیرش کتبی تون رو صادر می کنن.

دوباره از ته دل خندیدم و تشکر کردم.
- قبل از اینکه شروع کنیم از خودتون بگید، این مدت چی کار می کردید؟ تنها هستید یا با خانواده؟
- من با همسر و دختر دو ساله و نیمه ام مهاجرت کردم، این مدت هم تو ایران مدتی کار کردم. اما منتظر بودم مهاجرتمون درست بشه و بیایم. شما چطور استاد؟
- استاد... آره توی ایران دانشجوها استاد صدا میزنن.
- اینجا چی میگن بهتون؟ پروفسور؟
- اینجا من رو دکتر شریفی یا پروفسور شریفی صدا میزنن. شما هر چی دوست دارید صدا کنید.
- باشه من دکتر شریفی صداتون می کنم.
- خب خلاصه، منم یه دختر دارم. دخترم سه سالشه. من و مادرش دو ساله که جدا شدیم، اسم دخترم ملیسا ست که فعلاً پیش مادرش زندگی میکنه.
کمی شوکه شدم، نمی دونستم چی باید بگم که همون لحظه گوشی موبایلم زنگ خورد. زود گوشی رو از کیفم در آوردم. ندا بود، قطع کردم و گفتم:

- ببخشید ادامه بدید.

کمی گذشت و با دکتر شریفی به حرف زدن ادامه دادیم. بالاخره رسیدیم سر اصل مطلب، دکتر شریفی موضوع تحقیق رو برام توضیح داد و جالب اینکه که خیلی به چیزی که من علاقه داشتم نزدیك بود. از کل دوره دکترا گفت، از واحدهایی که باید برمی داشتم. تقریباً یك ساعت و نیمی با هم حرف زدیم، حدود ساعت پنج و نیم شده بود که دوباره ندا به گوشیم زنگ زد، دکتر شریفی گفت که گوشی رو بردار، ماهم کارمون دیگه داره تموم میشه، اما من بازهم برنداشتم، تا اینکه دوباره ندا زنگ زد، این بار گفتم ببخشید دکتر شریفی یك دقیقه برمی دارم شاید کار مهمی داره.
گوشی رو برداشتم و ندا گفت:
- کجایی دختر هنوز پیش استادی؟
- آره ندا جان الان خدمت ایشونم، کاری داری با من؟
- نه کار خاصی ندارم اما الان اومدم خونه هنوز نیکی و فرید نیومدن خونه نگران شدم.
- کجا رفتن؟ قرار نبود جایی برن.
ندا کمی مکث کرد و گفت:
- قرار نبود، یعنی چی قرار نبود؟
صدای ندا شروع کرد به لرزیدن.
- یعنی چی؟ چی داری میگی؟
- من، من چه می دونستم آخه دنیا... فرید... فرید ساعت چهار بهم زنگ زد و گفت با نیکی توی بانك هستن، گفت اومده واسه نیکی حساب باز بکنه. پ پ پاسپورتش لازمه. من... من... من فکر کردم تو گفتی بهش، آخه از کجا باید می دونستم؟ گفت تو گفتی زنگ بزنم ازت بپرسم پاسپورت نیکی کجاست. من بهش گفتم اما بلافاصله به تو زنگ زدم ولی تو جواب ندادی.
- چی کار کردی؟ جای پاسپورت رو بهش گفتی؟ مگه من به تو امانت نداده بودم... ندا... واسه چی این کار رو کردی؟ اصلاً چه حسابی؟ چه کشکی؟
- نگران نباش تو در جریان نیستی. حتماً هنوز توی بانکه. من الان میرم ببینم اونجاست یا نه، حتماً هنوز اونجان، رفته حساب باز بکنه که دولت ماهی صد دلار بریزه به حساب نیکی، اگر یک روزی نیکی برگرده کانادا برای دانشگاه، می تونه از اون حساب استفاده کنه، چند روز پیش در مورد این حساب ازم پرسیده بود.

قلبم داشت از جا در می اومد با صدای لرزون گفتم:
- دیوونه شدی ندا. فرید اصلاً نمی خواد اینجا بمونیم. چه حسابی؟ گولت زده. وای نیکی رو برده فرودگاه. ندا این بود امانت داری تو؟
- نترس... من الان میرم بانك. گفت تو بانك سر کوچه ان. دنیا نگران نباش، من بهت زنگ می زنم. چند دقیقه صبر کن.

ندا گوشی رو گذاشت، من شروع کردم به گریه کردن، فرید نیکی من رو دزدید، آره حتماً، حتماً این کار رو کرده، وگرنه امکان نداشت صبرکنه که ساعت چهار بشه و من برسم پیش دکتر شریفی و بعد به ندا زنگ بزنه. یك دفعه به خودم اومدم دیدم کنار دکتر شریفی ام و اونم همه ی

حرف های من رو شنیده و داره هاج و واج نگاهم می کنه. چشماش پُر از علامت سوال شده بود. خیلی خجالت کشیدم اما بیشتر از اینکه خجالت بکشم از این سوتی که جلوش داده بودم اعصابم خورد شد. حالا که فهمید من مشکل دارم حتماً از گرفتن من به عنوان دانشجوش پشیمون میشه.

- چیزی شده؟

- نه هیچی استاد. ببخشید، دکتر شریفی. میشه خواهش کنم هر چی الان شنیدین، فراموش کنید؟ خواهش می کنم، من باید الان برم.

یاد نیکی افتادم و از جام بلند شدم.

- یعنی چی فراموش کنم؟ خیلی خب من به عنوان استاد شما همه چیز رو فراموش می کنم، قول میدم اما بذارین کمکتون کنم، به عنوان یه ایرانی، یه دوست. شوهرتون داره بچه رو با خودش می بره؟ درسته؟

سکوت کردم هیچی جوابش رو ندادم. سرم رو انداختم پایین و اشکام رو پاک کردم.

- همسر سابق منم داشت ملیسا رو بدون اینکه به من بگه، همون دو سال پیش با خودش می برد انگلیس، پیش خانواده اش. اون موقع هنوز جدا نشده بودیم ولی از خونه رفته بود و می خواستیم جدا بشیم. اما من نذاشتم، یعنی نه شما، نه شوهر شما، بدون اجازه اون یکی نمی تونه بچه رو از کشور خارج بکنه. اما باید زودتر با پلیس تماس بگیرید تا جلوی خروج بچه رو بگیرن چون برگه ی اجازه نامه خروج رو رندوم چک می کنن. اما اگه بدونن، حتماً جلوش رو می گیرن.

- چه جوری بگم؟ من اصلاً نمی دونم با کدوم پرواز میرن، یا کی میرن.

ندا زنگ زد و زود گوشی رو برداشتم

- دنیا... اومدم بانک اما میگن اصلاً فرید اینجا نیومده. هیچ قراری هم نداشته. وای دنیا ببخشید من باورم نمی شه یعنی فرید واسه ما فیلم بازی کرد؟

- ندا الان موقع این حرفها نیست. تو رو خدا... کمکم کن، بریم فرودگاه، باید با پلیس بریم، دکتر شریفی میگن فرید نمی تونه بچه رو بدون اجازه من ببره. برو خونه، از خونه بهم زنگ بزن، باید بری پاسپورت من رو بیاری. دکتر شریفی گفت:

- کارت پی آر(مهاجرت) و شناسنامه بچه رو هم بیارن.

یك لحظه وا رفتم.

- هنوز کارتمون نیومده. ولی ترجمه شناسنامه رو دارم.

- یه کاغذی موقع ورودتون بهتون دادن. اون رو بیارن.

- ندا زود برو خونه این ها رو برام بیار، شنیدی؟ برو خونه زنگ بزن بهت میگم کجاست.

گوشی رو قطع کردم و گفتم:

- مرسی دکتر شریفی، من باید زود برم فرودگاه، خداحافظ.

دکتر شریفی از جاش بلند شد و گفت من می رسونمتون. واقعاً توی اون شرایط به هیچ چیز جز نیکی فکر نمی کردم و از خدا خواسته دنبالش راه افتادم، تا رسیدیم به ماشین دکتر شریفی ندا زنگ زد و گفت:

- دنیا... چمدونت منفجر شده... فرید اینجوریش کرده؟ همه چیز روی زمینه... نکنه مدارکت رو هم با خودش برده؟

ندا با بغض حرف می زد، خیلی ناراحت بود، تمام بدنم شروع کرده بود به لرزیدن.

- تو چمدون چیز به درد بخوری نبود.

- کوله پشتیتم روی تخت خالی کرده.

- ول کن کوله پشتی رو، برو پشت اون میز تحریری که تو اتاق ما هست رو نگاه کن، همه چیز رو گذاشتم لای یکی از کتاب های امیر حسین، یه کتاب قطور.

چند ثانیه سکوت تا اینکه ندا جیغ زد:

- وای خدا رو شکر... همه چی اینجاست... آفرین دنیا، آفرین،... من همه رو میارم، همین الان میام فرودگاه.

سوار ماشین دکتر شریفی شدم، انقدر حالم خراب بود که اصلاً نفهمیدم سوار چه ماشینی شدم، و یا حتی ماشین چه رنگی بود، روی صندلی جلو کنار دکتر شریفی نشسته بودم و فکر می کردم و جیک نمی زدم. توی ماشین به گوشی فرید زنگ زدم اما خاموش کرده بود، بیشتر عصبانی شدم.

- می تونید حدس بزنید با چه پروازی ممکن هست بره، باید الان زنگ بزنیم به پلیس.

- نه... شاید فرانکفورت، شاید لندن... نمی دونم.

دکتر شریفی زنگ زد به پلیس و تند تند شروع کرد به حرف زدن با پلیس. با اینکه زبانم خوب بود اما هنوز گوشم صد در صد به لهجه ها آشنا نبود، پلیس می خواست با خودم حرف بزنه. دکتر شریفی گوشی رو به من داد و شروع کردم به حرف زدن، خیلی بدتر از موقعی حرف زدم که معمولاً می زدم، فکر کنم مخم از کار افتاده بود و با کلی به من و من حرفهام رو زدم، اسم و مشخصـات خودم، نیکی و فرید رو دادم... دوباره گوشی رو به دکتر شریفی دادم و کمی بعد گوشی رو قطع کرد.

خیابون ها غلغله بودن، ساعت نزدیک شش عصر بود و همه داشتن از سر کار به خونه هاشون می رفتن، انقدر آروم حرکت می کردیم که من دل شوره ام بیشتر شد و گفتم:" نمی رسیم... الان نیکی من رو می بره.

- می رسیم... نگران نباشین، این ترافیک برای اون هم هست، مگه تا چهار خونه نبوده؟ از خونه دوستتون تا فرودگاه هم حتماً ترافیکه. یه نگاه با گوشی من به ساعت پروازها بکنید.

موبایلش رو گرفتم، شروع کردم به جستجو کردن، اون شب چند تا پرواز به اروپا بود. همه از ساعت هفت به بعد بودن... زمان خیلی دیرمی گذشت، دکتر شریفی سعی می کرد من رو آروم کنه، اما هیچ سوال بی ربطی نمی پرسید و خیلی عادی و باوقار برخورد می کرد. بالاخره پرسیدم:

- شما جلوی رفتن بچه تون رو گرفتید، شما چرا؟

- من آدم منطقی ای هستم، الان اتفاقاً ملیسا با مادرش رفته سفر پیش مادر بزرگ و پدر بزرگش، من از اون آدم ها نیستم که بگم نباید بچه ام رو ببره و یا حرف حرفِ منه. من فقط از پنهانی و دزدکی رفتنش ناراحت شدم. فکر می کرد اگر به من نگه و ملیسا رو ببره می تونه آزارم بده. اما بعد از جدایی توافق کردیم. یعنی قاضی اینجوری تصمیم گرفت که مادر بچه می تونه بچه رو نگهداره اما باید جایی زندگی بکنه که پدر بچه اونجا هم باشه تا آخر هفته بچه رو ببینه، در واقع

بهش می گن shared-custody ... سالی یك ماه هم می تونه بره سفرخارج از کانادا پیش مادر بزرگ و پدربزرگش.

با این حرف دکتر شریفی حالم گرفته شد، من دقیقاً همین کاری رو با فرید کردم که زن سابقش باهاش کرد. من دزدکی بچه رو آوردم اینجا. یعنی اگه دکتر شریفی این رو می فهمید بازم به من کمك می کرد؟ فکر کنم انقدر از من بدش می اومد که از تصمیمش برای گرفتن من به عنوان دانشجو صرف نظر می کرد اما واقعاً موضوع من فرق داشت. من داشتم به حقی که فرید آروم آروم داشت ازم سلب می کرد، می رسیدم. گرفتن حقم و مظلوم نموندن حق من بود، خدا از آدم های مظلوم که به ظالم اجازه جولان دادن میدن خوشش نمیاد. خدا از آدم های شجاع خوشش میاد. آدمی که از حقش بگذره، آدمی که توی این دنیا نجنگه، آدمی که ظالم رو ظالم تر بکنه، خودش هم دستِ کمی از اون ظالم نداره، چون نه تنها با مظلوم بودنش به خودش ظلم کرده، بلکه به یك آدم دیگه فرصت ظالم بودن داده. مامانم همه اش می گفت، دنیا بگذر. اگه بگذری خدا هم ازت راضی میشه، چون به خاطر نگه داشتن خانواده ات می گذری. خدا هم با این کارت یه جای دیگه توی زندگی برات خیر و برکت میاره. من معنیِ این حرف های مامانم رو با اینکه مدتها تو گوشم خونده بود هیچ وقت نفهمیدم. حرف هایی که یه عمر تو گوش اون هم خونده بودن که آدم مظلوم جاش تو بهشته، خدا ازش راضیه. با این حرفها یه عمر تو سری زدن توی سر زنها و بهمون تلقین کردن، یک زن خوب یعنی کسی که بگذاره بهش ظلم بشه و جیک هم نزنه تا هر کاری دلشون می خواد با ماها بکنن، با دادن وعده بهشت و رضایت خدا، روحیه جنگیدن رو در ما کشتن اما هر چقدرم سعی کنن، هنوز هستن زن هایی که مثل من نمی گذارن این حرفهای صد من یه غاز و وعده های سر خرمن مغزشون رو شستشو بده. مطمئنم نه تنها خدا اینجوری راضی نمی شه بلکه بیشتر ازم دور میشه.

یك ساعت گذشت. یك ساعتی که هر ثانیه اش تپش قلبم رو حس کردم و هر چی نفس عمیق کشیدم نتونستم آروم بشم. همه اش فکر می کردم اگه دیر برسم و نیکی رو با خودش ببره دیگه دستم به نیکی نمی رسه. اونوقت یا باید از نیکی بگذرم یا از دکترا و آینده ام و در واقع از خودم.

پارك کردیم و به طرف فرودگاه دویدیم. داشتم می دویدم که ندا زنگ زد، ندا هم رسیده بود و داشت پارك می کرد، ندا گفت دم در اصلی منتظرش باشیم.

شروع کردم به دویدن توی فرودگاه و دور و بر رو نگاه کردن. دنبال نیکی و فرید چشمام رو تیز کرده بودم. ندا هم رسیده بود دم در اصلی و با دکتر شریفی سلام علیك می کرد، بعد دکتر شریفی رو کرد به من و گفت اگر اینجا ندیدیش حتماً رفته تو، باید بریم دفتر پلیس. ندا مدارکم رو بهم داد و به طرف دفتر پلیس دویدیم. رفتیم تو و دکتر شریفی شروع کرد با پلیس حرف زدن، پلیس که یک زن چاق و جدی بود، بی سیم رو برداشت وشروع کرد به حرف زدن، من حدس می زدم چی میگه اما کامل نمی فهمیدم. کمی گذشت و پلیس رو کرد به من و چیزی گفت، من انقدر استرس داشتم که رو کردم به ندا و ازش پرسیدم:
- چی میگه؟

- میگه دارن چك می كنن ببینن با مشخصات فرید و نیكی كسی برای امشب بلیط داره یا نه.

ساعت هفت شده بود و می دونستم یه پرواز برای فرانكفورت ساعت ٧:١٥ هست. پلیس داشت پاسپورت من رو با بقیه مداركم بررسی می كرد كه دوباره با بی سیمش شروع كرد به حرف زدن. بعد رو كرد به ندا و چیزی گفت. ندا خوشحال شد، رو كرد به من و گفت:
- پیداش كردن. میگه فرید و نیكی برای ساعت ٧:٣٠ بلیط دارن احتمالاً از بازرسی گذشتن، پروازشون ساعت ٧:٣٠ به آمستردام هست. بیست دقیقه تا پرواز مونده. الان جلوش رو می گیرن. شك نكن.
دكتر شریفی با حالت نگرانی گفت:
- امیدوارم سوار هوا پیما نشده باشن. نمی دونم اگر از بازرسی گذشته باشن، بازهم میشه جلوشون رو گرفت یا نه.

یاد چند روز پیش افتادم كه چه حالی داشتم. داشتم سوار هواپیما می شدم كه فرید فهمید. نكنه دیگه امیدی نیست؟ وای نه... نكنه فرید هم مثل من شانس بیاره و بره. نه. نیكی... نیكی... نیكی بدون من نمی تونه... من بدون نیكی نابود میشم.

ندا بلند شد و رفت دم در ایستاد و دور و بر رو نگاه می كرد، من از استرس بالایی كه داشتم، یك دفعه زدم زیر گریه. شروع كردم به دعا كردن. زمان به سرعت می گذشت و خبری از فرید و نیكی نبود. پلیس زن ما رو توی دفتر تنها گذاشته بود و رفته بود. ساعت ٧:٣٠ شده بود و خبری نبود. چند دقیقه گذشت. ندا اومد تو و با ناراحتی گفت:
- پرواز آمستردام بلند شده. الان روی مانیتور خوندم.
ندا سرش رو پایین انداخت و من های های گریه كردم. ندا اومد سمتم، من رو بغل كرد. هیچی نمی گفت. گریه كنان گفتم:
- من بدون نیكی می میرم. فرید نمی ذاره دیگه ببینمش. نمی ذاره هیچ وقت برش گردونم ندا. همه چی تموم شد.

دكتر شریفی رفته بود دم در و دنبال پلیس می گشت كه گم و گور شده بود. چند دقیقه دیگه گذشت كه یك دفعه دكتر شریفی داد زد:
- پلیس برگشت. یه... یه بچه تو بغلشه.
پریدم دم در. نیكی بود... داد زدم "نیكی..." دویدم سمت پلیس و نیكی رو بغلش دیدم... اصلاً متوجه اطرافم نبودم... ندا هم اومد و من و نیكی رو بغل كرد. دكتر شریفی هم همون دور و برها بود و زیر چشمی می دیدمش. اومد سمت من و نیكی گفت:
- چه دختر ماهی... بیا بغل من عمو...
نیكی خیلی اجتماعی بود و مثل همیشه كه بغل همه می رفت، رفت توی بغل دكتر شریفی. تازه اون موقع بود كه با فرید چشم تو چشم شدم، فرید و دو تا پلیس مرد هم از پشت پلیس زن ظاهر شدن. فرید تا نیكی رو تو بغل دكتر شریفی دید مثل وحشی ها پرید و نیكی رو گرفت. حس كردم دوباره داره نیكی رو ازم می گیره كه نا خوداگاه پریدم سمت فرید و گفتم:

- بچه ام رو بده.

فرید دستش رو گرفت جلوی من و گفت:

- نمی دم. برو گمشو.

ندا با صدای لرزونی گفت: بس کنید. جلوی پلیس از این کارا نکنید بچه رو از هر دو تون می گیرن ها.

رو کردم به پلیس و ازش تشکر کردم، پلیس به فرید گفت:

- بعد از این اگه خواستین با بچه از کشور خارج بشید باید با مادرش هماهنگ کنید. خانم شما هم همینطور.

ندا برای فرید ترجمه کرد و فرید گفت:

- حالا فهمیدم چرا اومدی اینجا. درس و اینها همه اش بهانه بود، اومدی اینجا به خاطر این قانون مزخرفی که داره. که پدر رو آدم حساب نمی کنه و همه حق رو به مادر میده. قانون زن ذلیلی غربی.

دکتر شریفی خیلی محترمانه رو کرد به فرید و گفت:

- قانون به نفع خانم ها نیست، به نفع هر دو هست، نه شما نه دنیا حق نداره بچه رو بدون اجازه از کانادا خارج بکنه، دختر شما دیگه مقیم دائم کاناداست. پلیس هم همین الان همین رو گفت.

فرید دوباره رو کرد به دکتر شریفی و مثل یه سگ هار پرید بهش و گفت:

- جنابعالی کی باشین که زن من رو دنیا صدا می کنین؟

دیگه داشت آبروریزی می کرد.

- ایشون استاد منن.

رو کردم به دکتر شریفی و گفتم:

- خیلی ممنون به خاطر همه چیز، ازتون تشکر می کنم، من با ندا بر می گردم خونه.

فرید انگار بدجوری حالش گرفته بود و داشت دق دلیش رو خالی می کرد، دوباره پرید به دکتر شریفی و گفت:

- تو خیلی بیجا کردی به زن من کمک کردی. فکر کردی چون اینجا کاناداست هر غلطی که می خوای می تونی بکنی، جوجه استاد؟! واسه همین سه روزه به زن من پذیرش دادی؟ چی تو سرته؟ اگه فکر کردی می ذارم زنم اینجا بمونه و تو هم خوش به حالت می شه کور خوندی؟!!

- ساکت شو فرید خجالت بکش... به تو هیچ ربطی نداره.

پلیس بلند داد زد، گفت:

- همه باید بیاید توی دفتر.

می خواست نیکی رو از فرید بگیره.

ندا سر من داد زد و گفت:

- ساکت میشی دنیا یا نه؟

ندا و دکتر شریفی شروع کردن با پلیس حرف زدن. من و فرید فهمیده بودیم که باید ساکت باشیم وگرنه معلوم نبود چه اتفاقی بیفته. مثل دو تا بمب بودیم که منتظر بودیم از پیش پلیس بریم و

منفجر بشیم. نمی دونم ندا و دکتر شریفی چی گفتن به پلیس که بالاخره پلیس ها رفتن. همه اش خدا می کردم دکتر شریفی از اونجا بره. تا پلیس ها دور شدن، ندا و دکتر شریفی اومدن سمت ما. ندا من و فرید رو هُل داد و گفت زود باشید بریم بیرون. از سالن فرودگاه اومدیم بیرون، نیکی هنوز بغل فرید بود. خیلی می ترسیدم فرید با نیکی دوباره غیب بشه. رفتیم توی پارکینگ، همون موقع نیکی خودش دستش رو به سمت من دراز کرد و خواست بیاد تو بغل من. رفتم بگیرمش که باز فرید داد زد و محکم هُلم داد، خوردم زمین و فرید گفت:

- برو کنار.

بلند شدم و داد زدم:

- بچه می خواد بیاد بغلم، ولش کن بیاد.

دکتر شریفی دوباره یه لنگه پا پرید وسط حرف ما و گفت:

- آقا این چه طرز برخورده؟ واسه چی هُل میدی؟ کم مونده بود سرش بخوره به لبه اون میله ها! فرید نیکی رو که گریه می کرد و می خواست بیاد بغلم، بهم داد وبه دکتر شریفی حمله کرد.

- تو که بازم اینجایی جوجه معلم. با زبون خوش میری یا همچین هُلت بدم که سر خودت بخوره به این تیزی؟

- واقعاً باعث تاسفه. خانم شما نابغه است، اون موقع شما مثل عقب افتاده های اجتماعی برخورد می کنید. به خاطر این حرکتتون پلیس می تونه دستگیرتون بکنه و امشب برید بازداشتگاه.

دکتر شریفی رو کرد به من و گفت:

- من با اجازتون میرم، ماشین من طبقه سومه. بعداً باهاتون تماس می گیرم.

فرید که مثل روانی ها شده بود عربده کشون گفت:

- مرتیکه به تو چه... تورو سَننه... غلط می کنی با زن من تماس بگیری.

من دیگه جونم به لبم رسیده بود، گریه می کردم که یک دفعه دیدم دکتر شریفی داره به سمت آسانسور ها میره، فرید داره به سمتش حمله میکنه. همون موقع با یک لگد هُلش داد و دکتر شریفی پرت شد وسط پارکینگ توی خط ماشین رو. کمتر از یک ثانیه گذشته بود که صدای ترمز و بوق ماشینی اومد که تازه از سراشیبی اومده بود پایین و پیچیده بود توی لاینی که دکتر شریفی داشت ازش رد می شد. ندا داد زد:

- وای دکتر شریفی. ماشین زد به دکتر شریفی.

نیکی رو بغل کرده بودم و جرات نمی کردم به سمت ماشین و تصادف برم. فکر می کردم دارم خواب می بینم. نیکی از صدای بوق ماشین و صدای ترمز وحشتناکی که توی پارکینگ پیچیده بود، گریه اش گرفته بود. ندا دوید به سمت تصادف. چند ثانیه صبر کردم تا نیکی آروم تر شد و بالاخره جلورفتم. فرید عقب وایستاده بود و جلو نمی‌رفت. مرد مسنی از ماشین بیرون اومده بود و با لهجه غلیظ بریتانیایی شروع کرده بود به داد زدن:

- مقصر من نبودم. با چشمای خودم دیدم این آقا ایشون رو هُل داد زیر ماشین من.

رفتیم به سمت دکتر شریفی. روی زمین افتاده بود ولی داشت سعی می کرد بلند بشه. خدا رو شکر. به نظر سالم می رسید. انقدر خجالت میکشیدم که نمی‌تونستم بهش نزدیک بشم. باور اینکه

فرید چنین کاری کرده بود برام سخت بود. فرید انقدرها هم غیرتی نبود. فکر می‌کنم از اینکه نتونسته بود نیکی رو با بره انقدر عصبانی شده بود و حرصش رو سر دکتر شریفی بد بخت خالی کرده بود. شایدم فکر می‌کرد اگر کمک دکتر شریفی نبود الان با نیکی تو آسمون بود!

از اینکه دکتر شریفی سالم بود، خوشحال بودم اما فاتحه دکترا با دکتر شریفی رو باید می‌خوندم. ندا و اون مرد مسن کمک کردن دکتر شریفی از جاش بلند بشه اما دکتر شریفی دستش رو روی کمرش گرفته بود، فکر کنم ماشین به پشتش ضربه وارد کرده بود. مرد مسن بلافاصله شروع کرد به حرف زدن با تلفنش.

- یک پلیس می‌خواستم. مردی اینجاست که شخصی رو زیر ماشین من هُل داد. می خوام زودتر بیاین و رسیدگی کنید.
فرید هاج و واج داشت به اون مرد نگاه می کرد. ندا به سمت مرد مسن که قد خیلی بلندی داشت رفت و گفت.
- آقا چی کار می‌کنید؟ ایشون حالش خوبه.
اما مرد گوش نمی‌داد و کار خودش رو می کرد. دقیقاً متوجه نمی‌شدم که داره به پلیس چی میگه اما معلوم بود که داره همه ماجرا رو تعریف میکنه.

فرید حسابی هُل کرده بود. انگار از یک شوک عصبی بیرون اومده بود و تازه فهمیده بود چی کار کرده. رفت جلو، به ندا گفت:
- به این بگو دیوونه بازی در نیاره. این که حالش خوبه.
- اول باید از دکتر شریفی عذرخواهی کنید. اگر پلیس بیاد و دکتر شریفی از شما شکایت بکنه خیلی براتون بد میشه. حتی شاید نتونید هیچ وقت پاسپورت کانادایی بگیرید. هر چند فکرنکنم خیلی هم دلتون بخواد پاسپورت کانادایی داشته باشین اما به هر حال این ماجرا ممکنه خیلی براتون گرون تموم بشه.

همینطور که ندا با فرید حرف میزد رفتم سمت دکتر شریفی و گفتم:
- نمیدونم چی بگم. یک دنیا شرمنده ام. ای کاش با من نیومده بودید. همه چی خراب شد. من از شرمندگی نمیدونم چی کار کنم.

نیکی به شدت گریه می کرد و دکتر شریفی هم انگار از درد داشت به خودش می‌پیچید
- بچه حسابی ترسیده... شما زودتر تا پلیس نیومده از اینجا برید.
لحن دکتر شریفی خیلی جدی و حتی سرد بود. خدایا این چه کاری بود که من کردم؟ چرا استادم رو وارد این ماجرا کردم؟ باید هر جور بود جلوی اومدنش رو می‌گرفتم.

باز هم از دکتر شریفی تشکر کردم اما خیلی سرد و خشک گفت:
- زودتر از اینجا برید.
رفتم سمت ندا گفتم:

- نیکی داره خودش رو هلاک میکنه. بیا بریم از اینجا.

فرید اومد سمت من که نیکی رو از بغلم بگیره، نیکی پشتش رو به فرید کرد. دلش نمی خواست بغلش بره. فکر کنم حسابی از داد و بیدادهای فرید ترسیده بود، شایدم صحنه تصادف رو دیده بود. نمی دونم! همون لحظه موبایل ندا زنگ خورد. امیرحسین بود. ندا از امیرحسین خواسته بود که از سر کار مستقیم به فرودگاه بیاد و امیرحسین هم تازه رسیده بود.

مرد مسن وقتی حال دکتر شریفی رو دید که هنوز به خودش می پیچه دوباره زنگ زد و اینبار آمبولانس خواست. توی اون بین رفتم پیش فرید و گفتم:

- پاسپورت نیکی رو بده.

فرید پشتش رو کرد به من و از من فاصله گرفت. مرد مسن داد زد و به گفت:

- کجا میری. دور نشو. شما تا پلیس نیومده حق ندارید از اینجا تکون بخورید.

دوباره رفتم کنار فرید و گفتم:

- به دکتر شریفی میگم ازت شکایت بکنه اگه پاسپورت نیکی رو ندی، خودم هم شهادت میدم که بعد از اینکه نتونستی نیکی رو یواشکی ببری چه جوری به جون دکتر شریفی افتادی. فکر کنم پلیس فرودگاه هم شاهد باشه. مگه نه؟

فرید از عصبانیت داشت منفجر میشد. توی چشماش زل زده بودم و تکون نمی‌خوردم. به هر قیمتی بود باید پاسپورت نیکی رو ازش می‌گرفتم. بالاخره دهانش رو باز کرد و گفت:

- یک هفته نشده پات رو گذاشتی اینجا. ببین چقدر هار شدی. می دونستم بیای اینجا عوض میشی اما کور خوندی دنیا. بچه رو ازت می گیرم و انقدر اذیتت می‌کنم که یادت بره کانادا کشوره یا نوشابه.

- پاسپورت رو میدی یا نه؟؟؟

نیکی گریه می کرد و فرید هنوز داشت با چشمای از حدقه بیرون زده نگاهم می کرد. بالاخره دست توی جیب کتش کرد و پاسپورت رو در آورد. پاسپورت رو محکم تو دستم گذاشت و آروم گفت:

- نشونت میدم با دُم شیر بازی کردن یعنی چی! صبر کن.

- تهدیدهات اینجا اثر نداره. اگه هم داشته باشه به ضرر خودته.

پاسپورت رو گرفتم و همون لحظه امیرحسین رسید. هوای پارکینگ به خاطر ترافیکی که توی پارکینگ شده بود، حسابی خراب شده بود.

- امیرحسین اینجا میمونه. زود بیا بریم.

من و ندا دویدیم تا هر چه زودتر از اون دود و سر و صدا بیایم بیرون. همون لحظه پلیس و آمبولانس رو دیدیم که وارد پارکینگ شدن.

سوار ماشین شدیم و از اونجا دور شدیم. غم دنیا روی دلم سنگینی می کرد. از اینکه فرید اینطوری آبروم رو جلوی دوستم و استادم برده بود، داغون شده بودم. نیکی رو محکم بغل کرده بودم و تو گوشش می‌گفتم:
- همین که تو کنارم باشی برام کافیه. عاشقتم مامانی. می دونی بدون تو می‌میرم؟ می دونی اگه یک روز بغلت نکنم می‌میرم؟ می دونی اگه از اون لپهای تپلت بوسِت نکنم نمیتونم شب بخوابم؟ همیشه پیش مامانی بمون. من هیچ وقت نمی ذارم از پیشم بری.

با اینکه نباید نیکی رو توی ماشین بغل می کردم، و نیکی باید روی صندلی خودش می‌نشست اما رفتم عقب پیشش نشستم و تا دم خونه نازش می کردم. نیکی تو بغلم خوابش برد و من از پنجره به آسمون نگاه کردم. به قرص کامل ماه نگاه می کردم. به ستاره‌هایی که دورش بودن. چقدراون‌شب احساس بی کسی می کردم. مثل یکی از اون ستاره ها تک و تنها بودم. فکر می کردم از همه عزیزام فرسنگها فاصله دارم. ای کاش هیچ کدوم از این اتفاق ها نیفتاده بود. یاد صبح افتادم که فکر می کردم چقدر خوشبختم. چقدر خوشحال بودم که همه اتفاقاتی که داشت برام می‌افتاد خوب بودن... یاد دکترا افتادم... دکتر شریفی امکان نداشت دیگه من رو به عنوان دانشجوش بگیره! چقدر سرد جوابم رو داد. وای... همه اش تقصیر فرید بود.

رسیدیم خونه و همینکه از ماشین پیاده شدیم امیرحسین زنگ زد. ندا شروع کرد به حرف زدن. کمی بعد گوشی رو قطع کرد و گفت:
- این پیرمرد خرفت از فرید شکایت کرده. دکتر شریفی گفته شکایتی نداره اما این پیر مرد کوتاه نیومده. گفته فرید می خواسته دکتر شریفی رو بکشه و اون رو تو دردسر بیندازه. امیرحسین میگه این مرد یک نظامی باز نشسته انگلیسی هست. کوتاه بیا هم نیست.
- مگه اون میتونه شاکی باشه؟ دکتر شریفی بدبخت رفته زیر ماشین.
- نمیدونم اما دکتر شریفی رو بردن بیمارستان. باید بهش زنگ بزنی دنیا! شماره اش رو داری؟
- فکر نکنم. وای نه. ندارم. تلفن دفترش رو دارم. کدوم بیمارستان بردنش؟
- نمی دونم نگفت. مرد بیچاره، چقدر با شخصیت بود.
- حالا فرید کجاست؟
- پلیس فرید رو برده. وای خیلی بد شد دنیا. این چه کاری بود کرد؟ نکنه اون جا نگهش دارن؟ امیرحسین گفت میره ببینه میتونه کاری براش بکنه.
- میگفتی ولش کنه ندا. هر کی خربزه می‌خوره پای لرزشم می شینه دیگه. بذار ببرنش بفهمه اینجا کجاست. من رو تهدید کرد. تهدید کرد پدرم رو در میاره. نیکی رو می گیره.

رفتیم توی خونه و من نیکی رو سر جاش خوابوندم. شب وحشتناکی بود. احساس می کردم دلم از غصه داره منفجر میشه. همه اش بی‌اختیار نفس عمیق می‌کشیدم تا آروم بگیرم. دلم می‌خواست با یکی درد و دل کنم. تنها کسی که این اواخر براش درد و دل می کردم سمیرا بود. سمیرا بیشتر از هر کسی درکم می کرد. چقدر دلم می خواست سمیرا زودتر بیاد پیشمون. با اینکه من و ندا و سمیرا هر سه با هم صمیمی بودیم، اما بعد از رفتن ندا، یک جورایی فاصله‌ها بین ما جدایی انداخت. نمیدونم چرا با اینکه سعی می کردیم حتماً هر از گاهی با هم چت کنیم و یا حرف بزنیم،

اما خیلی زود این دوری ما رو از هم جدا کرد. شاید دلیلش دنیاهامون بود. ما توی دو تا دنیای متفاوت زندگی می کردیم و همین باعث شده بود آروم آروم ازهم فاصله بگیریم. با اینکه این مدت پیش ندا می‌نشستم و مدتها حرف می زدیم اما مثل سابق به دلم نمی چسبید. بنظرم خیلی عوض شده بود. شایدم هر دو عوض شده بودیم.

چند ساعت گذشت. ساعت یازده شب بود و امیر حسین هنوز به خونه نیومده بود. من و ندا روی مبل خوابمون برده بود که بالاخره امیرحسین در رو باز کرد. خدا خدا می کردم فرید باهاش نباشه. دلم نمیخواست دیگه نزدیک من و نیکی بشه. ترس دزدیدن نیکی باعث شده بود حتی آرزو بکنم که پلیس اون شب نگهش داره. وقتی این آرزو از دل و ذهنم گذشت زود پشیمون شدم. چطور میتونستم چنین آرزویی بکنم؟ دلم نمیخواست انقدر بد بشم اما خب ترسیده بودم. فرید حالت عادی نداشت و من نمیتونستم دیگه بهش اعتماد بکنم.

امیر حسین اومد تو. تنها بود. ندا از خواب پرید و پرسید:
- چی شد؟ فرید چی شد؟ دکتر شریفی چطوره؟
- فرید رفت هتل. بالاخره پلیس ولش کرد. کلی هم ازش اطلاعات گرفتن. من که شده بودم مترجم. به هر حال احتمال داره به داد گاه دعوتش کنن. آدرس اینجا رو دادم که اگر نامه دادگاه اومد به فرید بگم. اما فرید نیومد، گفت میره هتل، من هم اصرار نکردم. بهتره بره کمی دور باشه. یک کم نصیحتش کردم. گفتم این راهش نیست. گفتم مرد باش وقتی به زنت قبل از ازدواج قول دادی بیاین برای دکترا، زیر حرف نزن.
- دکتر شریفی چی؟ از اون خبری ندارید؟
- نه متأسفانه هیچی. اما حالش خوب بود، فقط بردنش اورژانس احتمالاً چند تا عکس از ستون فقراتش می گیرن ببینن چی شده. نگران نباش.

***

آفتاب تازه طلوع کرده بود، فکر کنم حدوداً ساعت پنج و نیم صبح بود. تا چشمم رو باز کردم گوشی موبایلم رو بر داشتم تا ایمیل هام رو چک کنم. نه، خبری از دکتر شریفی نبود. خدا خدا می کردم حالش خوب باشه... دوباره خوابیدم. ساعت حدود هشت صبح بود که ندا از باشگاه برگشته بود. بیدارم کرد تا با هم صبحانه بخوریم و بعدش باید می رفت سر کار. دوباره ایمیلم رو چک کردم و دوباره خبری از دکتر شریفی نبود.

سر میز صبحانه به ندا گفتم:
- ندا جون من همین امروز یکی از این خونه‌ها روکه انتخاب کردم رو می گیرم و میرم... فقط باید زحمت بکشید و ضامن من بشید.
- هیچ جا نمیری. تا درست شروع نشه و از دانشگاه پول نگیری هیچ جا نمیری.
- درس؟ دانشگاه؟ کدوم درس! تموم شد! دکتر شریفی عمراً دیگه من رو بگیره. باید به فکر یک استاد دیگه باشم. شایدم یک دانشگاه دیگه.

- باز شروع کردی به منفی بافی؟
- ندا منفی بافی؟ چرا انقدر به من بی اعتمادی؟ من نگفتم فرید مشکوکه؟ حرف من رو گوش ندادی. پاسپورت رو گذاشتی کف دست فرید. من اصلاً نمی‌فهمم از کجا فهمیده بود دست توئه! من که بهش نگفته بودم. چند بار پرسیده بود پاسپورت‌ها کجان، گفته بودم یک جای امن، اما از کجا فهمیده بود پاسپورت نیکی پیش توئه؟

ندا سرش رو انداخت پائین و گفت:
- راست میگی. تو بدبین نیستی. من خیلی خوش بینم. آخه باور کن از این دغل بازی‌ها خیلی وقته که دورم. فکر نکنی چند ساله اومدم اینجا خارجی شدم و از خودم در اومدم... نه ... اما واقعاً اینجا کمتر از ایران دروغ می‌شنوم. یک جورایی دروغ گفتن و شنیدن یادم رفته بود. اصلاً با ایرانی‌های اینور کاری ندارم اما کانادایی ها... خیلی آدمای روراستی هستن... باور کن خیلی رک و راست حرفاشون رو میزنن. پیچیدگی‌های ما رو ندارن. باور میکنی اگر حتی باباشون دزد بوده... یا معتاد بوده... یا اگه مثلاً پدرشون معلوم نیست کی هست... یا دخترشون از دوست پسرش حامله شده... بازم راحت میان میگن؟ اصلاً انقدر راحت زندگی می‌کنن که من یادم رفته بود چقدر توی ایران آدم‌ها به دلایل مختلف دروغ میگن، مثل دروغ مصلحتی... خالی بندی... حقه بازی.
- مگه میشه؟ نمیدونم... باید اینجا زندگی بکنم تا خودم بفهمم راست میگی یا نه. اما من فکر می‌کنم همه جا خوب و بد هست. حتماً اینجا هم آدم های حقه باز که فیلم بازی می‌کنن هستن.
- بابا من کلی میگم. اصلاً ولش کن. حالا چند سال دیگه ازت می‌پرسم. تو فعلاً فازت با من فرق میکنه. اما باور کن وقتی دیروز فهمیدم فرید انقدر خوب برای ما فیلم بازی کرد، خوشحال شدم که ایران نیستم و از این جور محیطها دورم. اینجا خیلی احساس غربت می‌کنم اما... دیشب از ته دل خوشحال شدم که از ایران اومدم اینجا. یاد همه اتفاقهای بدی افتادم که تو ایران برام پیش اومده بود. مثلاً سینا دوست پسرم، که بعد از چند سال فهمیدم، چند تا دوست دختر دیگه داشته. بعدم انقدر بی چشم و رو بود که گفت، تو مثل اون دخترای دیگه نبودی! من اونا رو برای خوش گذرونی می‌خواستم، اما تو رو برای زندگی!
- یعنی اینجا همه پسرا گل و بلبل هستن؟ اصلا به فکر سوء استفاده نیستن نه؟
- اینجا اسمش سوء استفاده نیست. اینجا اگر دو نفر بخوان باهم دوست باشن، هر دو می خوان، دیگه نیازی نیست یک دختر به فکر این باشه که پسر وقتی سوء استفاده اش رو کرد میره دنبال دختر آفتاب مهتاب ندیده برای ازدواج.
- من این چیزا رو نمیدونم اما فرید که این کار رو کرده. تا سی و چهار سالگی عشق و صفاش رو کرده بعدم اومده خواستگاری دختر آفتاب مهتاب ندیده ی دوازده سال از خودش کوچیکتر، منِ احمقم بله گفتم. حالا جواب من رو بده حرف رو عوض نکن. کی بهش گفت پاسپورت نیکی دست توئه؟ امیرحسین؟

- بیچاره امیرحسین. نه. این دوست احمقت بهش گفت. دو روز پیش که تو نیکی رو برده بودی حموم. فرید دوباره شروع کرد از کانادا گفتن و تعریف کردن. که چقدر از اینجا خوشش اومده. منم از دهانم در رفت، گفتم چقدر دنیا الکی ترسیده بود که شما نیکی رو می خواید با خودتون

ببرید، تا جائی که پاسپورتش رو داد به من قایم کنم. دنیا... اینجوری نگاهم نکن... به خدا شرمنده ام. بخدا فکر می کردم واقعاً عاشق کانادا شده. فکر می کردم همه نگرانی هات بی مورد بوده.
- ندا خیلی ساده هستی. هرچند من هم کمی باور کرده بودم. همون موقع که کادوی تولدم رو داد یک کم گول خوردم.

ندا رفت سر کار و من تا عصر ایمیلم رو چک می کردم و یا به دفتر دکتر شریفی زنگ می زدم که هیچ کس گوشی رو برنمی‌داشت. خبری از فرید نبود و من در خونه رو قفل کرده بودم و تلفن رو کنارم گذاشته بودم که اگر فرید سر و کلّه اش پیدا شد و خواست دیوونه بازی در بیاره زود به پلیس زنگ بزنم اما خبری هم از فرید نشد. دم دم‌های عصر بود که یک آن دیدم ایمیلی از دکتر شریفی اومده تا این ایمیل باز بشه قلبم اومد توی دهنم. با خوندن ایمیل دکتر شریفی وا رفتم:

"من حالم خوب هست و الان خونه هستم. مشکلی نیست. ممنون"

همین... یک خط؟ نه... نصف خط... نه سلامی... نه خداحافظی ای... ایمیل روبستم و دوباره باز کردم. همه اش فکر می کردم شاید نصف پیامش نیومده! اما نه... همین بود. همین چند تا کلمه.

نا خوداگاه زدم زیر گریه. تموم شد. نوشته اش نشون می داد که همه چیز تموم شده. لحن ایمیلش کور سوی امیدی که برام باقی مونده بود رو هم از بین برد. فرید دوباره آرزوهای من رو زیر پاش له کرد. اما چرا؟ چرا این مرد نمی تونه من رو درک بکنه؟ چرا انقدر خودخواهه؟ چرا عاشق من نیست؟؟! اگر عاشق من بود، خوشحالی من، خوشحالش می کرد. برای آرزوهام ارزش قائل بود، اما نه... اون من رو دوست نداشت، اون خودش رو دوست داشت و چون من رو برای خودش می دونست، دوست داشت من بشم اونی که اون دوست داره. دیگه فرقی نمی کرد کانادا بمونم یا برگردم ایران. دیگه دلم نمی‌خواست با فرید زندگی کنم. وقتی یاد لات بازی دیشبش می افتادم، دلم می‌خواست آب بشم برم توی زمین. منِ احمق چرا انقدر بدون فکر ازدواج کردم؟ یاد حرف مادر بزرگم افتادم که همیشه می گفت، ازدواج قسمته. هر چی روی پیشونی باشه همون میشه اما نه. من اصلاً حرفش رو قبول ندارم. خودم کردم، خودمم باید درستش کنم. انقدر ناراحت بودم که به خودم قول دادم ازش جدا میشم.

چند روز گذشت. نه خبری از فرید بود و نه از دکتر شریفی. ندا هر روز اصرار می کرد که یک سر به دانشگاه بزنم. برم از دکتر شریفی شخصاً عذرخواهی کنم اما نه. من دیگه روم نمی‌شد با دکتر شریفی دکترا بگیرم. شروع کرده بودم به مکاتبه با دانشگاه‌های دیگه تا اینکه یک روز از دانشگاه تورنتو ایمیلی اومد. پذیرش‌ام بطور رسمی قبول شده بود و حقوقم دو هزار و صد دلار در ماه تعیین شده بود. با ناباوری به ایمیل نگاه می کردم. یعنی چی؟! یعنی دانشگاه قبول کرده. شاید دکتر شریفی هنوز فرصت نکرده از انصرافش برای گرفتن من، دانشگاه رو خبر دار بکنه. تو همین فکرها بودم که دیدم یک ایمیل دیگه دارم. دکتر شریفی بود:

"دنیا، تبریک برای پذیرش رسمی. اگر میتونی دوشنبه هفته آینده ساعت یک به دفترم بیا تا در مورد همه چیز صحبت کنیم. فقط پنج هفته تا شروع ترم باقی مونده."

ندا توی آشپز خونه بود. دوان دوان به سمت ندا رفتم و خبر رو بهش دادم. ندا بی اندازه خوشحال شد. بالا و پائین پرید. وقتی مبلغی که قرار بود هر ماه بگیرم رو فهمید گفت:
- خیلی خوبه. خیلی زیاده. شک نداشتم. شک نداشتم دکتر شریفی از خیر تو نمی گذره. کاملاً تابلو بود... که...
- چی تابلو بود ندا؟
ندا چشمکی زد و گفت:
- نمیدونم چی تابلو بود؟ یعنی تو حس نکردی؟
- ندا چی داری میگی... اگه تو این رو بگی دیگه از فرید چه انتظاری میره؟! تو رو خدا هیچ وقت دیگه این حرف رو نزن. دکتر شریفی خیلی هم آدم با شخصیتی هست.
- منظورم این بود که تابلو بود که از دانشجوی نابغه‌ای مثل تو نمی گذره... چی میگی؟؟؟
ندا خندید و حرف رو عوض کرد. همون موقع امیرحسین از بیرون اومد و گفت که برای فرید نامه اومده. نامه رو به من داد و من باز کردم.

بله... فرید رو به دادگاه احضار کرده بودن.
- فرید توی هتل نبود، من چند روز پیش رفتم سراغش. احتمالاً رفته یک هتل دیگه اما این دادگاه زیاد مهم نیست. چون دکتر شریفی هم شکایت نکرده احتمالاً یک اخطاری چیزی بهش میدن. البته من مطمئن نیستم اما اگه مهم بود ولش نمی کردن. راستش من فکر کنم فرید رفته ایران. چون اگر اینجا بود حتماً آفتابی میشد.
- امکان نداره، فرید بدون نیکی نمیره. انقدر می‌مونه و اذیتم می کنه تا به غلط کردن بیفتم.

تلفن زنگ خورد. ندا گوشی رو برداشت. سمیرا بود.
- سلام سمیرا... چطوری؟ خوش خبر باشی... بگو ببینم ویزات اومد یا نه؟ زود باش؟... چی... شوخی نکن... باشه گوشی...
ندا خیلی پریشون گفت:
- سمیرا می‌خواد باهات حرف بزنه... میگه فرید ایرانه.
زود گوشی رو گرفتم:
- الو... سمیرا... فرید ایرانه؟
- دنیا... دنیا... بیچاره شدم... فرید بهم زنگ زد، گفت فردا میاد دنبالم، کارم داره... گفتم نمیام، کار دارم، سرم شلوغه... برگشته میگه یا فردا میای با من، یا میام دم خونتون یا میرم شرکت بابات. به پلیس میگم زنم رو فراری دادید... چی کار کنم دنیا؟ برم؟ می ترسم برم... به خدا دیگه ازش می ترسم... ولی اگه بره سراغ پلیس چی؟ میگه با وکیل حرف زده. مدرک داره که من به تو کمک کردم که فرار کنی. وکیل گفت می تونن من رو زندانی کنن! راست میگه؟ وای دنیا

من حوصله دردسر ندارم. همین روزاست که ویزام بیاد. نمی خوام اینجا گیر بیفتم یا ممنوع الخروجم بکنه.
- سمیرا... گول نخوری ها... امکان نداره پیش وکیل و این چیزا رفته باشه، داره می ترسوندت. نرو. سمیرا نرو... اصلاً پیشش نرو... اونی که از پلیس فراریه اونه... من نمیدونم چه جوری برگشته ایران... نامه دادگاهش اومده.
- یعنی نرم؟ ... دنیا می ترسم... می ترسم نرم بدتر عصبانی بشه با پلیس بیاد و آبروریزی راه بندازه.
- دیوونه ای دیگه. بذار هر کاری می‌خواد بکنه. نرو سمیرا... می ترسم بدتر اذیتت بکنه... اون الان اعصاب درست و حسابی نداره.
- وای... دنیا اس ام اس داد... همین الان اس ام اس داده... میگه دم در خونمونه... منتظرمه... نوشته اگه تا ده دقیقه نیومدی پائین وارد عمل میشم. این چی می‌خواد از جون من؟
- سمیرا نرو... ولش کن... اصلاً جوابش رو نده خوب؟ اصلا زنگ بزن ۱۱۰... بگو مزاحم داری. بابا شوهر من مگه نیست؟ من دارم بهت می گم. زنگ بزن پلیس. من اجازه میدم.
- برو بابا، من می خوام پلیس بازی نشه. به خدا اینباردیگه بابام خیلی عصبانی میشه. بذار برم ببینم چی میگه.
- نه. سمیرا نرو. ولش کن. اگه میری با یکی برو. الو... الو...
قطع شد.
- ندا می بینی... یک ثانیه خواستم بخاطر پذیرشم خوشحالی بکنم. یک ثانیه گذشته بود اینجوری کوفتم شد. فرید مثل بختک افتاده توی زندگی من. میترسم بلایی سر سمیرا بیاره. نکنه بلایی سرش بیاره؟ اصلاً... اصلاً چه جوری رفته ایران؟ چرا رفته؟ چه جوری از خیر نیکی گذشته؟ چه جوری می‌خواد برگرده... کارت پی آر شو نگرفته... دیگه نمیتونه برگرده؟ میتونه؟
- منم فکرش رو نمی کردم برگرده. حتماً خیلی ترسیده اما اگه دادگاه نره فکر کنم خیلی براش بد میشه.
امیرحسین گفت:
- به این راحتی‌ها نمیتونه برگرده. مگر اینکه کارتش که رسید، شما براش بفرستید یا اینکه باید بره سفارت و یک سری مدرک بگیره که باهاش دوباره بیاد.
- عمراً... فرید بره سفارت؟ اصلاً نفهمید چه جوری من براش اقامت گرفتم. هیچ کاریش رو نکرد. از ترس دادگاه و اینها هم شده بر نمی گرده اما من نمی دونم با سمیرا چی کار داره آخه!

خیلی حالم بد بود. فکر می کردم دیگه فرید رو نمی‌شناسم. فرید آدمی نبود که کسی رو اینجور تهدید بکنه. اونم سمیرا. همیشه در ظاهر بهش احترام می گذاشت.

بعد از اینکه گوشی قطع شد هر چقدربه سمیرا زنگ زدم، نه گوشی خونه و نه گوشی موبایلش رو برنداشت. هزارتا فکر و خیال کردم. دعا خوندم که بلایی سرش نیاد و فرید آبروم رو بیشتر از این نبره. سخت گذشت اما بالاخره گذشت و سمیرا زنگ زد. ندا گوشی رو برداشت و هیجان زده گوشی رو به من داد.
- الو سمیرا...چی شد؟ رفتی یا نه؟ چی کارت داشت؟ اذیتت کرد؟

- بابا چه خبرته؟ صبر کن... نترس... هیچ اتفاق بدی نیفتاد. ولی اشکم رو در آورد.
- چی؟؟؟ چرا؟ چی کارت کرد مگه؟
- هیچ کار بابا... فقط نشست یک فصل برام گریه کرد... گریه! باورت میشه؟ مرد گنده نشست روبروم گریه کرد. خیلی دلم براش سوخت دنیا!
- وای تو و ندا چرا انقدر ساده اید؟؟؟ ندا میگه دروغ یادش رفته توی کانادا، برای همین گول خورده، تو چی میگی؟ تو چت شده؟... حالا بگو ببینم چرا گریه می کرد؟
- دلش برای تو و نیکی تنگ شده... میگه از کاری که کرده پشیمونه... ازم خواست راضیت کنم بعد از اینکه کارتت رو گرفتی برگردی ایران... بگذری از خیر این دکترا... زندگی همه اش درس نیست. بچسب به زندگیت... میگه شوهر خوبی برات بوده. هرکاری خواستی کردی. میگه بیا ایران دکترا بگیر... می‌خواد راضیت کنم که بخاطر نیکی بیای... که بی بابا بزرگ نشه. بگذری از این کانادا. برای نیکی پرستار می گیره که تو راحت دکترا بگیری. گفت من بهترین دوستتم، می دونم چه جوری راضیت کنم، التماسم کرد راضیت کنم. همه این ها رو با گریه می گفت.
- خیلی خب سمیرا. پیغامش رو دادی. دستت درد نکنه، کاری نداری؟
- چرا با من اینجوری حرف میزنی. من چی کار کنم؟ من دارم پیغام اون روبهت می رسونم.
- نخیر. فقط پیغام نمیدی. جوری حرف میزنی که انگار فرید راست میگه و بهش حق میدی.
- من بهت کمک کردم، همیشه هم درکت می‌کنم. از اول هم گفتم، اگه میتونی بگذر اما شاید من جای تو بودم یک فرصتی بهش می‌دادم. دنیا! یک کم فکر کن. فرید آدم بدی نیست.
- مگه من میگم بده سمیرا؟ من تصمیمم رو گرفتم. من از دکترا نمی گذرم. چرا ازش نپرسیدی اگه دنیا رو دوست داری برای چی داشتی بچه رو می دزدیدی؟ چرا بدون دنیا داشتی برمی گشتی ایران؟ اینا رو ازش نپرسیدی نه؟
- چرا نپرسیدم؟ پرسیدم. می گفت چون می‌دونسته اگه نیکی رو ببره تو حتماً برمی‌گردی ایران اما اگر ازت می خواسته برگردی بر نمی گشتی. دنیا منم فکر نکنم منظور بدی داشته. قبول دارم که کار درستی نکرده اما هدفش ول کردن تو نبوده. دوستت داره دنیا. خیلی دوستت داره. میگه بدون تو داره تو خونه دیوونه میشه.
- چرا برگشته ایران؟ نگفت؟
- گفت مجبور شده. به خاطر کارهای شرکتش. انگار همکارشم نبوده، درگیر بوده، نمی دونم. زنگ زده گفته باید زود برگرده. میگه مهم بود وگرنه امکان نداشته برگرده ایران بدون شما.
- خیلی خب مرسی سمیرا. اما دیگه با فرید بیرون نرو. خب؟
- خیلی خُلی دنیا. ای کاش منم یک نفر رو داشتم مثل فرید انقدر دوستم داشت. الان ده ساله با پسرای مختلف دوست شدم. هیچ کس من رو بخاطر خودم نخواست. هر کس به فکر یک چیزی بود، یکی دنبال پول بابام، یکی دنبال سوء استفاده. یکی از رنگ ماشینم خوشش اومد. یکی از محله خونمون. تو قدر فرید رو یک جورایی نمی‌دونی! تو این مدت که با فرید بودی جز ادب و نزاکت از این آدم چیزی ندیدم.
- خیلی از فرید خوشت اومده! آره؟ می خوای صبر کن من جدا بشم بعد برو با فرید.

سکوت... سکوت بدی برقرار شد... یک دفعه به خودم اومدم دیدم چه حرف زشتی به سمیرا زدم. نمی دونستم چی بگم تا اینکه بالاخره سمیرا سکوت رو شکست و گفت:
- واقعاً برای خودم متاسفم که دوستی مثل تو دارم... یا داشتم.

تماس رو قطع کرد. وای خدایا، این چه حرفی بود که من زدم؟! آب دهانم رو نمی‌تونستم قورت بدم. ندا جلوم وایستاده بود وبا تعجب نگاهم می کرد. فهمیده بود شوکه شدم و هیچی نمیگم.
- چی شد؟ چی شد؟ تو واقعاً این حرف رو به سمیرا زدی؟ دنیا؟؟؟ سمیرا قطع کرد؟
- ندا... من... من... منظور بدی نداشتم. جوش آوردم. سمیرا در عرض دو ساعت مخش زده شده بود. مثل تو و امیرحسین که گول فرید رو خوردید. خب عصبانی شدم. منظور بدی نداشتم. آخه گفت قدر فرید رو نمی‌دونم. منظورم این بود اگه فکر می کنی خوبه مال خودت، من نمی خواستم... من اصلاً منظور بدی نداشتم.
ندا پشتش رو کرد به من و رفت توی آشپز خونه. امیر حسین تو اتاقش بود و خدا رو شکراز گندی که زده بودم خبردار نشده بود.
- ندا... ندا... ندا جون... ندا جونم... حرف بدی زدم؟... ندا خیلی حرف بدی زدم آره؟ سمیرا خیلی نارحت شد آره؟ وای ندا تو رو خدا بگو.
- من چه بدونم سمیرا نارحت شد یا نه. اما من اگه بودم خیلی از این حرفت ناراحت می شدم. اونم از تو. یعنی سمیرا نمی تونه تو رو نصیحت کنه؟ اگه مامانت هم بهت بگه فرید خوبه قدرش رو نمی‌دونی، به مامانت هم میگی، بردار فرید مال تو؟
- وای نه! راست میگی خیلی حرف بدی زدم ولی عصبانی شدم. منظوری نداشتم. بذار زود زنگ بزنم ازش عذر خواهی کنم.
- نه... اصلاً... سمیرا رو نمی‌شناسی؟ اگه از کسی ناراحت بشه تا چند روز نمیشه طرفش رفت... بی‌خیال صبر کن چند روز دیگه زنگ بزن از دلش در بیار. الان یا گوشی رو بر نمی داره، یا اگه برداره یک حرفی بهت میزنه که خودت پشیمون میشی. خیلی خانمی کرده قطع کرده. معمولاً سمیرا اینجور وقتها کنترل خودش رو از دست میده و فحش و فحش کاری می‌کنه. می شناسیش که چقدر جوشیه.

***

خیلی ناراحت بودم. تا صبح توی جام غلت زدم و از اینکه سمیرا رو ناراحت کردم از دست خودم حسابی ناراحت بودم. خیلی به فرید فکر کردم. یعنی باید می گذشتم؟ نکنه بعداً پشیمون بشم؟ نکنه یک روز بفهمم دکترا ارزش خراب شدن زندگیم رو نداشته؟! باید با خودم رو راست می‌بودم. دکترا، توی یک دانشگاه خوب، رویای تمام زندگی من بود. چطور می‌تونستم از این رویا بگذرم؟ چرا من باید بگذرم؟ چرا فرید نمیگذره؟ چرا اونی که توی یک زندگی وظیفه داره همیشه گذشت بکنه، باید زن باشه؟ چرا همه از یک زن، از یک مادر انتظار دارن بگذره؟ اما کمترکسی از یک مرد انتظار داره گذشت بکنه. از خواسته خودش بگذره؟ تازه من از اون نخواستم گذشت بکنه. خواستم روی قولش وایسته. همون قولی که بخاطرش من قبول کردم با هم ازدواج کنیم. ساعت نزدیک های چهار صبح بود. با خودم فکر کردم که فرید حتماً تا حالا نرم

شده که تونسته برای سمیرا چه راست و چه دروغ گریه بکنه. پس حتماً می‌تونم چند کلمه باهاش حرف بزنم. شاید منطقی تر جوابم رو بده. باید باهاش حرف می زدم.

بالاخره دلم رو به دریا زدم و زنگ زدم. ایران ساعت حدود دوازده ظهر بود. فرید بلافاصله گوشی رو برداشت.

- الو... دنیا تویی؟

- سلام فرید! زنگ زدم بگم سمیرا پیغامت رو رسوند.

- خب؟؟؟ چی میگی؟ دنیا! دنیا برمی‌گردی؟

- فرید... قبل از اینکه بگم چه تصمیمی دارم چند تا سوال دارم. میتونی منطقی جواب بدی؟ قول میدی با صداقت حرف بزنی؟ قسم می‌خوری؟

- قسم می خورم.

- قبل از ازدواج نگفتم می خوام حتما برای دکترا برم؟ نگفتم باهات عروسی نمی کنم اما تو قسم خوردی که میای؟

- چرا... درسته.

- پس چرا نمی ذاری به خواسته ام برسم؟ چرا آزارم میدی؟ چرا!؟؟؟

- من... من اون موقع بهت قول دادم... آره... اما شرایط فرق کرد دنیا... فکر می کردم با زن منطقی و عاقلی عروسی کردم که طبق شرایط می تونه تصمیم بگیره و با مسائل کنار بیاد.

- چی تغییر کرده فرید؟

- خیلی چیزا... مهم ترینش کارم... من اون موقع یک مغازه فسقلی داشتم اما الان شرکت دارم، واردات می‌کنم، تو بازار مغازه دارم، تو کیش مغازه دارم. بابا من خیلی برای کارم زحمت کشیدم دنیا. جون کندم تا به اینجا رسیدم. بفهم. نمیتونم ول کنم بیام کانادا... اونجا چه غلطی می‌تونم بکنم؟ تو سن چهل سالگی می تونم زبان یاد بگیرم؟ میتونم؟

- می تونی؟ آره می تونی... تو یک انسانی... انسان تا وقتی مغز تو سرش هست همه چیز رو می تونه بگیره.

- نه... دیگه از من گذشته. من نمی تونم . اگه هم بتونم نمی تونم با این زبان انقدر خوب کار کنم. میفهمی؟

- توی تورنتو خیلی ایرانی هست. اینجا می تونی مغازه باز کنی فقط و فقط با ایرانی‌ها برخورد کنی. بخدا اینجا خیلی ایرانی داره. اصلاً ایرانی‌ها اینجا برای خودشون دنیایی دارن. همه باهم کار می‌کنن. بخدا می تونی فرید.

- من نمی تونم... نمی تونم همه این چیزایی که دارم رو ول کنم بیام دوباره از صفر شروع کنم. بابا دنیا. نمی خوام. من آدمی نیستم که بتونم از صفر شروع کنم. تازه فقط این نیست. من اصلاً از تورنتو خوشم نیومد. یک شهر شلوغ، کثیف وگرون. دیدی که چقدر قیمت خونه گرون بود. هزینه‌ها بالا بود. تازه مادرم... مادرم چی؟ مادرم پیر شده. مریضه. الان شصت و هشت سالشه.

- حرفای تکراری نزن فرید. تو وقتی به من قول دادی میدونستی مامان داری... میدونستی مامانت یک روز شصت و هشت ساله میشه. تازه شصت و هشت سال که سنی نیست.

ایشالله صد ساله هم میشه. اینها همه اش بهانه است. تو زدی زیر قولت. منم همون قدری که تو کارِت برات مهمه، دکترا برام مهمه. شایدم هم بیشتر.

فرید کمی صداش رو برد بالا، انگار دوباره داشت جوش میاورد:
- باز داری حرف خودت رو میزنی؟ آقا جون. مملکت خودمون مگه چشه؟ مگه اینجا دکترا نمیدن؟ مگه اینجا تو چی کم داشتی؟ بهت کم پول می دادم؟ دو برابرش رو بهت میدم! اصلاً سه برابر. خوبه؟ می خوای بری استاد بشی خب همین‌جا بگیر اون دکتراتو. بعدم برو استاد شو.
- وای... بفهم فرید. این آرزوی من بوده. چه درست چه غلط. تو هم قول دادی. نمی‌خوای بیای اینور؟ کارت مهمه؟ باشه، برام چهار سال صبر کن. بذار چهار سال اینجا باشم، درسم رو بخونم. همونطوری که اینجا برای من و ندا و امیرحسین فیلم بازی کردی و گفتی توی این مدت میری و میای و بهمون سر میزنی. بیا و برو. به خدا من دشمنت نیستم فرید.
- صد رحمت به دشمن... تو یک زن یک دنده و لج بازی. دکترا بهانه است. تو می‌خوای کانادا زندگی کنی... می‌خوای من رو از مادرم دور کنی... نمی تونی ببینی من به اونا میرسم، چه از لحاظ مالی و چه عاطفی. تو یک آدم بخیل و حسودی. هیچ وقت چشم دیدن مادر و آبجی‌های من رو نداشتی.
- دوباره زدی جاده خاکی؟ مگه قرار نبود منطقی حرف بزنیم آخه؟ میگم قول دادی پاش وایستا.
فرید داد زنون:
- من غلط کردم... گـ... خوردم به تو قول دادم... دنیا... اونی که با خودت بردی... دخترمنم هست... نمیتونی به خاطر خود خواهیات از باباش دورش کنی... میفهمی یا نه؟
- از روزی که رفتی. از روزی که تو فرودگاه عربده کشیدی و اون مرد بد بخت رو انداختی زیر چرخ ماشین... یکبارم اسمت رو صدا نزده. یکبارم نگفته بابا کو.
- مزخرف نگو. من رو یادِ اون مرتیکه ننداز. فکر نکن نفهمیدم بهت نظر داره. توی احمق هم نمی‌فهمی یا خودت رو زدی به حماقت.
- هیچم نظر نداره. تو خیالاتی شدی. اینجا کاناداست. روابط زن و مرد مثل اونجا نیست و مردا انقدر هیز نیستن که فقط به خاطر اون چیزی که تو توی فکرت هست دنبال کمک به دیگران باشن.
- آهان. می خوای باور کنم که یک استاد سر دو روز با دانشجوش انقدر ندار میشه که میبردش فرودگاه که برای شوهر طرف پلیس ببره؟
- وقتی دید من چه حالی دارم، مجبور شد. من پیشش بودم که ندا خبر داد. زن سابق اون هم داشته بچه شون رو بدون اجازه می برده، اون یک بار این کار رو کرده بود و به من می گفت می دونه من چه حس وحشتناکی دارم و به خاطر هم دردی با من بهم کمک کرد.
- اوه. پس خیلی زیادی ازحد همدردین. اون هم بچه داره. زن سابق هم که داره. پس مجرده. فکر کرده همین روزها تو هم مجرد میشی و دیگه همه چیز میشه نور علی نور. دنیا به من نگو کی به کی نظر داره کی نداره. من مَردم... خودم مردا رو می‌شناسم. نگاه کنم به صورت یک مرد می فهمم تو مغزش چی می گذره. تو حق نداری با اون مردیکه دکترا بگیری. می فهمی یا نه؟ میام اینبار هم چین پرتش می‌کنم زیر ماشین که جون سالم به در نبره.

- می دونی که دو هفته دیگه باید دادگاه باشی؟ اگه هم نری دادگاه، حتماً وقتی پات رو بذاری اینجا میگیرنت و میبرنت زندان؟ امیر حسین گفت که بهت گفته بودن نباید از تورنتو خارج بشی.

- دنیا! تو واقعا آدم آشغالی شدی. تو اینجوری نبودی. اونجا عوضت کرد... تو...

گوشی رو قطع کردم. خیلی حالم بد شده بود. حرف زدن با فرید مثل گوش دادن به یک سی‌دی یک آهنگه بود که تا آخر دنیا دور میزد و یک آهنگ رو پخش می کرد. هیچ حرف تازه‌ای هم نبود، هیچ منطقی هم نبود. از یک ذره گذشت، یک جو انصاف هم هیچ خبری نبود.

فصل دوم

چهار ماه بعد...

دستم دیگه بی حس شده بود. کیسه‌های خرید سنگینی که مجبور بودم تا خونه ببرم. سرمای وحشتناکی که حتی مغز استخونم رو می سوزوند. اتوبوسی که سه دقیقه زود رسید و در حالی که به سمتش می‌دویدم و سعی می کردم بهش برسم از ایستگاه دور شد. اینبار دیگه با دور شدن اتوبوس اشکم در اومد اما همون موقع روی مژه هام یخ زد. وای فکر کنم اونروز سردترین روز سال بود. اتوبوس بعدی بیست دقیقه بعد می‌رسید، تازه اگر سر وقت می رسید و توی این برف و بوران کنسل نمی شد. ساعت رو نگاه کردم، بیست دقیقه به پنج بود. وای خدای من، فقط بیست دقیقه وقت داشتم که کیسه‌ها رو بگذارم خونه و برم دنبال نیکی. اینبار اگر دیرتر از پنج می‌رسیدم حتماً جریمه ام می کردن. این بار سومم می شد اگر دیر می‌رسیدم. بار آخر مدیرمهد کودک اخطار داد که اگر دیر برم طبق قانون مهد کودک باید پول اضافی بدم. فکر کنم پنج دلار به ازای هر ربع ساعت... تو این شرایط پنج دلار هم پنج دلار بود. فرید توی این چهار ماه یک دلار هم نفرستاده بود، حتی به خاطر نیکی! منم هیچ وقت ازش نخواسته بودم.

حتی از بابام هم هیچ وقت نخواسته بودم. انگار می خواستم به همشون و مهم تر از همه به خودم ثابت کنم که من به تنهائی می‌تونم. غدتر از اونی بودم که خودم همیشه فکرش رو می کردم.

پیاده رفتن توی این سرما و برف تا خونه امکان نداشت، حتی اگر هم داشت امکان نداشت به موقع به نیکی برسم. با این وضعیت تا پنج و نیم هم نمی رسیدم. بعضی وقت‌ها دلم برای نیکی می سوزه. اگر فرید الان کنارمون بود حتماً ماشین داشتیم و لازم نبود دخترم توی این سرما نوک اون دماغ کوچولوش یخ بزنه اما حیف با این درآمدی که داشتم نمی‌تونستم از پس خرج و مخارج ماشین بربیام. تقریباً با پول بیمه و بنزین ماهی چهارصد - پونصد دلار خرج ماشین بود، تازه اگر برای ماشین وام نمی‌گرفتم. من که پول چندانی برای خریدن یک ماشین نداشتم. رفتم توی ایستگاه اتوبوس وایستادم تا اتوبوس بعدی برسه. سنگینی این کیسه‌های خرید انقدر زیاد بود که روی انگشتام رد انداخته بود. ساعت پنج شد و من هنوز منتظر اتوبوس بودم. به سختی گوشی موبایلم رو از کیفم بیرون آوردم و به مهد کودک زنگ زدم. برف و اتوبوس رو بهانه کردم و گفتم دیرمیرسم. وای خدایا دیگه طاقت ندارم. یعنی باید اعتراف کنم که کم آوردم؟ نه... من هیچ وقت کم نمیارم. هیچ وقت. نباید بیارم... نباید!

اتوبوس با پونزده دقیقه تاخیررسید. سوار اتوبوس شدم و به سرعت روی یک صندلی نشستم. چقدرتوی اتوبوس گرم بود. دلم می خواست تا ابد توی اتوبوس بشینم و هیچ وقت پیاده نشم. شاید توی ایران دو بار ، شایدم سه بار سوار اتوبوس شده بودم. همیشه ماشین داشتم. دوران دانشجویی هم با تاکسی رفت و آمد می کردم. نمی دونم چرا فکر می کردم اتوبوس سوار شدن توی کانادا به بدی ایران نیست اما گاهی این سرما و این دیر و زود اومدن اتوبوس‌ها من رو کلافه میکنه. توی این فکر ها بودم که گوشیم زنگ خورد، سمیرا بود. خیلی وقت بود که از سمیرا خبر نداشتم. شاید بعد از اون دعوای کذایی چهار بار باهم حرف زدیم. گاهی اوقات یک حرف، یک حرفِ نسنجیده میتونه به قیمت یک دوستی تموم بشه. خیلی سعی کردم بعد از اون از دلش در بیارم... سمیرا به ظاهر می گفت از دستم ناراحت نیست... اما بود. من سمیرا رو از خودش بهتر می شناختم، تُن صداش داد میزد که چی تو فکرشه.

- سلام بر خانوم خوشگل... از صبح می خوام زنگ بزنم، اما خیلی کار داشتم، الان دارم میرم بخوابم، گفتم زودتربهت خبر بدم که ویزام رسید.

- وای... راست میگی سمیرا... تبریک میگم... آخ جون، خیلی مبارک باشه عزیزم. کی میای؟

- هفته آینده.

- وای سمیر ا! الان می‌خوای بیای؟ اگه الان بیای از همونجا برمی گردی ایران. از من به تو نصیحت. به خدا الان اینجا مثل قطب می‌مونه. صبر کن بهار بیا.

- بابا بی‌خیال من عشق سرما و برفم. می خوام بیام برم اونجا اسکی کنم... اینجا که هنوز پیست اسکی باز نشده.

- میری پیش ندا؟

سمیرا سکوت کرد و بعد گفت:

- یعنی واقعا تو از من می‌خوای برم پیش ندا؟ پس چی شد اون قول و قرارها. قرار نبود با هم خونه بگیریم؟ باهم زندگی کنیم تا من جا بیفتم؟

از خوشحالی می خواستم بال در بیارم. باورم نمی‌شد سمیرا دیگه تمایلی داشته باشه بیاد پیش من. فکر می کردم دیگه من رو نمی بخشه. اگر سمیرا میومد، اگر تو چشماش زل میزدم، بهش می‌گفتم چقدر پشیمونم.
از وقتی اون حرف رو به سمیرا زده بودم هیچ وقت جرات نکردم بپرسم از فرید خبر داره یا نه. چهار ماه بود که خبری از فرید نداشتم. فقط از طریق مامانم دورادور ازش خبرمی‌گرفتم... تا اینکه سمیرا یک دفعه همون لحظه گفت:
- فرید دوباره تماس گرفت. حال نیکی رو می‌پرسید. گفتم خیلی خبری ندارم از شما... حقیقت رو گفتم اما باور نکرد.
- تو ازش هیچ خبری نداری؟ نمی‌دونی چی کار میکنه؟
- نه به من چیزی نگفت اما... اما فکر کنم داره میاد کانادا.
- از کجا فهمیدی؟
- تا گفتم بلیط دارم برای کانادا، پرسید کِی؟! گفتم هفته بعد. پرسید چند شنبه... با چه پروازی؟ خیلی مشکوک بود، وقتی هم گفتم چهارشنبه، یک جوری شد. جوری شوکه شده بود که انگار خودش هم هفته بعد داره همون روز میاد کانادا و بلیط داره، انگار می خواست ببینه پروازمون یکی‌هست یا نه... نمیدونم... اما من این حس رو کردم.
- برای چی بخواد بیاد؟ نه فکر نکنم بعد از چهار ماه بلند شه بیاد. اگر می خواست زودتر میومد.
- اما همون چهار ماه پیش به من گفت می‌خواد بره سفارت و کارش رو درست بکنه حتماً طول کشیده دنیا.

باز دوباره دلهره و اضطراب تمام وجودم رو پُرکرد. وای نه... نه حوصله و نه وقت این رو دارم که بخوام دنبال موش و گربه بازی با فرید باشم. دلم نمی خواد بیاد، مگر اینکه بیاد برای موندن... زندگی کردن... ساختن... نه جنگ و دعوا. نه اذیت و آزار و بچه دزدی. واقعاً دیگه تاب و توانش رو ندارم.

اتوبوس به ایستگاه سر کوچه ای که آپارتمانمون اونجا بود رسید. برف شدید تر شده بود و باد شدیدی می وزید. گوشی رو قطع کردم و سریع پیاده شدم و توی کوچه دویدم تا در آپارتمان، زود پریدم تو. وای که چقدر سرد بود. به سرعت کیسه های خرید رو گذاشتم توی خونه و دوان دوان تا مهد کودک نیکی رفتم. وقتی رسیدم ساعت ازپنج و نیم گذشته بود. دیگه نه به جریمه ی دیر رفتن فکر می کردم و نه به هیچ چیز دیگه. نیکی رو محکم بغل کردم وبوسیدم. معلم مهد کودک با تعجب نگاهم می کرد، انگار خیلی آشفته بودم. وقتی که داشتم از در بیرون می رفتم به معلم که اسمش فیونا بود گفتم:
- می دونم قبلاً هم گفتم، اما می خوام تاکید کنم که به هیچ وجه به هیچ کس جز خودم بچه رو ندید.
- بله گفته بودید، اما حتی اگر نمی گفتید هم امکان نداشت بچه رو به کسی غیر از شما تحویل بدیم.
- می دونم. اما می خوام مطئن بشم که حتی اگر کسی با مدرک و دلیل اومد و گفت پدر نیکی هست باز به هیچ وجه نیکی رو بهش نمی دید.

- ما فقط بچه رو به کسی می دیم که موقع ثبت نام حضور داشته و یا کسی که شما تایید کنید. پس خیالتون راحت.
- اگر هم کسی روزی اومد و ادعا کرد که پدرشه، لطفا زود با من تماس بگیرید.
- خیالتون راحت. مطمئناً.

در حالی که دست نیکی رو محکم فشارمی دادم، از اونجا رفتم. با اینکه می دونستم فرید هنوز از ایران نیومده اما نمی دونم چرا می ترسیدم هر آن جلوم ظاهر بشه و اذیتم بکنه. مثل آدم های فراری که از سایه خودشون هم می ترسن رفتیم تا به خونه رسیدیم.

***

چند روزی گذشت. نزدیک به اومدن سمیرا بود و قرار بود ندا و امیرحسین به فرودگاه برن و مستقیم سمیرا رو به خونه من بیارن. اون روز با اینکه هوا پونزده درجه زیر صفر بود، اما خوشحال بودم که به سردی روزهایی که به چهل درجه زیر صفرمی رسید، نبود. امیدوار بودم کمتر تو ذوق سمیرا بخوره.

شب بود. نیکی خوابیده بود و من منتظر سمیرا بودم. هزار فکر و خیال توی سرم بود. با خودم فکر می کردم نکنه فرید هم با پرواز سمیرا به کانادا بیاد و سمیرا رو تعقیب بکنه و آدرس خونه من رو پیدا بکنه، و یا نکنه سمیرا توی سفر فرید رو ببینه و با فرید هم صحبت بشه و فرید از زیر زبون سمیرا حرف بکشه. توی همین فکرها بودم که بالاخره ندا و سمیرا و امیر حسین رسیدن. ندا و امیر حسین چند دقیقه‌ای نشستن و زود رفتن که صبح زود باید سر کار میرفتن. من موندم و سمیرا. هنوزخجالت می کشیدم در مورد اون حرفی که زده بودم باهاش حرف بزنم. سمیرا عوض شده بود. انگار هنوز از من ناراحت بود. بالاخره با مِن و مِن گفتم:
- سمیرا... تورو خدا بگو که از اون حرف احمقانه من ناراحت نیستی... تو میدونی من عصبانی بودم... میدونی که منظوری نداشتم مگه نه؟
- ول کن این حرفها رو دنیا جون. از اون روز خیلی گذشته و من اصلاً چیزی به دل نگرفتم. انقدر الکی خودت رو اذیت نکن.
- فرید رو ندیدی؟ با پرواز تو نبود؟
- نه خیلی حواسم بود. اصلاً ندیدمش. فکر کنم اشتباه کردم. شاید دلیل تعجبش چیز دیگه ای بوده. بهش فکر نکن. فردا باید بری دانشگاه؟ نمیشه بمونی و من رو ببری بگردونی؟ خیلی ذوق دارم که برم بیرون. می خوام همه جا رو ببینم.
- کجا می‌خوای تو این سرما بری سمیرا جون؟ نه میتونی بیرون بری! نه میتونی جای قشنگی رو ببینی. الان همه جا سفیده. تا چشم کار میکنه باید سفیدی ببینی و بس. الان فقط باید بری جای سربسته. یا پاساژ... یا رستوران... باور میکنی سمیرا اینجا واقعاً از وقتی هوا سرد شد، مثل جهنم شد. جهنم بدون آتیش. واقعاً بعضی روزها که نیکی بهونه گیری میکنه و حوصله اش سر میره، هیچ جا نیست که ببرمش. نمیدونم حداقل جایی که بدون ماشین بشه رفت نیست. واقعاً بعضی وقتها دلم میگیره.
- یعنی پشیمونی اومدی کانادا؟

- من بخاطر درس اومدم سمیرا. اصلاً پشیمون نیستم. دلم برای نیکی میسوزه، همین. نه خاله ای، نه عمه ای. نه پدر بزرگ یا مادر بزرگی. نه دوستی.

- تو هیچ دوستی جز ندا نداری؟ کسی که مثلاً بچه داشته باشه و بتونی باهاشون رفت و آمد کنی؟

- دارم... چند تا دوست بچه دار دارم... اما... راستش فکر نمی کنم بشه باهاشون رفت و آمد کرد. آخه همشون شوهر دارن.

- خب شوهر داشته باشن.

- حس می کنم چون با شوهرم نیستم، دوست ندارن با من رفت و آمد بکنن.

- واقعاً؟ من فکر کردم اینجا مثل ایران نیست که اگر کسی با بچه اش تنها باشه با مشکلی برخورد بکنه.

- اینجا و ایران نداره. فرهنگ آدمها که به این راحتی ها عوض نمیشه.

- آهان... منظورت دوست ایرانیه؟ بی خیال بابا. منظورم ایرانی نبود... خارجی.

- خارجی؟ چندتا هم کلاسی دارم که بچه دارن. اما خودم خیلی از رفت و آمد با اونها لذتی نمی برم.

- دیوونه ای. اونها خیلی بهترن. بچسب بهشون.

- از کجا می دونی آخه تو؟ ما با اونها هیچ وجه اشتراکی نداریم. هیچ حرف مشترکی نداریم. نمیشه سمیرا. حالا بذار چند ماه بگذره خودت می فهمی.

- باید خودمون رو مثل اونها بکنیم. وگرنه بهتره برگردیم ایران.

- من که نمی تونم عوض بشم. علاقه ای هم ندارم که بشم. راستی فرزاد چی شد؟

- فرزاد؟ آهان. هیچی... هست.

- یعنی چی هیچی هست؟ گفتم الان میاد فرودگاه دیدنت. تو که ندیده عاشقش شده بودی.

فرزاد دوست اینترنتی سمیرا بود که یک دل نه صد دل عاشقش شده بود. سمیرا ثانیه شماری می کرد تا اقامت کاناداش جور بشه و فرزاد رو ببینه. سمیرا جوری که انگار دیگه فرزاد براش مهم نیست گفت:

- بله... ندیده عاشقش شدم اما نگفتم یک ماه پیش مادر بزرگش فوت شد و اومد ایران. من هم قرار گذاشتم و دیدمش.

- خب؟

- خب... بابا اصلاً شباهتی به عکساش و یا تصویر "وب کم" نداشت.

باورم نمیشد. سمیرا تا قبل از اینکه من بیام کانادا، بیست و چهار ساعته با فرزاد پای تلفن بود. می گفت عاشقش شده اما چطوری الان انقدر بی تفاوت در موردش حرف میزد. می دونستم که سمیرا خیلی ظاهر پسرها براش مهمه اما تا اونجا می اومد فرزاد خیلی خوش قیافه بود.

- یعنی چی سمیرا اون که خیلی خوش قیافه ست. من یادمه... عکسش رو نشنوم دادی.

- قیافه اش بد نیست اما قدش رو دروغ گفته بود. گفته بود صد و هفتاد و هشت سانتیمتره. تازه به نظرم صد و هفتاد و هشت خیلی برای من کوتاهه اما قبول کرده بودم. باور کن هم قد من بود. من با کفش ورزشی ازش بلند ترم.

- خب... بابا سمیرا بی خیال یعنی صد و هفتاد سانتی متره. خیلی هم بد نیست. قد که خیلی مهم نیست.
- چرا مهم نیست دنیا؟ مهم هست. خیلی زیاد.
- همه اینها عادی میشه. اخلاق طرف مهمه بخدا. اینکه فکرهاتون یکی باشه. اشتباه نکن.
- یعنی ژِن مهم نیست؟ من دلم نمی خواد بچه هام یک در صد هم کوتوله بشن. معلوم بود ژن کوتاه قدی داره.
- وای سمیرا از دست تو. بچه آدم هر جوری که بشه آدم عاشقش میشه و زیباترین و بهترین می بیندش. انقدر ظاهربین نباش. بچسب به اخلاق طرف.
- حالا هنوز هم باهاش دوستم. نمیگم که بهم زدم اما فکر نکنم خیلی بتونم باهاش بمونم. اصلاً دنیا ... روم نمی‌شد باهاش تو خیابون راه برم... فکر میکنی این درست باشه؟ اینکه آدم با کسی که از ظاهرش راضی نیست ازدواج بکنه؟ من که میگم نه. چون اگر یک مشکل کوچیک در آینده پیش بیاد، تمام اون زشتی‌ها که تو میگی عادی می‌شه دوباره برات بزرگ جلوه می کنن.
- نمیدونم... شاید راست میگی. اما من مثل تو سخت گیر نبودم و نیستم.
- برو گمشو... دروغ نگو. فرید مثلاً، قدش یک سر و گردن از تو بلند تره. صد و هشتاد سانتی متر هست نه؟
- صد و هشتاد و پنج.
- خب بیا... قدش که عالیه... قیافه اشم بد نیست. چاق و کچل هم که نیست. (سمیرا با لحن شوخی) حالا لطفاً دوباره نگی خیلی دوست داری مال تو...
- وای سمیرا شرمنده ام نکن. قرار بود اون قضیه رو فراموش کنی... خب فرید ظاهر بدی نداشت، اما دوازده سال از من بزرگتر بود. این خودش یک نکته منفیه. اصلاً از لحاظ فکری هم جور نبودیم. اصلاً ول کن. به نظرم اگه از این پسر خوشت نیومده... ولش کن. گناه داره. امیدوارش نکن.
- حالا فعلاً هست... بابا بذار بیاد دنبالمون، توی شهر یک دوری بهمون بده... مثل دو تا دوست معمولی‌هستیم دیگه. لازم نیست حتماً ولش کنم که.
- نه... این کار رو نکن... اگه هم میکنی بهش بگو که برای دوستی معمولی می‌خوای. وگرنه بهت دل می بنده. تو هم خوشگلی، هم خوش هیکل، هم قد بلند و شیک... دیوونه اش نکن پس.
- نگران نباش... پسرا هیچ وقت دُم به تله نمی دن. مطمئن باش اینجا ده تا دوست دختر داره.

بنظرم سمیرا خیلی عوض شده بود. سمیرا همیشه دنبال پسر تک بود، شاید برای همین تا اون سن عروسی نکرده بود و یا کمتر با کسی دوستی جدی و طولانی مدت داشت اما هیچ وقت از اون دخترهایی نبود که کسی رو سر کار بگذاره، و از طرف سوء استفاده بکنه. برای همین این حرفش کمی من رو نگران می کرد.

***

صبح شد. همین که بیدار شدم، دیدم سمیرا روی مبل نشسته و میگه کل شب بیدار بوده و خوابش نبرده. همون موقع‌ها بود که نیکی هم بیدار شد و تا سمیرا رو دید از خوشحالی خودش رو توی

بغل سمیرا انداخت. هنوز سمیرا رو یادش بود و از بس این مدت با کسی رفت و آمد نکرده بودیم، با دیدن سمیرا خیلی ذوق کرده بود.

صبحانه رو خوردیم. سمیرا اصرار کرد که نیکی پیشش بمونه تا حوصله اش سر نره، تا زمانی که من برگردم و با هم بیرون بریم. من مجبور بودم چند ساعتی به دانشگاه برم و برگردم. نیکی هم اصرار کرد که پیش سمیرا بمونه. خیلی می‌ترسیدم. همه اش می‌ترسیدم که فرید یک جوری پیداش بشه و سمیرا نیکی رو به فرید بده. بیشتر از چشمام به سمیرا اعتماد داشتم اما نمی‌تونستم ریسک کنم. ممکن بود فرید با زور این کار رو بکنه و یا گولش بزنه.

- سمیرا تو که دیشب نخوابیدی. کمی بخواب که شارژ بشی. مهد کودک سر خیابون بغلیه. من چهار ساعت دیگه میام با هم بریم دنبال نیکی، بعدش هم با هم میریم یک پاساژی که همین نزدیکی هاست.
- آره راست میگی. باشه فکر بدی نیست. کم کم داره خوابم میاد. پس زود برگرد اما باید در مورد خونه حرف بزنیم. توی این ساختمان خونه ی دو اتاق خوابه نبود؟ من که نمی تونم با شما توی این خونه یک خوابه بمونم.
- چرا هست. فقط خیلی گرونتره. اگه حتماً موندنی هستی بگیریم چون من تنهایی ازپس خرجش بر نمیام.
سمیرا سری تکون داد و گفت: می مونم... خوبم می مونم... نگران نباش.

رفتم دانشگاه. اون روز TA (کمک تدریسی) داشتم. دانشجوها توی اتاق کامپیوتر بودن و من باید به سوال هاشون جواب می دادم اما اصلاً حواسم به سوال هاشون نبود. چند بارتوی جواب دادن کم آوردم و همه اش توی افکار خودم بودم. به فکر فرید بودم. اینکه کی میاد و اینبار چطوری می خواد زهرش رو بریزه. با اینکه بدجور ازش زده شده بودم اما ته دلم بدم نمی اومد که برگرده توی زندگی من و نیکی. نیکی پدر می خواست و من کمرم زیر بار مسئولیت داشت خم می شد. خیلی خسته بودم. دلم کمک می خواست. اینکه فقط یک ساعت کسی نیکی رو برام نگه داره تا من درس بخونم، برام تبدیل به یک رویا شده بود. امتحان هام نزدیک بودن. چاره ای جز درس خوندن و بیدار نشستن تا نصفه شب نداشتم.

اون روز با اینکه سه ساعت TA داشتم اما دانشجو ها خیلی کم بودن و سر یک ساعت کلاس تعطیل شد. خیلی خوشحال شدم و بدو بدو رفتم به سمت خونه تا با سمیرا حاضر شیم و بریم دنبال نیکی. فکر اینکه سمیرا کنارمون بود خوشحالم می کرد. نیکی به جز من می تونست خاله سمیرا رو ببینه. با یکی به جز من حرف بزنه و شیرین زبونی بکنه. تمام راه رو تا ایستگاه دویدم. همون موقع اتوبوس رسید. اون روز روزِ شانسم بود. کمتر پیش می اومد که اتوبوس سر موقع برسه و یا من دیر نرسم.

رسیدم خونه. خیلی آروم در رو باز کردم تا اگه سمیرا خواب باشه بیدارش نکنم. همین که در رو باز کردم جا خوردم. دم در یک جفت چکمه ی مردونه بود. آب دهنم رو نمی تونستم قورت بدم...

یعنی ... یعنی این چکمه ها مال کی بود؟! اصلا نمی تونستم به هیچ چیز فکر کنم... هیچ صدایی توی خونه نمی اومد. به سرعت چکمه هام رو در آوردم و با قیافه ی حق به جانبی رفتم توی هال خونه. یک مردی در حالی که پشتش به من بود روی مبل نشسته بود اما خبری از سمیرا نبود... همون لحظه اون مرد متوجه اومدن من به خونه شد و برگشت به سمتم نگاه کرد. بعد بلند شد و سلام کرد... همین که صورتش رو دیدم فهمیدم فرزاده. با لهجه انگلیسی سلام کرد و همون لحظه سمیرا از توی دستشویی بیرون اومد.

سمیرا حسابی هُل کرده بود و شروع کرد به معرفی کردن. فرزاد حداقل چهار – پنج سانتیمتر از سمیرا بلندتر بود. بنده خدا خیلی از عکسش خوش قیافه تر بود. فقط شاید چون بیش ازحد ریز نقش بود و استخوانی، دل سمیرا رو زده بود. سمیرا گفت:
- من گفتم فرزاد بیاد دنبالمون که هم همدیگه رو ببینیم و هم بریم چهار تایی گردش.
- خب سمیرا جان چرا زحمت دادی بهشون؟ یک جا قرار می ذاشتیم باهم که تا اینجا نخوان بیان.

داشتم از عصبانیت منفجر می شدم. واقعاً نمی فهمیدم که چه لزومی داشت سمیرا بدون حضور من، این پسرغریبه رو توی خونه راه بده. فرزاد با مِن و مِن، جوری که انگار خیلی داره به مغزش فشار میاره تا فارسی حرف بزنه گفت:
- توی این هوا می خواستین چطوری بیاید بیرون. من هروقت بگید میام پیکاپتون می کنم (میام دنبالتون).
- ای جونم... میگه پیکاپ (pick up) می کنه! چقدر بامزه فارسی انگلیسی حرف می زنه.
- مگه شما چند وقته که اومدید کانادا؟
- من تقریبا شش ساله... از بیست و چهارسالگی اینجام.
- یعنی توی این شش سال زبانتون اینجوری شده؟

فرزاد بادی به غبغب انداخت و گفت:
- من کلاً استعداد زبانم خیلی خوبه.
- من که با شما انگلیسی حرف نزدم، منظورم زبان فارسیتون بود که تو شش سال اینجوری شده.

قصد ضایع کردن فرزاد رو داشتم. اما کلاً از آدم هایی که به این زودی می خوان خودشون و اصلشون رو فراموش کنن و افتخار می کنن که زبان فارسیشون رو با لهجه حرف بزنن تا ثابت کنن خیلی خارجی شدن، خوشم نمی اومد. همیشه دلم می خواست به این جور آدمها بفهمونم با این مدل حرف زدن به زبان مادریشون، فقط دارن هوش و استعداد خودشون رو زیر سوال می برن. دارن داد می زنن و می گن انقدر بی استعدادن که مغزشون گنجایش نگهداری چند زبان رو نداره. همون لحظه فرزاد حسابی از چشمم افتاد و دلم می خواست هر چه زودتر از خونه ام بره بیرون تا حسابی از سمیرا گله کنم از اینکه بدون اینکه به من بگه اون رو وارد خونه ی من کرده اما سمیرا از حرفی که به فرزاد زدم خوشش نیومد و گفت: عزیزم منظور دنیا اینه که حتما دوست ایرانی نداشتی که فارسی یادت رفته.
- نه منظور من این نبود. فکر کنم خود فرزاد منظور من رو فهمید.

- فرزاد سرش رو انداخت پایین و بعد رو کرد به سمیرا و گفت:
- خوب حاضری عزیزم؟ بریم؟
- من آره... حاضری دنیا؟

فرزاد اصلاً به صورت من نگاه نمی کرد. انگار دلش نمی خواست من باهاشون برم. شاید حق داشت. مطمئناً انرژی منفی من رو گرفته بود. دلم نمی خواست سمیرا هم با فرزاد بره. چند ماه پیش مادر سمیرا از من قول گرفته بود، وقتی با سمیرا رفتیم کانادا، حتماً حواسم به دخترش باشه. خیلی نگرانش بود. می ترسید توی کشور غریب، تک و تنها به مشکل بر بخوره.
گفتم:
- نه سمیرا جان. شما تنها برید. من یک کم به درس هام میرسم تا برگردی.

سمیرا به نظر عصبانی می رسید. هیچ اصراری نکرد و با فرزاد از خونه رفت بیرون. کمی نگران شدم. هم برای سمیرا که هیچ علاقه ای به فرزاد نداشت واز طرفی عزیزم خطابش کرد و هم از انرژی منفی ای که از فرزاد گرفتم. از نگاهی که به سمیرا کرده بود، ترسیده بودم. نگاهش با ولع بود نه با علاقه.

تا عصر حسابی درس خوندم، بعد رفتم دنبال نیکی. نیکی مدام از سمیرا می پرسید. ساعت ده شب شده بود و هیچ خبری از سمیرا نبود. استرس گرفته بودم... نکنه بلایی سرش اومده؟! چرا من حواسم نبود شماره موبایل این فرزاد رو بگیرم؟! نیکی گریه می کرد و هر کاری می کردم نمی خوابید و می گفت: "خودت گفتی الان خاله میاد تا خاله نیاد نمی خوابم."

دلم نمی اومد نیکی رو دعوا کنم و یا مجبورش کنم که بخوابه. نیکی چشماش رو می مالید و دم در نشسته بود تا وقتی سمیرا رسید نقاشی ای که براش کشیده بود رو نشونش بده. ساعت یازده شد و نیکی دم در خوابش برد. بغلش کردم تا ببرم و سر جاش بگذارمش. همون لحظه بی اختیار زدم زیر گریه. چرا باید دختر من در حسرت یک مهمون، یک خاله باشه؟ ای کاش اینطوری نشده بود. ای کاش فرید اینجا بود و می تونستم با چند تا خانواده رفت و آمد راه بندازم و ذره ای این احساس بی کسی رو کمرنگ کنم.

بعضی وقت ها که بی کسی اذیتم می کرد، دلم می خواست بگردم دنبال یک پدر و مادر بزرگ برای نیکی. گاهی می زد به کله ام که ای کاش به جای این سایت های دوست دختر و پسر یابی، سایتی بود برای پیدا کردن پدربزرگ و مادربزرگ! چی اشکالی داشت زن یا مرد پیری که نوه ندارن و یا از بچه هاشون دورن رو میشد پیدا کرد و یک رابطه ایجاد کرد؟ مطمئناً هستن کسایی که پیرن و تنهان و له له می زنن برای خانواده دار شدن. ای کاش می شد. حیف که این خیالات فقط باعث خنده بود. آخه کی توی این دنیای ماشینی امروز می تونه به یک آدم غریبه اعتماد بکنه و در خونه و قلبش رو به روش باز بکنه؟ اما ای کاش می شد. غربت بدجوری تار و پود وجودم رو آزار می داد... این برف... این برف لعنتی هم، این حس بی کسی رو چند صد برابر می کرد.

شک ندارم که تمام این حس ها به خاطر نیکی بود... اگر بچه نداشتم و مثل سمیرا از هفت دولت آزاد بودم الان وضعم این نبود... سرم به درسم بوده و چشمم به آینده.

ساعت دوازده شد و من روی مبل خوابم برد. صدای در بیدارم کرد. سمیرا بود اما تنها نبود. دوباره چشمم به این پسر افتاد که از زیر شونه سمیرا گرفته بود. سمیرا چشماش رو بسته بود و به زور وایستاده بود. از نگرانی دست و پام رو گم کردم و گفتم:

- سمیرا چیزیش شده؟ حالش بده؟ براش اتفاقی افتاده ؟
- No - یعنی نه... هیچی... خوابش میاد... میگه چند روزه نخوابیده...
- تاحالا کجا بودین؟ (با عصبانیت)
- گردش...
- تا این موقع شب؟؟؟

همون موقع سمیرا دهنش رو باز کرد و تو خواب و بیداری گفت: به تو چه مربوطه... شدی مامان من؟

سمیرا صداش کش میومد و دهنش بوی بدی میداد. همون بویی که گاهی از دهن فرید می اومد... آره... یادم اومد... بوی مشروب بود... وای خدای من... سمیرا چی کار کرده بود... فرزاد سمیرا رو تا روی مبل آورد و سمیرا زد زیر خنده. مثل دیوونه ها می خندید. می ترسیدم نیکی از صدای سمیرا بیدار بشه. دلم نمی خواست تو این حال خاله سمیراش رو ببینه. سعی می کردم آرومش کنم اما صداش بلندتر و بلندتر می شد. رو کردم به فرزاد و با عصبانیت گفتم:
- به چه حقی این بلا رو سر سمیرا در آوردی؟ دیگه اجازه نمی دم ببینیش. مادر سمیرا اون رو به من سپرده.

سمیرا تو حال خودش بود و چیزی نمی فهمید... همه اش می خندید ویک دفعه خودش رو روی زمین انداخت و باز خندید و خندید.
- سمیرا یک دختر بزرگه... It is none of your business   (به تو مربوط نیست)...
- بعداً نشونت می دم بیزینس من هست یا نه.

همون موقع سمیرا متوجه من شد و تو اون حال گفت: " به تو چه... به تو چه... " و دوباره زد زیر خنده.

کارد می زدن خونم در نمی اومد. همون موقع به فرزاد گفتم:
- از اینجا برو. دیگه هم پات رو تو خونه من نذار.

فرزاد عصبانی شد و گفت:
- واقعاً آدم عهد بوقی هستی. آدم هایی مثل تو باید برن تو بقچه، بشینن تو خونه. همون بهتر که برگردی تو همون خراب شده و اون شوهرتم عذاب ندی.

سرم سوت کشید. تا اومدم دهنم رو باز کنم به سرعت رفت و محکم در رو کوبید. سمیرا هنوز داشت می خندید.
فرزاد رفت و سمیرا اصلاً تو حال خودش نبود. هر چی با سمیرا حرف می زدم پرت و پلا جوابم رو می داد. بالاخره سمیرا خوابش برد و منم روی مبل کنارش خوابیدم.

هوا هنوز تاریك بود که چشمام رو باز کردم. ساعت نزدیك هشت صبح بود و برف شدیدی می بارید. اون روز جمعه بود. من جمعه ها کلاس نداشتم، فقط باید یک سر به دکتر شریفی می زدم تا در مورد تحقیقم باهاش حرف بزنم. نیکی هنوز خواب بود، بیدارش کردم و خیلی آروم از خونه رفتیم بیرون تا به مهد کودك ببرمش. در رو از پشت با هر دو تا قفل، قفل کردم تا اگه یک موقع سمیرا بیدار شد دوباره یك کاری دستم نده.

تمام راه فکر می کردم که چطوری باید با سمیرا برخورد کنم که هم از دستم ناراحت نشه و هم بتونم قانعش کنم که این راهش نیست.

ساعت حدود نه صبح بود که رسیدم خونه. سمیرا هنوز خواب بود. همینکه رفتم توی آشپزخونه تا چایی بگذارم سمیرا شروع کرد به کش و قوس دادن. هال و آشپزخونه چسبیده به هم بود و هیچ دیواری بینش نبود، یك جورایی هال و آشپزخونه، حتی کوچیکتر از آشپزخونه ی خونه مون توی ایران بود. سمیرا بلند شد نشست.
- صبح بخیر... ساعت چنده؟
- ساعت نه. می خوای برو اتاقِ من بازم بخواب.
- نه دیگه... امروز جمعه است؟ امروزم میری دانشگاه؟
- نه شاید نرم.

رفتم پیشش نشستم و گفتم:
- سمیرا می دونی دیشب ساعت چند اومدی؟ می دونی از نگرانی داشتم سکته می کردم؟
- ببخشید... راستی با فرزاد برای گوشیم سیم کارت گرفتم.
- پس چرا زنگ نزدی بگی دیر میای؟
- ببخشید به خدا شماره ات رو حفظ نبودم. تو گوشیم نبود.
- خیلی خب... حالا دیشب کجا بودی؟
- هیچی... رفتیم چند تا پاساژ و مغازه و اینها... بعد هم رفتیم شام خوردیم و بعدم رفتیم پاب.
- رفتی پاب مست کردی دیگه؟ واقعاً نمی فهمم چرا؟ چرا انقدر زیاد خوردی؟ می دونی چقدر دیشب حالت بد بود؟
- راست میگی؟ آره... راست میگی حسابی مست کردم. تقصیر فرزاد بود. گفت خیلی درصدش پایینه. دو بار هم سفارش داد. فکر کنم دروغ گفت چون خیلی بد مزه بود.
- مجبور بودی؟ نه... واقعا می خوام بدونم مجبور بودی با کسی که ازش خوشت نیومده بری بیرون و این بلا رو سر خودت بیاری؟
- حالا مگه چی شده؟؟؟

- چی شده؟ ساعت دوازده شب مست و پاتیل اومدی. این پسر هم هر چی از دهنش در اومد به من گفت. تو چی گفتی در مورد من و زندگیم که فرزاد به من گفت برو ایران پیش شوهرت وانقدر عذابش نده؟

صورتم و لحنم خیلی جدی بود، سمیرا از حرف من جا خورد و گفت:
- چی؟ فرزاد این حرف رو زد؟ من... من چیزی بهش نگفتم. من، من فقط گفتم که تو برای درس اومدی ولی فرید نیومده و مشکل داره. به خدا منظور بدی نداشتم. فقط درد و دل کردم باهاش.

حوصله بحث نداشتم. هر چی می گفتم سمیرا حاشا و یا بهانه گیری می کرد. بلند شدم و رفتم توی آشپزخونه. سمیرا دنبالم راه افتاد و با منت کشی گفت:
- تو رو خدا بگو از من ناراحت نیستی دنیا. من هیچ چیز بدی نگفتم. رازی رو فاش نکردم.
- مهم نیست سمیرا. من فقط نگرانتم. سمیرا آخه این چه کاری بود؟! تو اولین چیزی که باید بهش فکرکنی آینده اته. اینکه می خوای چی کار کنی. چه جوری می خوای زندگیت رو اینجا شکل بدی. تو الان باید دنبال کلاس زبان باشی. به فکر ادامه تحصیل باشی.
- بابا بذار یه هفته استراحت کنم... من که مثل تو عجول نیستم... نرسیده بلند شدی رفتی دنبال استاد و... بي خیال... بعدشم من هزار بار بهت گفتم من حوصله فوق گرفتن ندارم.
- پس می خوای اینجا دقیقاً چی کار کنی؟
- زندگی... میرم کلاس زبان بعدشم میرم سر کار.
- فکر کردی اینجا کار ریخته؟ اونم برای کسی که مدرك کانادایی نداره؟
- هست چرا که نه.
- از ندا بپرس. می گه تا مدرك اینجا رو نداشته باشی به سختی کار گیر میاری. حرف من رو قبول نداری، ندا رو که داری. چند ساله که اینجاست، زبان خونده، فوق گرفته، کار داره.
- باشه ازش می پرسم اما من حوصله درس خوندن ندارم.
- حوصله چی داری؟ با فرزاد بری پاب و مست کنی؟
- ببین دیگه داری زیادی دخالت می کنه. هر کسی يك جوره. این رو بفهم. همه مثل تو خرخون نیستن، همه هم نباید راهی رو که تو می ری برن.
- راهی که تو انتخاب کردی اشتباهه. پسری رو که دوست نداری باید بذاری کنار.
- کی می گه دوسش ندارم؟! اتفاقاً دیروز خیلی ازش خوشم اومد.
- سمیرا! این پسر به درد تو نمی خوره. بسه... بگو که دیگه نمی خوای ببینیش؟
- امشب قرار شده بیاد دنبالم بریم با چند تا از دوستاش بیرون، اونها رو هم بهم معرفی کنه تا یه کم دوست جدید پیدا کنم.
- بازم می خوای امشب باهاش بری بیرون؟
- آره.

باورم نمی شد... دلم می خواست سمیرا هر چه زودتر بیاد تا هم همدمم بشه هم کمك حالم. با این وضعیت فقط باعث دردسر بود. از سمیرا دور شدم و رفتم توی اتاق. روی تخت دراز کشیدم و اشك توی چشمام جمع شد. سمیرا پشت سرم اومد ونشست روی تخت کنارم و گفت:

- چرا سخت می گیری دنیا؟ من فقط می خوام برم با چهار تا ایرانی دیگه آشنا بشم. دلم نمی خواد مثل تو بشم که بعد از چهار- پنج ماه که از اومدنت گذشته اینجوری احساس غربت می کنی.

- تو دوستای قدیمیت رو نگه دار دوست جدید پیشکش. فکر می کنی چرا خدا خدا می کردم هر چه زودتر بیای؟ واسه اینکه شک ندارم هیچ کس برای من سمیرا نمی شه. تو داری اشتباه می کنی. با این کارات من و ندا رو هم از دست میدی. من کاری با تو ندارم. هر کاری دوست داری بکن. هر وقت خواستی برو، هر وقت خواستی بیا. تا هر وقت خواستی هم پیش من بمون اما من خونه دو خوابه با تو نمی گیرم. جام هم راحته... هیچ انتظاری هم از تو ندارم.

- قهر نکن دیگه. خیلی خب، من امشب نمیرم. راست میگی دوستی قدیمی یه چیز دیگه است. من زنگ می زنم به فرزاد می گم نمیام.

- نه برو.

- نه راست میگی نمیرم. قول میدم دیگه ناراحتت نکنم اما خونه رو هر چه زودتر باید عوض کنیم. کلاس زبان میرم. دختر خوبی میشم. اصلاً قرار بود تو به درست برسی من مراقب نیکی باشم... امتحانت کی شروع می شه؟

- دو هفته دیگه. یعنی واقعاً می تونی مثل یک دوست خوب کنارم باشی؟

- قول می دم.

سمیرا بوسم کرد و سعی کرد از دلم در بیاره.

چند روزی گذشت. از ندا هم خواستم با سمیرا حرف بزنه و متقاعدش کنه که به فکر درس و گرفتن یک مدرکی باشه. کلاس زبانی برای سمیرا نزدیک دانشگاه پیدا کردم و قرار بود بعد از یک ماه کلاس هاش شروع بشه. سمیرا هر از گاهی با فرزاد بیرون می رفت اما خیلی زود به خونه می اومد و من متوجه نمی شدم که آیا بازهم با فرزاد به پاب رفته یا نه. سمیرا سعی می کرد برای خرید خونه با فرزاد بره تا مجبور نباشه توی برف و بدون ماشین به خودش سختی بده اما با تمام این وجود، سختی خرید رفتن و هوای سرد خیلی زود صداش رو در آورده بود.

من هنوز می ترسیدم. از اینکه هر لحظه فرید بیاد و دوباره دردسر برامون درست بکنه. اونجوری که مامانم بهم می گفت فرید هنوز ایران بود و دورادور ازش خبر داشت. فقط سه روز به اولین امتحانم مونده بود. سمیرا قرار بود به جای من دنبال نیکی بره تا من بیشتر دانشگاه بمونم و درس بخونم. با مهد کودک هماهنگ کرده بودم که نیکی رو به سمیرا تحویل بدن. استرس درس و امتحان هر روز بالاتر می رفت و ترس از فرید و دردسرهاش هم هر روز بیشتر می شد.

حسابی وسوسه شده بودم که به فرید زنگ بزنم، شاید اینجوری خیالم راحت می شد و مطمئن می شدم هنوز ایرانه و قصد نداره حالا حالاها به کانادا بیاد... شب بود. سمیرا و نیکی خواب بودن. سمیرا روی تخت من اتاق می خوابید تا من توی حال تا دیر وقت درس بخونم... تلفن رو برداشتم و شماره خونه مون تو ایران رو گرفتم... چند تا زنگ خورد و فرید خواب آلود گوشی رو برداشت:

- الو.

- الو. (صدام می لرزید)

- بفرمایید.
فرید خیلی خواب آلود بود و احتمالاً فکرشم نمی کرد بعد از این همه مدت دوباره بهش زنگ بزنم.
- سلام فرید... دنیام.
- دنیا... دنیا کیه... آهان... دنیا... چی کار داری؟ کله سحر زنگ زدی مزاحم شدی که چی بشه؟ از دست تو کله سحر هم آرامش ندارم؟
- یك آن نگرانت شدم گفتم حالت رو بپرسم. الان اونجا ۷ صبحه. تو همیشه این موقع بیدار بودی.
- خیلی خوب زنگت رو زدی. کاری نداری هری دیگه.
- این چه طرز حرف زدنه؟!
- دارم طلاقت میدم، طلاق غیابی. می خوام هر چه زودتر از شر تو و اسمت تو شناسنامه ام خلاص بشم.
دلم هُری ریخت پایین... آب دهنم رو نمی تونستم قورت بدم.
- طلاق؟ پس نیکی چی میشه؟
- نیکی چی می شه؟!! نمی دونم چی میشه... نیکی تا یه مادر خودخواه مثل تو داره تکلیفش معلوم نیست.
- فرید بیا. یك ترمم تموم شد بقیه اش هم مثل باد می گذره. زندگیمون رو خراب نکن. من حاضرم ببخشمت اگه...
فرید پرید توی حرف من و با عصبانیت گفت:
- ببخشی؟ من دیگه دلم نمی خواد ریخت تو رو ببینم... فعلاً سرم اینجا شلوغه... (کمی مکث کرد) دارم ازدواج می کنم.

احساس کردم سرم داره گیج میره... داشتم آتیش می گرفتم... باورم نمیشد. فکر اینکه فرید توی این مدت کم با کسی آشنا شده و به این زودی داره به فرد دیگه ای فکر می کنه داشت دیوونه ام می کرد. نه فرید اهل اینجور کارا نبود. مگه میشه؟ یعنی تو این مدت که خبری ازش نداشتم رفته با یکی دیگه؟ یعنی توی خونه من، یك زن دیگه آورده؟ نکنه زن دیگه ای اومده و تو اتاق من رفته؟ نکنه فرید بهش دل بسته؟! نه دروغ میگه. با صدای لرزون گفتم:
- داری دروغ میگی .
- نه چه دلیلی داره دروغ بگم؟ وقتی رفتی باید فکر اینجاشم می کردی... من مَردم... اونم مَردی مثل من ... فکر کردی می تونم بدون زن دوام بیارم؟!
- پس از نیکی گذشتی؟
- نه من از نیکی نمی گذرم. اینم شانس نیکی هست که مادری مثل تو داره.
- تو چه بابایی هستی که یه بار زنگ نزدی بگی نیکی چطوره؟ کم و کثری داره، نداره؟!!
- مادر نابغه ای مثل تو داره... چه کم و کثری می تونه داشته باشه؟!!
- عروسیت کی هست؟
- میترا راضی نشده قبل از طلاق عروسی کنیم. اگه راضیش کنم هر چه زودتر.
- باشه... خوشبخت باشید. من باید برم بخوابم.
- سلام به استادت برسون.

گوشی رو قطع کردم. داشتم از عصبانیت می مُردم. یعنی همه چیز تموم شد؟؟؟ مگه میشه؟ میشه به این زودی فرید بره با یکی دیگه؟ بالاخره بغضم ترکید و زدم زیر گریه. وای چرا دارم گریه می کنم؟ یعنی من دلم می خواست بر می گردم با فرید؟ یعنی بعد از اون همه بد بختی که کشیدم بازم می تونستم با فرید زندگی کنم؟ واقعاً من هنوز به زندگی با فرید امیدی داشتم؟ نمی دونستم باید خوشحال باشم یا ناراحت. من به طلاق فکر نکرده بودم. از زندگی با فرید راضی نبودم ولی من دلم می خواست به خاطر نیکی هم که شده زندگی کنم. داشتم گریه می کردم و به هق هق افتادم.

اون شب غم بزرگی روی دلم سنگینی می کرد. هیچ وقت خودم رو انقدر تنها حس نکرده بودم. تو این مدت جوری زندگی می کردم که انگار شوهر دارم و به زودی به هم می رسیم اما اون شب اولین شبی بود که خودم رو یك زن مطلقه می دونستم و فکر می کردم با دنیای جدیدی باید روبرو بشم. فکر نیکی بیشتر اذیتم می کرد. نکنه نیکی هیچ وقت من رو نبخشه. نکنه وقتی بزرگ شد تو چشمام زل بزنه و بگه: "مامان دکترا انقدر مهم بود که به خاطرش من رو بی بابا کردی؟" نکنه فرید با زن دومش بچه بیاره ونیکی رو فراموش بکنه؟ یعنی ممکنه؟

***

دو هفته گذشت. اون روز آخرین امتحانم رو می دادم و چند روز بعد هم کریسمس بود. دلم می خواست زودتر امتحانم رو بدم و با نیکی و سمیرا بریم بیرون و نیکی با بابا نوئل عکس بگیره. نیکی توی مهد کودك در مورد بابا نوئل و کادویی که براش قراره بیاره شنیده بود و دلش می خواست زودتر بابا نوئل رو ببینه و بهش بگه که چی برای هدیه می خواد. من هر کاری می کردم نیکی نمی گفت و می گفت باید به خود بابانوئل بگه که چی می خواد.

دو تا امتحان اول رو خیلی خوب داده بودم و پروژه هام رو هم خیلی کامل کرده بودم. خیالم از جانب نیکی راحت بود و سمیرا توی این مدت هر روز عصر دنبالش می رفت. ساعت امتحان آخر چهار بود و دوباره مجبور بودم که از سمیرا بخوام که دنبال نیکی بره. این روزها سمیرا کمتر فرزاد رو می دید و منم اصلاً در مورد فرزاد هیچی نمی پرسیدم.

دقیقاً وسط جلسه امتحان بودم که احساس کردم موبایلم داره زنگ می خوره. موبایل رو خاموش نکرده بودم و پاك یادم رفته بود که حتی صداش رو قطع کنم. مراقب جلسه اومد سمت من و گفت: زود گوشی رو خاموش کن و بده به من. گوشی رو در آوردم و عذر خواهی کردم. همین که داشتم خاموش می کردم دیدم که از مهد کودك نیکی داره زنگ می خوره. یك دفعه ترس برم داشت. نکنه اتفاقی برای نیکی افتاده باشه؟ گفتم: اجازه بدید جواب بدم. خیلی مهمه از مهد کودك بچه ام هست. می ترسم اتفاقی برای بچه ام افتاده باشه.
- نمیشه. اگه می خواید ورقه رو تحویل بدید و برید.

هنوز بیشتر از نصف سؤال ها رو جواب نداده بودم و نمی تونستم برگه رو بدم. گوشی رو به ناچار خاموش کردم و دادم به مراقب. مغزم هنگ کرده بود. سوال امتحان رو بیشتر از بیست مرتبه می خوندم و نمی فهمیدم. اگه اتفاقی برای نیکی افتاده باشه، من نه قبولی در این امتحان و نه این دکترا رو نمی خوام ولی چرا همه اش فکرای بد می کنم. ممکنه همین جوری باهام تماس گرفته باشن. بالاخره انقدر با خودم کلنجار رفتم تا تونستم کمی مغزم رو از نیکی منحرف بکنم و برگردم به امتحان. تند تند جواب سؤال ها رو می دادم و رد می شدم. سؤال آخر رو هم جواب دادم و به ساعت نگاه کردم. هنوز نیم ساعت دیگه وقت داشتم اما دیگه نمی تونستم بشینم. بلند شدم و برگه رو دادم و گوشیم رو گرفتم و به سرعت از جلسه بیرون اومدم. دستام می لرزیدن. خدا خدا می کردم هنوز مهد باز باشه. مدیر مهد کودک گوشی رو برداشت. حال نیکی رو پرسیدم و گفت خوب بوده و سمیرا ساعت پنج دنبالش رفته. پرسیدم پس چرا به من زنگ زدید؟ مدیر گفت که حتماً مربی نیکی فیونا تماس گرفته. فیونا هنوز نرفته بود و گفتم که می خوام باهاش حرف بزنم. یاد امتحان افتادم که بی خودی هول هولکی تمومش کردم و حسابی عصبانی شده بودم. بالاخره فیونا اومد و گوشی رو برداشت.

- سلام دنیا! دخترت اومد خونه؟

- من سر جلسه امتحان بودم. خیلی نگران شدم... با من کاری داشتین؟

- خب فکر کردم بهتر باشه بگم. نمی دونم یک حسی کردم. آخه دوستت سمیرا با یک آقایی اومد دنبال نیکی.

- خب حتماً دوست پسرش بوده. عیبی نداره.

- اما نیکی از دیدن اون آقا خیلی خوشحال شد و پرید توی بغلش. در ضمن من قبلاً دوست پسر سمیرا رو چند بار دیده بودم با یک ماشین مشکی شاسی بلند می اومدن دنبال نیکی اما این آقا رو تا حالا ندیده بودم. سنّش به نظر بیشتر می اومد. چون گفته بودی اگر پدرنیکی رو دیدم اطلاع بدم کمی شک کردم. گفتم شاید اون باشه... چون نیکی خیلی خوشحال شده بود اما مطمئن نیستم گفتم فقط بدونی تا پرس و جو کنی.

- واقعاً؟ یعنی چطوری بود چه شکلی بود؟ قدش قدش چقدر بود؟

- قدش بلند بود، موهاش جو گندمی بود اما جلو نیومد. من از دور می دیدمش.

خداحافظی کردم و با سراسیمگی به سمت دفترم دویدم تا وسایلم رو جمع کنم و به خونه برم. در حال دویدن توی راهروها به سمیرا زنگ می زدم ولی گوشی رو برنمی داشت. همین که رفت روی پیامگیر با حالتی مضطرب پیام گذاشتم:

- سمیرا... سمیرا زود به من زنگ بزن... فهمیدی... زود، خیلی زود... همین که رفتم توی دفترم و وسایلم رو جمع کردم، دکتر شریفی اومد توی دفترم. خیلی متوجهش نبودم اما چشمام پُراز اشک بود و به شدت رنگم پریده بود. دکتر شریفی تا من رو دید گفت:

- شما مگه الان نباید سر جلسه باشید؟! حالتون خوب نیست؟

- نه خوبم. من برگه ام رو تحویل دادم... باید می اومدم بیرون. از مهدکودک نیکی تماس گرفتن و من نگران شدم.

- خب... چیزی شده؟

- نه هیچی نشده. دوستم با یك آقایی رفته دنبال نیكی كه معلمش مشكوك شده كه شاید بابای نیكی بوده.

- یعنی دوست شما... ممكنه مگه؟

- دیگه نمی دونم چی ممكنه چی ممكن نیست. فقط باید برم نیكی رو ببینم.

- كمكی از دست من ساخته است؟

- نه... (با بغض) فقط دعا كنید سمیرا دوستم چنین كاری باهام نكرده باشه وگرنه... وگرنه... فكر نكنم هیچ وقت بتونم به هیچ انسانی توی دنیا اعتماد كنم. به هیچ كس.

دكتر شریفی سرش رو پایین انداخت و انگار داشت به حرف من فكر می كرد. خداحافظی كردم و دوان دوان از دانشگاه خارج شدم. تا به ایستگاه اتوبوس رسیدم اتوبوس رسید و پریدم توش. تا خود خونه به موبایل سمیرا زنگ زدم. شاید بیست بار شد. هر چی فكر می كردم كه آیا ممكن هست سمیرا این كار رو با من بكنه باور نمی كردم... نه... سمیرا امكان نداره این كار رو بكنه. هرگز.

به ایستگاه سر كوچه رسیدم و تا خونه دویدم. رفتم تو ولی خبری از سمیرا و نیكی نبود. بی اختیار دور خونه راه می رفتم و بلند بلند نیكی رو صدا می زدم وباهاش حرف می زدم:

- نیكی... نیكیِ مامان... مامان فدای تو بشه. كجایی مامانم؟؟؟ فدات شم. نیكی جانم من بی تو می میرم... از پیشم نری مامانم.

ساعت از شش گذشته بود و سمیرا باید تا پنج و نیم نیكی رو خونه می آورد. دوباره به سمیرا زنگ زدم. همون لحظه دیدم صدای زنگ موبایل سمیرا از خونه میاد. گوشی رو پیدا كردم و دیدم ۲۶ تا از من میسد كال داره. وای چرا گوشیش رو با خودش نبرده؟ مغزم هنگ كرده بود... نكنه عمداً این كار رو كرده بود؟!!

هر چی زمان می گذشت بیشتر و بیشتر شك می كردم كه اون مردی كه با سمیرا بوده خود فرید بوده. هر لحظه عصبانی تر و عصبانی تر می شدم. ساعت نزدیك شش و نیم بود كه صبرم سر اومد. از فرط عصبانیت و بلا تكلیفی شروع كردم به جیغ زدن.

- سمیرا! بچه من رو چی كار كردی؟ می كشمت سمیرا. سمیرا نمی بخشمت. چرا؟ چرا این كار رو با من كردی سمیرا؟

همینجور كه داشتم زار زار گریه می كردم صدای باز شدن در خونه رو شنیدم. ساعت یك ربع به هفت بود. سمیرا كلید انداخته بود كه بیاد تو. انقدر گریه كرده بودم كه چشمام مثل دوتا كاسه خون بودن. هیچی نمی فهمیدم. سمیرا اومد تو و پشت سرش نیكی رو دیدم كه داره چكمه هاش رو در میاره. جیغ زدم و گفتم:

- كجا بودید؟ بچه من رو كجا بردی سمیرا؟

- تو چته؟؟؟ چه مرگته؟ این چه ریخت و قیافه ایه؟

- چرا گوشیت رو نبردی؟ (فریاد زنان) چرا دیر اومدی؟ دو ساعته كجا بودی با بچه ام؟

نیکی حسابی از جیغ و داد من شوکه شده بود و جلو نمی اومد.
- گوشیم رو جا گذاشتم. فکر نمی کردم به این زودی بیای بابا. مگه تو نگفتی تا امتحان بدی و بیای هفت به بعد میشه؟؟
- خیلی خب... بگو کجا بودی؟
- نیکی رو بردم گردوندم. یه ساندویچ هم باهم خوردیم... تو چته؟
- با کی بودی سمیرا؟
- با هیچ کس... دیوونه شدی؟

اون لحظه بود که یك دفعه خون جلو چشمام رو گرفت و جیغ زدم و گفتم:
- دروغ می گی. با یکی بودی. چرا نمی گی؟ چرا راستش رو نمی گی سمیرا؟!
- چه دروغی دارم بگم؟ از نیکی بپرس. نیکی خاله مگه من و تو دو تایی نرفتیم با هم ساندویچ خوردیم؟

نیکی شوکه شده بود و حرف نمی زد. همون لحظه بود که زد زیر گریه. رفتم سمت نیکی که بغلش کنم. جیغ زد و از من فاصله گرفت و خودش رو انداخت بغل سمیرا. سمیرا کلافه شده بود و با عصبانیت داد زد:
- ببین بچه رو ترسوندی. خودت رو کنترل کن یه کم ببینم چه مرگته.

تازه به خودم اومدم. آره نیکی از خشونت بیزار بود. حتی اگه دعواش می کردم و صدام روش بلند می شد از من فاصله می گرفت و تا مدتی باهام قهر می کرد. باید به خاطر نیکی خودم رو کنترل می کردم. رفتم روی مبل نشستم و دستمالی که تو دستم بود رو ریز ریز کردم. خیره شده بودم به یك نقطه روی زمین و فکر می کردم. اگه سمیرا با فرید نبوده پس چرا باید دروغ بگه با کسی نبوده؟ پس با فرید بوده اما چرا نیکی رو به فرید نداده؟ آهان... حتماً بهش قول داده که یواشکی نیکی رو بهش نشون بده تا سر بزنگاه نیکی رو از من بگیرن اما چرا؟ چرا باید سمیرا این کار رو بکنه؟ سمیرا صمیمی ترین دوستم بود. این اصلاً با عقل جور در نمی اومد. حتماً موضوع چیز دیگه ای بوده. باید خودم رو کنترل کنم.

سمیرا با نیکی به اتاق رفت و لباس های نیکی رو عوض کرد. از نیکی خواست که بیاد و به من یك بوس بده اما نیکی گفت نه. می خواد با اسباب بازی جدیدش بازی کنه. ناخوداگاه از جام بلند شدم تا ببینم کدوم اسباب بازی رو میگه؟! رفتم تو اتاق و دیدم یه اسباب بازی جدید تو دست نیکی هست و از سمیرا می خواد براش بازکنه. همه اش می خواستم بپرسم اما دهنم باز مونده بود و مغزم داشت روزهایی رو به خاطر می آورد که فرید تازه رسیده بود و رفته بودیم با هم اسباب بازی فروشی و چند تا اسباب بازی برای نیکی خرید.

سمیرا داشت جعبه اسباب بازی رو باز می کرد ونیکی هم منتظر وایستاده بود و اصلاً به من نگاه نمی کرد.
سمیرا اسباب بازی رو به نیکی داد و از اتاق بیرون اومد و گفت:

- تو چته؟
- از مهد کودک زنگ زدن گفتن با یک آقا رفتی دنبال نیکی.

سمیرا همین که این رو شنید صورتش سرخ شد و زود پشتش رو به من کرد و رفت روی مبل نشست و گفت:
- واقعاً که! واسه چی؟ به چه حقی آمار من رو به تو می دن؟ بابا دنیا تو حالیت نمی شه... صد بار گفتم بهت تو مامان من نیستی. من از دست اونها فرار کردم اومدم اینجا.
- منم هزار بار بهت گفتم برام مهم نیست فقط به خاطر نیکی مست و پاتیل نیا خونه. هر کاری خواستی بکن. من فقط میگم این کی بوده که نیکی خودش رو پرت کرده تو بغلش؟ کی بوده؟ (صدام رو بردم بالا و دستام می لرزید)

اون لحظه سمیرا قیافه اش مثل این بود که انگار از حرف من شاخ در آورده. با کمی مکث با تعجب گفت:
- تو... تو چی تو فکرته؟ یعنی چی که نیکی خودش رو انداخته تو بغلش؟ نکنه... نکنه تو... فکر کردی فرید...؟!!!
- آره من که ندیدم اما فیونا می گفت این بود که نیکی باباش رو دیده.
- فیونا من رو نمی شناسه. تو... تو چطور... به...
- فرید نبوده؟ باشه... پس بگو کی بوده؟
- واقعاً که... واقعاً برای خودم متاسفم که تو حتی تونستی از مغزت چنین چیزی رو در مورد من بگذرونی... (سمیرا بغض کرد و یک دفعه بغضش ترکید)
- پس کی بوده؟ اگه راست می گی بگو کی بوده؟
- به تو مربوط نیست... فهمیدی؟ فقط بدون شوهر جنابعالی نبوده.

سمیرا داشت راستی راستی گریه می کرد و مغز من داشت سوت می کشید. وای نکنه من عجولانه قضاوت کردم؟! سمیرا بدجوری بهش بر خورده بود و بلند شد و رفت سمت گوشیش. من مات و مبهوت نگاهش می کردم که ببینم داره به کی زنگ می زنه تا اینکه گفت:
- سلام ندا جون! اگه میشه تا پیام من رو شنیدی به من زنگ بزن. بای.

رفتم سمت سمیرا و گفتم:
- همیشه همین بودی. لوس و ننر. به جای اینکه سوء تفاهم ها رو برطرف کنی قهر می کنی و چند ماه گم و گور میشی. جواب بده. با همین مخفی کاری هات آدم رو به شک می اندازی. به من حق بده. من به تو شک ندارم. من الان به همه حساسم. من شبها خواب می بینم فرید نیکی رو برده و با این کابوس بیدار می شم. با انصاف به من حق بده تو همه اش مخفی کاری می کنی. خب بگو اگه فرزاد نبوده، فرید نبوده پس کی بوده؟ سمیرا نذار دوستیمون با این شک های مسخره از بین بره. من و تو اینجا فقط هم رو داریم. ندا امیر حسین رو داره. نباید ول کنی بری باید وایستی و جواب بدی. اگه یه ذره برات دوستیمون مهمه.

- می خوای بدونی کی بوده؟ آخه تو می ذاری صمیمی بمونیم؟ از وقتی اومدم کانادا شدی مثل این مامان بزرگ ها. کجا میری؟ با کی میری؟ فرزاد رو ول کن. دیر نیا.

- خیلی خب من اشتباه کردم. راست میگی من تحت تأثیر حرفهای مامانت بودم که می گفت مراقبت باشم. باشه... حالا بگو کی بوده؟

- شروین.

- شروین دیگه کیه؟

- یه پسری. هفته پیش تو چت باهاش آشنا شدم. دندون پزشکه. سه تا مطب داره، خیلی پولداره... چهل و دو سالشه... یه بار ازدواج کرده بعد از چند ماه جدا شده. فعلاً دارم می شناسمش. نمی خواستم بهت بگم تا مطمئن بشم.

- پس نیکی چرا خوشحال شده دیدتش؟

- چون هفته پیش بعد از اینکه رفتم دنبال نیکی اومد دنبالمون رفتیم کافی شاپ. عاشق نیکی شده بود. نیکی هم بهش می گفت عمو. خیلی دوستش داشت. ازش پرسیده بود چی دوست داری برات بخرم که دفعه بعد بهت کادو بدم. نیکی هم گفته بود چی می خواد. این اسباب بازی رو هم شروین بهش داد.

تو چشمای سمیرا نگاه می کردم ببینم راست میگه یا نه؟ آره فکر کنم راست می گفت اما آخه این چه کاری بود که سمیرا می کرد؟ چرا انقدر هول بود با کسی آشنا بشه؟ آخه چت؟ اونم با یه مرد ۴۲ ساله؟!! ولی الان هر چیزی می گفتم به سمیرا بی فایده بود. آره سمیرا داشت از نظر من اشتباه می کرد. این کارها به ضررش بود اما گفتن من دیگه فایده ای نداشت. بدتر سمیرا رو هم ازم دور می کرد. برای اینکه دل سمیرا رو بدست بیارم گفتم:

- خب حالا که با یك همچین آدم با شخصیتی دوست شدی چرا قایمکی؟ دعوتش کن بیاد یه شب خونه... منم امتحانم تموم شده و یکی دو هفته ای آزادم... می تونیم یه تفریحی بکنیم.

- برو بابا... من دیگه پیش تو نمی مونم... تو واقعاً به من بی احترامی کردی. این بار اولت نیست.

- نگفتم دوست خوبی باش و درکم کن؟ نگفتم؟

همون موقع ندا به گوشی سمیرا زنگ زد. دست سمیرا رو محکم گرفتم و گفتم.

- به خدا اگه درکم نکنی و قهر کنی بری هیچ وقت نمی بخشمت. دو هفته دیگه باید اسباب کشی کنیم بریم طبقه بالا تو آپارتمان جدید. اگه هر روز بخوای قهر کنی بری من چی کار کنم؟

سمیرا محکم دستش رو کشید و گوشی رو جواب داد.

- سلام ندا جون. گفتم ببینم چی کاره ای؟ دنیا هم امتحانش تموم شد... یه کم بریم گردش... از کی شما تعطیلید؟ ای ول... ده روز تعطیلید... باشه پس حالا ویکند (آخر هفته) یك قراری می ذاریم. باشه دنیا هم سلام می رسونه.

سمیرا رو بغل کردم و به زور قلقلکش دادم تا بخنده... خیلی جدی بود اما بالاخره خندید و باهم رفتیم پیش نیکی.

***

چند روزی گذشت. کریسمس خیلی نزدیك بود. من خیلی دلم می خواست شروین رو ببینم که هم خیالم راحت بشه و هم ببینم سمیرا اینبار با چه جور آدمی داره می گرده. سمیرا همه اش امروز و فردا می کرد و من هر بار از نیکی می پرسیدم کی این اسباب بازی رو برات خریده، سکوت می کرد. حسابی اعصابم بهم ریخته بود تا اینکه با خودم گفتم به بهانه طلاق به فرید زنگ بزنم تا ببینم ایرانه یا نه.

هر چی خونه رو می گرفتم کسی گوشی رو بر نمی داشت و موبایل فرید هم خاموش بود. دوباره دلم مثل سیر و سرکه شروع کرد به جوشیدن. مامانم هم هیچ خبری از فرید نداشت. با خودم فکر کردم به مادر شوهرم زنگ بزنم اما مطمئن بودم تا صدام رو بشنوه سر تا پام رو به فحش می کشه. خواهر شوهر بزرگم که حسابی هفت خط بود و کوچیکه با اینکه بی آزار بود اما مطمئن بودم نم پس نمیده.

یك دفعه یاد علی شریك فرید افتادم. اگر فرید سفر کاری باشه، علی حتماً خبر داره... حالا باید مخم رو به کار می انداختم تا شماره علی رو به خاطر می آوردم... من حافظه خوبی دارم و با اینکه خیلی وقت بود که با علی تماس نگرفته بودم اما حتماً باید یادم میومد. مطمئن نبودم آخرش ۶۲۵۲ بود یا ۵۲۶۲.
زنگ زدم و همون شماره اولی که گرفتم علی بود. سلام کردم و از فرید پرسیدم. علی مِن و مِن کرد و گفت:
- راستش از من نشنیده بگیرید اما فکر کنم کاناداست. هفته پیش رفت.

علی از اون مردای چرب زبون بود که همیشه مجیز خانم ها رو تو مهمونی و یا حتی توی مغازه اش می گفت. همیشه حس می کردم طرف منه... واسه همین مطمئن بودم وقتی میگه فرید اومده کانادا داره راستش رو می گه. تپش قلب گرفتم. اگه فرید یك هفته است که کاناداست، پس چرا آفتابی نمی شه؟ داشتم از عصبانیت می مردم. نیکی توی اتاق داشت بازی می کرد و سمیرا خونه نبود. نیکی رو دیدم که اسباب بازی جدیدش رو محکم بغل کرده. رفتم سمتش و از روی زمین بلند کردم و آوردم نشوندم روی مبل. گفت می خواد بره بازی کنه اما من شروع کردم به داد زدن:
- به من راستش رو بگو این اسباب بازی رو کی بهت داده؟ نیکی حرف بزن... میگی یا تو دهنت فلفل بریزم؟
حسابی جوش آورده بودم و داشتم سر نیکی هوار می کشیدم. نیکی حالش خیلی بد شده بود و گریه می کرد.
- ولم کن. می خوام بازی کنم.
- نمیگی به مامان هان؟ نمیگی... (از شدت جیغ گلوم درد گرفته بود)

رفتم سمت آشپز خونه و نیکی رو کشون کشون بردم تو آشپزخونه. وای مثل روانی ها شده بودم. فلفل رو ریختم روی انگشتام و اومدم بکنم توی دهن نیکی که یك دفعه به خودم اومدم. نیکی داشت دست و پا می زد و از شدت گریه سیاه شده بود. زود نیکی رو روی زمین گذاشتم و نیکی گریه

کنان از من دور شد. انقدر از دست خودم عصبانی شدم که دستم رو که پُر بود از فلفل فرو کردم تو دهنم و زدم زیر گریه... داشتم آتیش می‌گرفتم. هم دهنم از شدت تندی فلفل می‌سوخت و هم دلم از غصه داشت آتیش می‌گرفت. زود دهنم رو زیر شیر آب گرفتم و رفتم روی مبل دراز کشیدم و گریه کردم. گریه‌ام بیشتر شبیه به ضجه بود و صدای نیکی هم قطع شده بود. نیکی از تو اتاق اومد بیرون و اومد سمت من و با تعجب نگاهم می‌کرد. بهش محل نمی‌دادم و گریه می‌کردم که یک دفعه دیدم نیکی اومده من رو از پشت بغل کرده و نازم می‌کنه. با این صحنه بیشتر داغون شدم و برگشتم نیکی رو بغل کردم. همینطور که به‌غلش کرده بودم گفتم: نیکی چرا به مامان نمی‌گی کی این کادو رو بهت داده؟ نیکی سرش رو از شونه‌ام بلند کرد و گفت: بابا

تا این رو شنیدم مثل این بود که یک سطل آب یخ روی سرم ریختن. اصلاً نمی‌فهمیدم چه اتفاقی داره دور و برم میافته... هدف فرید چی بوده؟ فقط دیدن نیکی؟ هدف سمیرا چی بوده؟ چطور تونسته به من این خیانت رو بکنه؟! با صدای لرزون گفتم: نیکی جان تو بابا رو دیدی؟ نیکی سرش رو به چپ و راست تکون داد و گفت: نوچ.
داشتم گیج می‌شدم. گفتم: تو بابا رو ندیدی؟ پس چه جوری این رو بهت داده اگه ندیدیش مامانی؟
- عمو گفت بابا داده بده من.
- عمو کیه؟
- عمو دیگه... آقاهه که مثل بابا بود.
- نیکی جان عمو گفت این رو بابا داده؟
- گفت دوست باباس، بابا برام فرستاده.
- چرا پس هر چی پرسیدم نمی‌گفتی نیکی جونم؟
- چون تو دوست نداری.
- چی رو دوست ندارم مامان جون؟
- کادوی بابا رو.

واقعاً گیج شده بودم. پس بالاخره فرید نیکی رو ندیده اما جریان این کادو و دوست بابا چیه؟!! نفسم بالا نمی‌اومد. نیکی رو بوسیدم و گفتم من کادوی بابا رو دوست دارم. اگه بابا بازم بهت کادو داد به من نشون میدی؟
- ازم نمی‌گیری؟
- نه قربونت برم.
- باشه میگم.

نیکی خوشحال شد و بدو بدو رفت تو اتاق. من حالم خراب بود. از طرفی می‌دونستم فرید کاناداست و از طرفی نمی‌دونستم کجاست و کِی آفتابی میشه. فردای اون روز کریسمس بود و قرار بود سمیرا بیاد و عصری یک سر با هم به خرید بریم. چند دقیقه نگذشته بود که سمیرا اومد. کاملاً گیج شده بودم. یعنی شروین دوست فریده یا اینکه الکی به نیکی گفته که دوستشه؟ واقعاً تو سرم نمی‌گنجید که چرا باید شروین چنین حرفی می‌زد و چرا باید سمیرا زندگی من رو برای مردی که فقط یک هفته بود می‌شناخت تعریف بکنه؟ همین که سمیرا اومد تو، بهش در مورد فرید

گفتم که احتمالاً کاناداست. همینطور گفتم که نیکی از عمو میگه که دوست باباست و براش کادو فرستاده. سمیرا بالافاصله گفت:

- آره یادم رفت بهت بگم. نیکی کادوی شروین رو پس می زد تا اینکه شروین گفت که من دوست باباتم، این کادو رو بابات فرستاده. نیکی هم خوشحال شد و کادو رو گرفت.

- سمیرا مگه نگفتی دفعه اول که نیکی رو ازش پرسید چی دوست داره اونم گفته بود. بعدشم، نیکی که می پرید بغل عمو شروین چه جوری کادو رو نمی گرفت؟

- من چه بدونم خب بچه س دیگه.

- کلاً یک هفته بود با شروین آشنا شده بودی دیگه! اونوقت زندگی من رو گذاشتی کف دستش؟

- ای بابا... بازم شروع کردی دنیا. من چیز بدی نگفتم. انتظار داشتی نیکی رو که دید بگم این بچه بچه دوستمه؟ گفتم بچه دوستمه، باهم زندگی می کنیم. باباش ایرانه.

- خب؟ گفتی چرا ایرانه؟

- نه به اونچه. گفتم باباش کار داره. اونم زیاد براش مهم نبود. چون داره با من آشنا میشه، این وسط نیکی براش مهم نبود.

دیگه واقعاً کلافه شده بودم. به همه چیز شک داشتم. نکنه سمیرا راست میگه و من وسواس پیدا کردم و به همه بدبین شدم؟ نکنه مریضم؟ جدی به خودم شک کردم و نشستم یک گوشه... سمیرا رفته بود با موبایلش حرف می زد. اصلاً به اینکه با کی داره حرف می زنه و چی میگه گوش نمی دادم. داشتم به بدبختی های خودم فکر می کردم تا اینکه سمیرا اومد و گفت: حاضر شید. بلند شو... تا ۴۵ دقیقه شروین میاد دنبالمون. برای شام بیرون میریم. شب کریسمس خونه نشینیم بهتره. ما که مثل این جایی ها فک و فامیل نداریم حداقل بریم کمی آب و هوا عوض کنیم.

بلند شدم تا حاضر بشم... همون موقع ها بود که گوشیم زنگ خورد و دستم بند بود... اما دوباره زنگ خورد... گوشیم رو برداشتم و دیدم شماره کسی که داره زنگ می زنه مخفیه. من معمولا شماره های مخفی رو جواب نمی دادم، اما چون دو بار پشت سرهم زنگ زده بود برداشتم.

هیچ صدایی نمی اومد... فکر کنم از ایران بود... اما ساعت توی ایران ۲ بعد از نصفه شب بود... نکنه... نکنه اتفاق بدی برای کسی افتاده باشه؟ امان از دست این تلفن های بی موقع که شاید بیشتر از ده بار توی این چند ماه پیش اومده بود و هر بار من رو نگران می کرد. مخصوصاً نگران پدر و مادرم. از وقتی ازشون دور شدم، تمام ترس من از اینه که نکنه اتفاقی براشون بیافته و من نبینمشون. این هم کابوس دوم من شده بود و هر وقت تلفن دیر وقت از ایران داشتم برق از سه فازم می پرید.

کمی صبر کردم، اما دیگه کسی زنگ نزد... بالاخره زمان گذشت و شروین رسید دم در... همه اش منتظر بودم ببینم نیکی با دیدن شروین چی کار می کنه... همینکه شروین از ماشین پیاده شد رو به نیکی کرد و گفت: سلام عمو... نیکی با اون وزن سنگینش تو بغلم بود و محکم من رو بغل کرده بود اما با کمال ناباوری پشتش رو به شروین کرد. من شاخ در آوردم. گفتم: نیکی جان... عمو... همون که برات کادو آورد... نمیری بغلش؟

نیکی دوباره به صورت شروین نگاه کرد و اینبار دستش رو به سمتش دراز کرد و رفت بغلش. دو تا چشم داشتم، دو تا چشم دیگه هم قرض کرده بودم و به عکس العمل های نیکی و شروین نگاه می کردم. همون لحظه یك ماشین از توی کوچه داشت می گذشت. من اشاره کردم به سمیرا که مراقب باشه ماشین بهش نخوره. هوا تاریك بود و کوچه با چراغ های خیلی کمی روشن بود. تنها نوری که باعث میشد دور و بر رو خوب ببینم نور ماشین ها بود. همین که ماشین به سرعت از کنار ما گذشت من شروع کردم به جیغ کشیدن. توی اون تاریکی مردی رو توی اون ماشین دیدم که کنار کمك راننده نشسته و شال گردن رو روی دماغ و دهنش کشیده و و موهاش رو با کلاه پوشونده. نگاه اون مرد رعب و وحشت رو توی بدنم انداخت... آره... اون چشمها چشمهای فرید بود.

سمیرا با تعجب گفت: چی شد دنیا؟

- فرید، فرید توی اون ماشین بود. دیدمش... فرید بود.

زود نیکی رو از بغل شروین گرفتم و محکم بغلش کردم.

- دروغ میگی؟ مطمئنی؟ با چشمای خودت دیدی؟

- آره... فکر کنم خودش بود. فقط چشماش رو دیدم. بدجوری داشت نگاهم می کرد. کاملاً سرش رو چرخونده بود و تا زمانی که دور بشه نگاهش به طرف من بود. سمیرا باور کن چشماش... چشماش خیلی ترسناك شده بود. نکنه اومده من رو بکشه و نیکی رو برداره و بره؟

- چرا خل شدی تو؟

شروین داشت هاج و واج نگاهمون می کرد و حرف نمی زد. سمیرا گفت:

- حالا بشین تو ماشین. یخ کردیم.

رفتیم توی ماشین و من مثل بید می لرزیدم. انقدر شوکه شده بودم که حتی اشکمم در نمی اومد.

- خودش بود... چطوری پیدام کرده سمیرا؟ چطوری؟! چی از جونم می خواد؟!!

شروین با تردید گفت: ببخشید دخالت می کنم، من اصلاً در جریان نیستم ولی اگه ایشون مزاحمتون هستن شما باید به پلیس بگید. یعنی اگه یکبار دیگه حس کردید داره تعقیبتون می کنه زود به پلیس زنگ بزنید.

من در حالی که مطمئن نبودم حرفهای شروین رو درست فهمیدم گفتم: آره باشه. حتماً...

اون شب حسابی کوفتم شد. تمام راه تا رستوران پشتم رو نگاه می کردم تا ببینم کسی تعقیبمون می کنه یا نه. توی رستوران مدام دور و بر رو نگاه می کردم. تا نیکی می خواست از جاش بلند بشه داد می زدم سرش که بشینه سر جاش. بعد ازشام شروین ما رو رسوند و من هنوز حالم انقدر بد بود که یادم رفت حتی از شروین تشکر کنم.

همینکه وارد راه پله آپارتمان شدیم، گوشیم زنگ خورد... دوباره شماره مخفی بود... زود گوشی رو برداشتم اما اینبار کاملاً واضح بود که کسی پشت خط هست که عمداً جواب نمیده. قطع کردم و تا دم خونه پله ها رو دو تا یکی می کردم وسمیرا می گفت: صبر کن... نیکی رو هم تو بغلم گرفته بودم و می دویدم. نیکی انقدر خواب آلود بود که تا گذاشتمش روی تخت خوابید. ازاتاق بیرون اومدم و سمیرا من رو بغل کرد. سمیرا گفت:

- تو داری می لرزی دنیا.
- فرید... فرید داره با من بازی می کنه. زنگ می زنه قطع می کنه. تو کوچه کشیك وایمیسته. می خواد روانیم کنه. آره... می خواد دیوونم کنه.
- خیالاتی شدی دنیا. آخه برای چی؟
- هیسسسسس... تو روخدا سمیرا، من از الان به یه دوست واقعی احتیاج دارم. تو چرا اینجوری شدی؟ چرا همه اش می خوای بگی من خیالاتی شدم؟ چرا باور نمی کنی امشب فرید دم در بود؟
- به خدا من دوستتم، چرا انقدر به من بدبین شدی؟

***

چند روز گذشت... سمیرا با من از سر سنگین شده بود و تنهایی بیرون می رفت... من از نیکی چشم برنمی داشتم و دیگه به هیچ وجه شماره های مخفی ام رو بر نمی داشتم... بالاخره اول ماه رسید و من و سمیرا باید اسباب اثاثیه رو به آپارتمان طبقه بالایی می بردیم... طبق معمول سمیرا بازاین کارش روهم به تنهایی نکرد و شروین رو کشوند تا تو اسباب کشی کمک کنه. انگار با خودش قرار داد بسته بود که نگذاره سختی های غربت قوی تر ش بکنن. نگذاره روی پای خود بودن رو یادش بدن. نمی دونم شاید همون اندازه که من تو هر سختی که پیروز می شدم و لذت می بردم، اون نمی برد. شایدم واقعاً نیومده بود اینور تا خودساخته تر بشه. شاید مثل خیلی های دیگه که تو ایران زندگی می کنن و فکر می کنن اینور بهشته، نمی خواست با تحمل سختی ها باور کنه که اینجا بهشت نیست. اینجا آدم ها برای داشتن بهشت تلاش می کنن، اونم نه یه تلاش معمولی، تلاشی بی انتها، تلاشی که به نظر من اگر تو کار و زندگیشون به کار بگیرن اون زندگیِ بهشتی رو براشون تضمین می کنه.

***

سال نو شده بود و کلاس زبان سمیرا شروع می شد. با اینکه هیچ دلیل منطقی ای نداشتم، اما ته دلم به سمیرا بدبین بودم و خودم همه جا با نیکی می رفتم... اسباب کشی تموم شده بود و سوم ژانویه بود. روز اول دانشگاه در ترم جدید بود و روز اول کلاس زبان سمیرا. نیکی رو به مهد رسوندم و به دانشگاه رفتم. خیلی اضطراب داشتم و همه اش فکر می کردم فرید در حال تعقیب منه. تو تمام اون لحظات به این فکر می کردم که واقعاً این ضرب المثل که میگن طرف از سایه خودش هم می ترسه یعنی چی.

اون روز، برام روزمهمی بود. باید در مورد برنامه درسی ام با دکتر شریفی حرف می زدم. برای نوشتن یك مقاله باید خودم رو آماده می کردم. دکتر شریفی در مورد نتیجه امتحان ها با من صحبت کرد. از اینکه می دید نمره تمام نمره هام نمره کامل بود واقعاً تحسینم کرد. چیزی که بیشتر براش جالب بود این بود که نمره امتحان آخرم با اینکه کاملاً هول هولکی شده بود، بالا ترین نمره کلاس بود. هر چند خودم هم وقتی جواب امتحان آخر رو فهمیدم خیلی تعجب کرده بودم، چون حتی یك بار هم جواب هام رو مرور نکردم.

دوباره از حال و هوای فرید بیرون اومده بودم و حسابی با انرژی درس و ترم جدید خودم رو مشغول کرده بودم. باید خودم رو برای امتحان جامع دکترا که فقط چند ماه براش وقت داشتم، آماده می کردم. ترم سختی در پیش داشتم و حسابی باید درس می خوندم.

اون روز دم دم های عصر بود که توی دفترم مشغول درس خوندن بودم. نیم ساعت بعد باید دنبال نیکی می رفتم. دوباره دلم شور افتاده بود و فکر نیکی افتاده بود توی سرم. باخودم فکر می کردم که نباید اجازه بدم فرید به هدفش برسه. فرید کانادا بود و می خواست با این قایم موشك بازی ها دیوونه ام کنه اما نمی تونست کاری از پیش ببره. من نباید اجازه می دادم موفق بشه. باید زندگیم رو بکنم. باید به مقاله ام فکر کنم. باید فکر و ذکرم رو به امتحان جامع ام بدم. آره من می تونم... فرید نمی تونست کاری از پیش ببره. توی این فکرها بودم که حس کردم یك صدایی ازتوی راهرو میاد. صدای مردونه که داشت بلند بلند حرف می زد. اون صداعین صدای فرید بود. گوشام رو تیز کردم و قلبم شروع کرد به تاپ تاپ زدن. نا خودآگاه از جام بلند شدم و رفتم توی راهرو. همین که پام رو گذاشتم تو راهرو، دیگه اثری از اون صدا نبود. دستام یخ کرده بودن. نکنه فرید اونجا بوده و با اومدن من از اتاق، قایم شده و یا رفته؟ اصلا نکنه من خیالاتی شدم و خبری از فرید نیست؟ نکنه من همه این ها رو خیال می کنم؟!... صدای فرید... چشمای فرید تو تاریکی... نکنه من مریض شدم و سمیرا راست میگه؟! چندین بار به من گفته بود به روان پزشك برم و بگم این اضطراب از دست دادن نیکی، من رو خیالاتی کرده... واقعاً شاید راست می گفت. نکنه من دارم خل می شم؟ نکنه همکار فرید دروغ گفته و فرید اصلاً کانادا نیست... شایدم با میترا خانمش به ماه عسل رفته و به علی به دروغ گفته که به کانادا اومده... البته اگه این میترا خانم وجود خارجی داشته باشه!

واقعاً دیگه داشتم کلافه می شدم. توی راهروها رو گشتم، اما خبری از کسی نبود. ساعت چهار و نیم شد و وسایلم رو جمع کردم تا برم دنبال نیکی. همینکه اومدم از دفترم برم بیرون موبایلم زنگ خورد. از مهد کودك بود. وای دوباره قلبم اومد توی دهنم. با اضطراب گوشی رو برداشتم و گفتم: الو...
فیونا بود: سلام دنیا...
- وای خدای من چیزی شده؟
- نگران نباش اتفاقی نیافتاده اما خواستم در جریان باشی و وقتی اومدی وحشت نکنی.
- وای چه وحشتی؟ چرا؟
- ما مجبور شدیم به پلیس زنگ بزنیم. چون چندین ساعت بود که مردی جلوی مهد کودك ایستاده بود و توی این سرما قدم می زد. جلو نمی اومد اما اگر بخوای می تونی بیای فیلم های مدار بسته رو برات بذاریم و ببینی این پدر نیکی بوده یا نه. ما تا با پلیس تماس گرفتیم و پلیس اومد، اون مرد ناپدید شد. پلیس می خواد که هرچه زودتر بیای و ازت چند تا سؤال بپرسه.

- وای خدای من! یعنی پدر نیکی بوده؟ حالا چرا با پلیس تماس گرفتید؟

- ممکنه اون نباشه و اصلاً این مسئله مربوط به بچه دیگه ای باشه و یا اصلاً ربطی به مهد کودك نداشته باشه، به هر حال این قانون مهد کودك هست، اگر کسی مشکوك باشه و مدتی اطراف مهد کودك دیده بشه، باید سریع با پلیس تماس بگیریم.
- توی فیلم کامل مشخصه؟ اون مرد چه شکلی بود؟
- قد بلند بود و کلاً شبیه به همون مردی بود که با دوستت اومده بود اما به هر حال از دور خیلی واضح نیست و من مطمئن نیستم ولی شاید تو ببینی متوجه بشی. هر چه زودتر بیا که پلیس منتظره.

باید هر چه سریع تر خودم رو به مهد کودك می رسوندم. تمام راه به این فکر می کردم که اگر اون آدم فرید باشه پس مطمئن میشم که من خیالاتی نشدم اما چطور میشه که فرید، هم توی راهرو بوده و هم دم در مهد کودك؟! باید می فهمیدم که دقیقاً تا چه ساعتی فرید اونجا بوده.

رسیدم دم درمهد و ماشین پلیس رو دیدم. تا رفتم توی مهد کودك، فیونا من رو دید و من رو به سمت پلیس ها برد. توی دفتر مدیر نشسته بودن و پرس و جو می کردن. پلیس از کسی که پشت کامپیوتر بود خواست تا فیلم رو برای من بگذارن. قلبم تند تند می زد، اگر اون فرد فرید باشه، باید همه جریان رو بهشون بگم؟ خیلی شك داشتم. شاید این شك به خاطر کور سوی امیدی که به برگشتن و زندگی کردن با فرید داشتم بود.

فیلم رو گذاشتن و من اون مرد رو که به سختی دیده میشد دیدم. سعی کردن که تصویر رو بزرگتر بکنن. میشد گفت که اون فرید باشه اما با اون همه کلاه و شال و پالتویی که تنش بود شك داشتم. فیزیك بدنش شبیه به فرید بود، قدش، چهارشونه بودنش. به پلیس گفتم که شبیه فرید هست، اما من نمی تونم مطمئن باشم. پلیس هم اون سؤالی که فکرش رو می کردم پرسید: شما به مهدکودك بارها گفتید که بچه رو به پدرش ندن. می تونید توضیح بدید برای چی و آیا دادگاه چنین حقی رو به شما داده؟

- همسرم دخترم رو بدون اطلاع من داشت به ایران می برد. در ایران من هیچ حقی برای خارج کردن بچه ام از کشور ندارم ولی پدرش این حق رو داره، در اینصورت من هرگز نمی تونم بچه ام رو ببینم.
- الان همسرتون کجاست؟
- رفته بود ایران اما مدتی هست که خبری ازش نیست و کسی از آشنایان می گفت که به کانادا اومده.
- به هر حال شما می دونید که پدرش حق داره بچه رو ببینه؟
- بله. من مشکلی ندارم. من فقط گفتم که بچه رو به اون ندن که یك موقع با خودش از کشور خارج نکنه، مثل دفعه قبل.

فرمی رو بهم دادن. فرم رو پُر کردم و همه حقیقت رو مو به مو نوشتم. قرار بود اگر اون مرد مشکوك دوباره دیده شد، به پلیس اطلاع بِدن. موقع رفتن از فیونا در مورد زمان دور شدن مرد

پرسیدم. گفت ساعت چهار. یعنی دقیقاً همون موقع که صدای فرید رو توی راهرو شنیدم. حسابی گیج شده بودم. پس اون صدای کی بود، اگر این آدم فرید بود. پس احتمالاً این آدم فرید نیست. وای که داشتم دیوونه میشدم. تا خونه داشتم به این ماجرا فکر می کردم. اگر این کارها کارهای فرید باشه، باید حسابی به سرش زده باشه.

رفتم خونه. سمیرا اون روز خونه بود. خیلی تعجب کردم. سمیرا هر روز تا ساعت سه کلاس زبان داشت و من فکر می کردم حتماً بعد از اون با شروین یا فرزاد قرار می ذاره. کلاً دوست نداشت توی خونه بند بشه و می گفت دلش می گیره. تا رسیدم پرسیدم: چه عجب خونه ای! بیرون نمیری با شروین؟

- نه شروین کار داشت.
- با فرزاد چی؟
- آه بره گمشه... ولش کردم.
- چرا مگه چی شد؟ من فکر کردم آدم دوست معمولی رو ول نمی کنه.
- نه بابا شروین خوشش نمیاد من دوست معمولی پسر داشته باشم. دنیا... من حس می کنم عاشقش شدم... بدجوری... تو عمرم از کسی انقدر خوشم نیومده بود.
- یعنی برای دوستی جدی و ازدواج؟
-خب آره... چرا که نه؟! مگه بده؟
- بد که نه اما سنش بالاست... یك بارم ازدواج کرده... باورم نمی شه که برات مهم نباشه.
- سن و سال برام مهم نیست. اتفاقاً به نظر من تو و فرید خیلی اختلاف سنی خوبی دارید و همیشه دنبال یك چنین چیزی بودم. حتی به فرید هم اون روز که اومد دنبالم گفتم. ازم پرسید که دنیا از اختلاف سنی ما ناراحته؟ به نظرت خیلی بده؟! من گفتم که نه، اتفاقاً من خیلی خوشم میاد همسرم سن بالا باشه و به دنیا هم گفتم.
- واقعاً یك همچین چیزی گفتی... رفیق!؟
- بابا مگه حرف بدی زدم؟ همون موقع بود که گریه می کرد و من دلم براش سوخت. حالا اشتباه کردم بهش گفتم... ولی واقعاً من دوست دارم. تازه این الان همه چیش آماده ست. خونه اش رو دیدم. یك خونه ویلایی بزرگ چند میلیون دلاری داره توی یك منطقه خوب. ماشینشم که دیدی. دندونپزشك هم که هست. دیگه چی باید بخوام من؟
- سمیرا تو چت شده؟ تو که هیچ کمبودی تو ایران نداشتی. بابات ماشین خوب برات خریده بود، همه چیز داشتی. خونه خوب و بزرگ، الان چته که دنبال این چیزای طرف هستی؟
- یعنی این چیزها برای تو مهم نیست؟ بعدشم، من دقیقاً به خاطر همین چیزا این رو میگم. اتاق من دقیقاً اندازه کل این خونه بود، اینجا دارم خفه میشم. من که عمراً نمی تونم خودم خونه ای مثل خونه بابام یا شروین بخرم. یکی مثل فرزاد هم که شلوارش رو به زور بالا می کشه که به دردم نمی خوره. فرزاد کل داراییش یك ماشین بود، با مامان و باباش زندگی می کرد و اصلاً کار درست و حسابی هم نداشت.
- سمیرا جان اگه دنبال همون خونه مثل خونه باباتی که بلند شو برگرد اونجا. اینجا اومدی زندگی جدیدی داشته باشی، نباید مقایسه کنی، باید دنبال چیزای بهتری باشی. بعدشم به نظر من هر کسی

با تلاش و کار کردن میتونه به هر چی می خواد برسه، مخصوصاً که اینجا مثل آب خوردن وام میدن، فقط باید کار داشته باشی.
- ساده شدی ها، من با کار گرافیستی می تونم برم وام چند میلیون دلاری بگیرم؟ شروین میگه با اینکه کلی از وام خونه رو تسویه کرده اما ماهی چهار هزار دلار داره برای وام خونه به بانک میده.
- حتماً خونه چند میلیونی می خوای؟ اونم از روز اول؟ بابا شروین ٤٢ سالشه... پونزده ساله کار می کنه. از روز اول که این چیزها رو نداشته. بعدشم تو هم می تونی. اگه تو کارت خوب باشی و نو آوری داشته باشی به همه چیز می رسی.
- برو بابا. ندا می گه حقوق يك گرافیست خیلی باشه ۳۰۰۰ دلار در ماهه. من ماهی۱۰۰۰ دلار به زور می تونم قسط بدم که میشه يك خونه دویست هزار دلاری. یعنی يك خونه نصف این خونه که الان توشیم اونم يك جای دور افتاده. حوصله داری ها.
- یعنی حتماً می خوای همه چیز برات حاضر و آماده باشه نه؟
- تو بدت میاد؟
- بدم نمیاد. اما برام اصلاً ارزش نیست. دروغ بهت نمی گم اما از بچگی به این فکر می کردم که دوست دارم کسی بشم که با دست رنج خودم زندگی کنم. برام يك آرزو شده سمیرا. الان با این درآمد کم بازهم به خودم می بالم. احساس خوبی دارم سمیرا. ترجیح میدم با پول خودم زندگی کنم و راحت نباشم اما آویزون کسی نباشم، نه بابام نه شوهرم.

سمیرا ابروهاش رو بالا انداخته بود و به حالتی که انگار من دارم شعار میدم نگاهم می کرد، ادامه دادم:
- اونجوری نگاهم نکن، قسم می خورم. از بچگی يك حس عجیبی داشتم، دلم می خواست يك روز با پول خودم، با تلاش خودم زندگیم رو بسازم. نه مثل خیلی زنها که دستشون به جیب شوهرشون هست. اما خب توی ایران نمیشد یا خیلی سخت میشد، شرایط وام گرفتن به راحتی اینجا نیست. با درآمد کارمندی نمیشه خونه دار شد. باید روحیه بیزینسی داشته باشی تا بتونی پولدار بشی. يك سال و نیم کار کردم و همه پول هام رو تو بانك گذاشتم و بهره گرفتم و آخرش موقع اومدن فقط ۹ هزار دلار داشتم اما سمیرا اینجا می تونی. اینجا لازم نیست دنبال شوهر پولدار باشی، دنبال آدم خوب باش. کسی که باهاش دوست باشی و با هم زندگیتون رو بسازین. وگرنه مثل من میشی ها.
- نه خدا نکنه مثل تو بشم. من مثل تو فکر نمی کنم دنیا. من حوصله کار زیاد ندارم. من می خوام خانمی کنم. به نظر من يك مادر نباید کارش خیلی جدی و مهم باشه، وگرنه بچه ضربه می بینه... مثلِ...

سمیرا مکثی کرد و حرفش رو خورد. منظورش نیکی بود. سمیرا خیلی عوض شده بود و حرف های جدید می زد... اصلاً درکش نمی کردم. یعنی من تاحالا نشناخته بودمش یا اون عوض شده بود؟ خیلی آروم و ریلکس جوابش رو دادم.

- اگه منظورت نیکی هست، مطمئن باش بعدها به مادری مثل من افتخار می کنه و خوشحال میشه آدم بی اراده و آویزونی نبودم.

سمیرا با لحن عصبانی گفت: منظورت از بی اراده و آویزون منم؟
- نه... چه ربطی داره!
- تو واقعاً فکر می کنی ترجیح میده باباش کنارش باشه یا اینکه مامانش آپولو هوا بکنه؟
- نمی دونم، بذار بزرگ بشه ازش می پرسیم اما مطمئناً یك مادر تنبل و بی هدف رو به مادر با اراده ترجیح نمیده.
- خودت رو گول بزن دنیا، اما تو در حق نیکی بد کردی.
- سمیرا... باورم نمیشه! تو دوست منی یا فرید؟ اگه دوست منی که باید بدونی من با فرید تو اون وضعیت زندگی بکن نبودم، خوب بود بعد از چند سال ازش جدا میشدم و نیکی من رو هیچ وقت نمی دید؟
سمیرا سرش رو پایین انداخت و مکثی کرد و گفت: ببین هر دومون از کوره در رفتیم و حرفهای بدی به هم زدیم. تو همه اش فکر می کنی عقل کلی، هر کاری تو می کنی خوبه، تو هیچ وقت اشتباه نمی کنی. من فقط می خواستم بگم که تو هم بی اشتباه نیستی. تو هم همه چی تموم نیستی.

دیگه فهمیدم حرف زدن با سمیرا هیچ فایده ای نداره. سمیرا بدون شك شروین رو به خاطر موقعیتش پسندیده بود. بعضی از آدم ها تا سرشون به سنگ نخوره، دست از کار اشتباهشون برنمی دارن. حیف، واقعاً برای سمیرا نگران بودم.

چندین روز گذشت، دیگه خبری از فرید نبود اما چیزی که من رو نگران می کرد این بود که هیچ کس توی ایران خبری از فرید نداشت. نه مادرم و نه علی همکارش. نمی دونم علی راستش رو می گفت یا نه اما می گفت از وقتی فرید رفته باهاش تماس نداشته. نمی دونم احمقم یا نه اما نگرانش شدم. نکنه بلایی توی این شهرغریب سرش اومده باشه؟!

کم کم شروع کردم به فراموش کردن فرید و زندگی کردن... هفته ای دو روز کلاس هام تا ساعت شش بعد از ظهر بودن. چاره ای نداشتم جز اینکه از سمیرا بخوام به دنبال نیکی بره اما واقعاً از روی ناچاری بود و همیشه دلم مثل سیر و سرکه می جوشید.

اون روز شانزده ژانویه تولد نیکی بود. قرار بود که عصر با سمیرا برای نیکی تولد بگیریم. از سمیرا خواستم که اون روز هر جور شده تا ساعت هفت به خونه بیاد وباهم برای نیکی تولد بگیریم. کادوی نیکی رو خریده بودم و توی دفترم نگه داشته بودم تا اون روز به خونه ببرم و نیکی رو سورپرایز کنم. یك عروسك بزرگ که حرف می زد و ۹۹ تا جمله می گفت. ۲۵ تا آهنگ می خوند و حرفهایی که بهش می زدی رو تکرار می کرد. دل تو دلم نبود که عصر بشه و کیکی که برای نیکی سفارش دادم رو بگیرم و دنبالش برم. همون موقع ها بود که سمیرا زنگ زد.
- سلام دنیا، من الان دارم برای نیکی یك باربی می خرم. فکر می کنی دوست داره؟
- مرسی عزیزم زحمت می کشی، آره خیلی دوست داره.
- باشه، شروین هم الان با منه. اونم براش می خواد خونه عروسکی بخره.
- خونه عروسکی که خیلی گرونه، نه نذار بخره. اصلاً مگه اونم می خواد بیاد تولد نیکی؟
- بابا برای شروین این پولا پول خورده. بی خیال. راستش یك سؤال دیگه هم دارم ازت.

- چی؟
- میشه خواهش کنم تولد نیکی رو فردا بگیری؟ راستش. با شروین مهمونی دعوت شدیم. عمه شروین می خواد من رو ببینه.
- عمه اش؟ خب یك روز دیگه ببینه، من به نیکی قول دادم.
- مثل اینكه نمیشه. عمه اش مهمون داره. امشب مهمونی داده. دنیا ببخشید.
- نه سمیرا امشب تولدشه، من بهش قول دادم.
سمیرا با مكث و کمی ناراحتی گفت: باشه پس بذار ببینم چی میشه، فوقش من نمیرم.
- نه نمی خواد، برو. حالا فردا هم براش تولد می گیرم. امشبم خودم بهش کادوشو میدم.
- ببخشید دنیا جونم، جبران می كنم برات.
گوشی رو گذاشتم و بغضم گرفت. یاد ندا افتادم. چون وسط هفته بود اصلاً به ندا در مورد تولد نگفته بودم. می دونستم در طول هفته حسابی خسته است اما با این بدقولی سمیرا گفتم به ندا بگم شاید حد اقل اون اومد... سریع بهش زنگ زدم. ندا سر كار بود و گفت برای تحویل پروژه ی کاری شرکت مجبوره تا هفت و هشت شب سر كار بمونه. اما برای آخر هفته حتماً باید به خونه شون بریم و تولد بگیریم.

گوشی رو گذاشتم و ناخوداگاه زدم زیر گریه. چقدر احساس بدی داشتم. خدایا من چقدر تنهام. ای کاش مامانم، بابام اینجا بودن. خدایا كمكم کن. خیلی تنهام. حالا با دل کوچیك نیکی چی کار کنم؟!

همینطور که داشتم اشکام رو پاك می كردم دکتر شریفی با یك تیکه کاغذ کوچیك تو دستش اومد تو. همین که من و در حال گریه دید گفت: چی شده؟ مشکلی پیش اومده؟

خیلی هول كردم و گفتم: نه نه... هیچی.
- بگو لطفاً.
دکتر شریفی کاغذ رو تو جیبش گذاشت و خیلی جدی نگاهم می كرد. خیلی دلم گرفته بود و ناخوداگاه گفتم:
- امشب تولد نیکی هست و دوستام هیچ کدوم نمی تونن بیان و می دونم نیکی ناراحت میشه. یه كم دلم براش سوخت.

دکتر شریفی رفت تو فکر و بعد از چند ثانیه گفت: اگه اجازه بدی نذاریم غصه بخوره. من میرم دنبال دخترم، میام دنبالتون با هم می ریم بیرون. براش تولد هم می گیرم. یك مجموعه بازی سر پوشیده هست. همونجا بچه ها رو می بریم می گردونیم. همونجا هم تولد می گیریم.
- درمورد اون مجموعه شنیدم، اما انقدر دوره که تا حالا نیکی رو نبردم. خیلی فکر خوبیه. اما مزاحم شما نمیشیم. من خودم می برمش.
- نه مزاحم نیستید. لطفا آدرس رو برام ایمیل کن من از ساعت شش میام دنبالتون.
با اینکه ته دلم دوست نداشتم با دکتر شریفی خارج از محیط دانشگاه قرار بذارم اما به خاطر نیکی دلم می خواست این کار رو بکنم. ترسیدم اگر بیشتر تعارف کنم، دکتر شریفی هم بی خیال بشه.

برای همین قبول کردم و کمی از غم و غصه ام یادم رفت. همین که دکتر شریفی داشت از دفترم بیرون می رفت گفتم: شما چیزی می خواستید به من بگید؟
- اِم... نه حالا مهم نیست. بعداً میگم بهت.
عصر زودتر از همیشه رفتم دنبال نیکی، جعبه کیك و جعبه کادو رو تو دستم دید و خوشحال شد. بهش گفتم که یك دوست جدید پیدا می کنه و قراره بریم باهم بیرون اما وقتی فهمید خاله سمیرا و خاله ندا نمیان کمی پکر شد. بهش گفتم که آخر هفته همگی میریم خونه خاله ندا و دوباره براش تولد می گیریم. خوشحال شد و همه اش بالا و پایین می پرید.

ساعت دور و بر شش بود که دکتر شریفی اومد. برای نیکی هم توی ماشینش صندلی گذاشته بود. یك دختر خیلی بانمك داشت که قبلاً عکسش رو روی میز دکتر شریفی دیده بودم، ملیسا حتی شیرین تر از عکسش بود و فقط انگلیسی حرف می زد.

نیکی با دیدن ملیسا شروع کرد به انگلیسی حرف زدن. توی این چند ماه خیلی زبانش خوب شده بود اما هر وقت که توی خونه به انگلیسی حرف می زد من جوابش رو نمی دادم تا یك موقع فارسی از یادش نره. دکتر شریفی هم با ملیسا انگلیسی حرف می زد و با نیکی هم شروع کرد به انگلیسی حرف زدن. همون موقع من گفتم:
- حیف نیست با ملیسا فارسی حرف نمی زنید؟ آخه انگلیسیش که توی مدرسه در هر صورت خوب میشه، اما فارسیش...
- منم دقیقاً همین رو به مادرش می گفتم. گوش نمی داد. نه اینکه از ده سالگی انگلیس بزرگ شده بود، کلاً فارسی براش مهم نبود و نیست. الانم که ملیسا بیشتر با اونه. دیگه منم از خیرش گذشتم.
- به نظرم اگه شما باهاش فارسی حرف بزنید یاد می گیره. بچه ها خیلی زود زبان یاد می گیرن.

دکتر شریفی فکری کرد و گفت: راست میگی. منم نباید به این مسئله بی اعتنا باشم. ممنونم دنیا. خودمم خیلی دوست داشتم فارسی رو یاد بگیره. از این به بعد باهاش فارسی حرف می زنم.

رفتیم و رسیدیم به مجتمع بازی سر پوشیده. نیکی و ملیسا خیلی زود با هم دوست شدن. حواس من پیش نیکی بود، اما دکتر شریفی یه طورعجیبی بود. انگار تمام حواسش پیش من بود. حتی زمانی که سرش به سمت دیگه ای بود و وانمود می کرد که به من نگاه نمی کنه، حس می کردم که زیر چشمی همه حرکات من رو وارسی می کنه. حسی که تو اون لحظه داشتم به هیچ وجه توی دانشگاه نداشتم. یعنی هیچ وقت حس نمی کردم دکتر شریفی با من جور خاصی باشه. من دقیقاً براش مثل یك دانشجو بودم و هیچ وقت سعی نکرده بود با من صمیمی تر بشه. اون لحظه با دیدن نیکی و ملیسا و اینکه چقدر شادن خوشحال بودم، برای لحظه ای به خودم و دکتر شریفی فکر کردم. یعنی ممکنه مجبور بشم از فرید جدا بشم و یك روزی با دکتر شریفی عروسی کنم؟ فرید خیلی وقت بود که دلم رو شکسته بود و نبودش فقط به خاطر نیکی اذیتم می کرد اما فکر اینکه روزی به جز فرید کسی همسرم بشه، برام خیلی عجیب اومد. شاید اون لحظه اولین باری بود که به جدایی و ازدواج مجدد فکر می کردم.

دو ساعتی گذشت و بچه‌ها حسابی خسته شدن. توی همون مجموعه یك پیتزا فروشی بود. رفتیم جلو كه می خواستم سفارش بدیم. منم كه می دونستم دكتر شریفی امكان نداره بگذاره من حساب كنم، وقتی كه حواسش به ملیسا و نیكی پرت شد، پریدم دم صندوق و حساب كردم. همون لحظه دكتر شریفی به سمت من برگشت و تا دید كه من دارم حساب می كنم باحالتی جدی به سمت من اومد و گفت:

- اصلاً كار درستی نكردی...

- دكتر شریفی همین كه اومدین دنبالمون یك دنیا لطف كردید. تو رو خدا این حرف رو نزنید، اگر شما پولش رو می دادید من شب خوابم نمی برد.

- من از تو بزرگترم نباید این كار رو می كردی.

- به سن و سال ربطی نداره، شما مهمون من هستید، چون امروز تولد نیكی هست.

با اینكه اخیراً حسابی بی پول شده بودم و چندین بار وقتی با سمیرا بیرون رفته بودیم و سمیرا از سرما نالیده بود مجبور شدیم سوار تاكسی بشیم و كلی از پول هام كه یه ذره جمع می كردم، سر تنبلی و راحت طلبی سمیرا، خرج دونگ تاكسی شده بود اما نمی تونستم اجازه بدم دكتر شریفی حساب بكنه. حاضر بودم چند شب به بهانه رژیم غذا نخورم و پول جمع كنم، اما اجازه ندم مدیون دكتر شریفی بشم. نمی دونم اما حس غروری كه بهم دست می داد، از مهمون كردن دكتر شریفی به خاطر تولد دخترم، برام ارزشش بیشتر از ٤٥ دلار پول اون شب شام بود. با خودم حساب كردم، اگرچند هفته كمتر مواد غذایی بخرم و كمتر غذا بخورم، حتماً تلافی پول امشب میشه.

بعد از شام مراسم كیك و كادو رو انجام دادیم. دكتر شریفی دست خالی بود و به نظر نمی اومد برای نیكی كادو خریده باشه اما یك دفعه از توی جیب پالتوش یك پاكت درآورد و به نیكی گفت: خوشگل خانم، عمو وقت نكرد برات كادو بخره اما یك كارت هدیه برات آوردم كه با مامانت میری مغازه هر چی دلت خواست می خری. باشه عمو؟

- هر چی دلم بخواد؟

- هر چی...

من پریدم توی حرفشون و گفتم: هر چی كه نه مامان جون. یك چیزكوچیك. مثلاً همون باربی كه یك اسب داشت. خوبه؟ حالا تشكر كن از عمو باشه؟

دكتر شریفی رو كرد به من و گفت: حقیقتش این یك كارته، مثل كارت اعتباری. هر جا بخواید خرج میشه.

- ممنونم، اصلاً نباید این كار رو می كردید. من واقعاً شرمنده شدم.

پاكت رو باز كردم و وقتی دیدم اعتبار كارت سیصد دلار هست، شوكه شدم. گفتم:

- اینكه خیلی زیاده. نه من قبول نمی كنم.

- نه اصلاً این خیلی ناقابل هست. حرفشم نزن. من برای همه دانشجوهام از این كادوها میدم. تازه خیلی وقت ها بیشتر. البته نه برای تولد. اما اگر از كارشون راضی باشم این كار رو می كنم. مثلاً جویی رو كه می شناسی... جویی برای كنفرانس مقاله مون رفته بود نیویورك. خانواده اشم برده بود، زن و پسر بچه اش رو. خوب دانشگاه پول سفر جویی رو كامل داد، اما من انقدر ازش راضی بودم كه پانصد دلار بهش اضافه دادم، كه تا حدی خرج سفر خانواده اش در بیاد... یعنی

می خوام بگم من برای همه دانشجوهایی که ازشون راضی ام به نحوی تلافی می کنم. تو که دیگه جای خود داری با این نمره ها و درس خوندنت.

فکر کنم صورتم سرخ شده بود. کاملاً داشت دروغ می گفت که من ناراحت نشم. فکر نکنم از این دست و دل بازی ها برای کسی می کرد، اگر هم می کرد از پول تحقیقی بود که از دانشگاه و موسسه های تحقیقی گرفته بود، نه از جیب خودش. با اینکه می دونستم دروغ میگه اما باهاش بحث نکردم. حس می کردم دلش برام می سوزه اما همین حس بیشتر ناراحتم می کرد.

ساعت حدود ۹:۳۰ شب شده بود... به طرف ماشین راه افتادیم. همینطور که داشتیم به سمت در خروجی می رفتیم، یاد تکه کاغذی افتادم که دست دکتر شریفی بود و به خاطرش حدس می زدم اون روز به دفتر من اومده بود. پرسیدم:

- راستی دکتر شریفی امروز با من کاری داشتید؟ یك کاغذی دستتون بود. چیزی می خواستید نشونم بدید؟
- آهان... آره خوب شد یادآوری کردی. می خواستم امشب باهات در موردش حرف بزنم اما فرصت نشد. می خواستم یك شماره ای رو نشونت بدم ببینم می شناسی. راستش دو هفته ای میشه که یك نفر زنگ می زنه، قطع می کنه. اس ام اس های عجیب می فرسته. شماره اش افتاده اما هر چی زنگ می زنم بر نمی داره یا خاموشه... شك داشتم اما گفتم شاید به شوهرت مربوط باشه... اس ام اس هاش خیلی عجیبه... بی ربط و بی معنی... اما این زنگ زدن های وقت و بی وقتش، دیگه کم کم داره عصبانیم می کنه، گاهی هم با شماره مخفی زنگ میزنه... اصلاً شماره موبایل من رو هیچ کدوم از دانشجوها ندارن. نمی دونم واقعاً کی می تونه باشه؟!

واقعاً با شنیدن این حرف آب دهنم رو نمی تونستم قورت بدم. گفتم: شماره اش چند بود؟
- الان نشونت میدم. تو گوشیم هست.
همون لحظه رسیدیم دم ماشین دکتر شریفی... هر دو شوکه شدیم. شیشه ی جلو و راننده خورد شده بود. دکتر شریفی بی حرکت ایستاده بود و به شیشه های خرد شده ی روی زمین نگاه می کرد... گفتم:
- وای ماشین رو دزد زده؟ چیزی هم دزدیدن؟
- همون لحظه دکتر شریفی در حالیکه یك تیکه کاغذ از توی ماشینش در آورد، به من گفت: نخیر... انگار دزد نبوده... نامه هم گذاشته.

دکترشریفی کنار ماشین ایستاده بود و تکه کاغذی که روی داشبورد ماشین چسبیده شده بود رو برداشته بود و می خوند:
"It was your windscreen this time. Next time will be..."
"اینبار شیشه ماشینت رو شکستم، دفعه بعد..."

از تعجب شاخ در آورده بودم. اون لحظه اصلاً نمی فهمیدم موضوع چیه... گفتم:

- یعنی چی؟ یعنی کی بوده؟

دکتر شریفی کاغذ رو با احتیاط لای کتابی که توی ماشینش بود گذاشت. ملیسا زد زیر گریه، و نیکی هم بعد از چند ثانیه با دیدن ملیسا گریه کرد و من رو از پاهام بغل کرد. شروع کردم به ناز کردن نیکی و گفتم:

- هیچی نشده مامان جون، گریه نکن، تو خانم شدی بزرگ شدی، نباید گریه کنی.

ماشین پُر از خورده شیشه بود. اصلاً نمی شد رفت تو. دکتر شریفی به پلیس زنگ زد. من سعی می کردم بچه ها رو آروم کنم. دکتر شریفی چند دقیقه ای با پلیس حرف زد و اومد به سمتم:

- برای شما تاکسی می گیرم برید خونه.

- نه ما جایی نمیریم. ملیسا هم حالش خوب نیست، من می مونم کمکتون می کنم.

- نه نیازی نیست، زنگ می زنم مادرش بیاد دنبالش. ده دقیقه تا خونه اش بیشتر از اینجا راه نیست.

- پس من صبر می کنم تا ملیسا بره بعد میرم.

دکتر شریفی چند لحظه مکث کرد و مثل این بود که چشماش از خوشحالی برق زد و گفت:

- باشه، ممنونم همین الان زنگ می زنم.

نمی دونم چرا این حس رو کردم اما فکر کردم دکتر شریفی بدش نمیاد که همسر سابقش اون رو با من ببینه. این موضوع کمی ناراحتم کرد. چرا باید براش مهم باشه؟ شاید می خواد حسادت همسر سابقش رو تحریک کنه. پس هنوز دوسش داره... شایدم نه... می خواد حالیش کنه که همه چیز تموم شده و اون به شخص دیگه ای می خواد دل ببنده... اصلاً نمی دونم... نمی خوام هم بدونم... برای من نباید مهم باشه... دکتر شریفی استاد منه... هیچ وقت هم به جز استاد، هیچ نسبتی با من پیدا نمی کنه!

هوا خیلی سرد بود و مجبور شدم با بچه ها برم توی یک رستورانی که توی اون حوالی بود و دکتر شریفی کنار ماشین منتظر پلیس موند. متأسفانه ساعت ده شب شده بود و مجتمع بازی همون موقع بسته بود. من سر بچه ها رو گرم می کردم و یک چشمم به خیابون بود تا اگه ماشین پلیس رسید بچه ها رو بفهمم. چند دقیقه گذشت و زنی وارد رستوران شد و ملیسا تا اون زن رو دید به طرفش رفت. من سلام کردم و اون زن که به نظر سنش خیلی بالاتر از من و حتی دکتر شریفی بود، در حالی که سرتا پای من رو می براندانز می کرد با سردی جواب سلامم رو داد و دست ملیسا رو گرفت تا بره از در بیرون، همون لحظه ملیسا برگشت و بای بای کرد و نیکی به طرف ملیسا دوید و از لپش بوس کرد. نیکی خیلی اجتماعی و مهربون بود و خیلی زود با ملیسا دوست شده بود اما ملیسا نیکی رو نبوسید و پشت بهش کرد و در حالی که اون زن دستش رو می کشید رفت. احتمال زیاد می دادم که اون زن خواهر بزرگ همسر سابق دکتر شریفی باشه، چون به طور قطع بالای ٤٥ سالش بود و حداقل ٩-٨ سال از دکتر شریفی بزرگتر بود. خیلی چاق بود و موهای طلایی و مش کرده، پوست سبزه و چشمای عسلی داشت. معلوم بود که چهره زیبایی داره اما با چاقی بیش از حد، غبغب و پف بی اندازه ای پیدا کرده بود که ناخوداگاه زیبایی صورتش رو کمرنگ کرده بود.

چند دقیقه گذشت و دکتر شریفی اومد توی رستوران و خبر داد که تاکسی منتظر ماست و پرسید:

- ملیسا راحت با مادرش رفت یا دوست داشت بمونه؟

- راحت رفت اما فکر کنم خاله اش اومده بود دنبالش.

- خاله؟ خاله اش که اینجا نیست. نه خود مادرش بود، من فرستادمش بیاد توی رستوران.
- چی؟!! اون زن همسر سابق شما بود؟
- آره خب. سنش بالا تر از من می زد نه؟ همه همین رو می گفتن اما دو ماه هم از من کوچیکتره.
- یعنی چی؟ مگه میشه؟! بهشون می خورد بالای چهل سال باشن.
- نه... ۳۵ سالشه. کلاً هم خیلی چاق شده و هم اینکه از وقتی جدا شدیم به خودش نمیرسه... از قبلش هم سنش بالاتر از من به نظر می اومد.

رسیدیم دم تاکسی و من و نیکی سوار شدیم و دکتر شریفی گفت:
- مثل اینکه پلیس اومد، فقط حواستون باشه من پول تاکسی رو حساب کردم.
خیلی ناراحت شدم و گفتم:
- برای چی این کار رو کردین؟ ممنونم، امروز واقعاً شرمنده کردین.
- خیلی تعارفی هستی دنیا. فقط یه چیزی، اگر پلیس ازم پرسید به کسی مشکوکی_
پریدم توی حرف دکتر شریفی و گفتم: شما فقط حقیقت رو بگید. به هر کس مشکوکید بگید. مراعات کسی رو هم نکنید.
چند ثانیه توی چشمام نگاه کرد و بعد به سمت ماشینش دوید.

تا خونه نیم ساعتی راه بود. نیکیِ دلبند من روی پام خوابش برده بود. توی راه به جمله ای که روی کاغذ نوشته شده بود فکر می کردم... نمی نونست کار فرید باشه... فرید اصلاً زبانش خوب نبود، کسی رو هم توی کانادا نداشت که بخواد بهش کمك بکنه. اصلاً فرید چنین آدمی نبود... گوشی موبایلم رو در آوردم و شماره موبایل فرید تو ایران رو گرفتم.
خاموش بود اما اگر اینجاست این چه کاری هست که داره می کنه؟

رسیدم خونه و راننده تاکسی ده دلار به من داد و من با تعجب گفتم این چیه؟
- بقیه پولی که همسرت داد. شصت دلار داد اما پنجاه دلار شده.

یك لحظه هول شدم، همسر!! یعنی این برداشت راننده بود و یا دکتر شریفی اینطور معرفی کرده بود!! گفتم: آهان... باشه انعامتون.

مرد خیلی خوشحال شد و تشکر کرد و رفت. اصلاً نمی دونستم کار درستی کردم یا نه... شاید باید بقیه پولش رو می گرفتم و به دکتر شریفی بر می گردوندم اما اون لحظه واقعاً هول شده بودم.

نیکی رو که خوابیده بود بغل کردم و با آسانسور بالا رفتم. همین که رسیدم دم در یك جعبه خیلی بزرگ دیدم که پشت در بود. تعجب کردم. نیکی رو سر جاش گذاشتم وبرگشتم دم در و جعبه رو برداشتم. دل تو دلم نبود تا بفهمم این جعبه که احتمالاً کادو برای نیکی بود از طرف کی هست.
روی جعبه نوشته شده بود:

"تقدیم به دختر نازم. از طرف بابا که خیلی دوست داره. خیلی زود زود میای پیش خودم."

خشکم زد. روی جعبه هیچ اثری از تمبر یا مهر اداره پست نبود. این جعبه با دست های خود فرید پشت در خونه گذاشته شده بود و اون هم دست خطِ خود فرید بود. دیگه مطمئن شدم که فرید اینجاست. خیلی نزدیک، توی این شهر. شاید سر کوچه و حتی شاید توی همین ساختمون اما دلم می خواست جیغ بزنم و بهش بگم بیاد جلو... اگه مَرده بیاد جلو و دست از این دیوونه بازی ها برداره. چرا شیشه ماشین دکتر شریفی رو شکونده؟ چرا دم مهد کودک کشیک وایمیسته؟ چرا تعقیبم می کنه؟ چرا مزاحم تلفنی میشه؟

چند دقیقه از باز کردن جعبه نگذشته بود که سمیرا رسید خونه. تا سمیرا رسید بدون اینکه ازش حالی بپرسم ازش خواستم حواسش به نیکی باشه تا من یك دقیقه برم بیرون و بیام. سمیرا با تعجب پرسید کجا؟ اما من بدون اینکه بهش جواب بدم سراسیمه از در رفتم بیرون. رسیدم به اتاق نگهبانی که توی طبقه همکف بود. در اتاق بسته بود و خبری از کسی نبود. هیچ وقت دقت نکرده بودم که دفتر نگهبانی تا چه ساعتی بازه. روی در ساعت کار نوشته شده بود. ساعت ۹ شب. پس اگر فرید وارد این ساختمون شده باشه حتماً نگهبان دیدتش. همه اش به این فکر کردم که آیا قبل از ساعت ۹ اومده یا بعدش اما از ساعت ۹ به بعد در ورودی قفل میشه و کسی نمی تونه وارد ساختمون بشه، مگه اینکه یکی از همسایه ها در رو براش باز کرده باشه.

چاره ای نبود، باید تا صبح صبر می کردم تا با نگهبان حرف می زدم. رفتم بالا و سمیرا توی اتاقش بود. رفتم پیشش... در اتاقش رو باز کردم دیدم روی تخت دراز کشیده و به سقف زل زده. هر چی ازش پرسیدم موضوع از چه قراره، طبق معمول نم پس نمی داد. هر چی پرسیدم از خانواده شروین خوشت اومد یا نه. جواب سر بالا می داد و می گفت بد نبودن. حس می کردم اتفاقی افتاده و به من نمیگه اما طبق معمول که همه چیز رو به سمیرا می گفتم، باز نتونستم جلوی دهنم رو بگیرم و همه ماجرا رو بهش گفتم. از شکسته شدن شیشه تا جعبه ای که پشت در بود. سمیرا هم با شنیدن ماجرا خیلی تعجب کرد.

روز بعد هر کاری کردم که یك ردی از کسی که جعبه رو دم در آپارتمانمون گذاشته پیدا کنم موفق نشدم. هیچ کدوم از نگهبان ها کسی رو با جعبه بزرگ ندیده بودن. از همسایه ها پرس و جو کردم اما اونها هم کسی رو ندیده بودن. هر چی هم اصرار کردم که فیلم دوربین های مدار بسته رو ببینم، قبول نکردن. برای این کار باید پلیس اقدام می کرد.

اون روز توی دفترم نمی تونستم بند بشم و منتظر بودم دکتر شریفی بیاد و در مورد شب قبل باهاش حرف بزنم. دلم می خواست بفهمم اسمی از فرید برده یا نه؟ چندین مرتبه به دفتر دکتر شریفی سر زدم اما در اتاقش قفل بود. از نگرانی نمی تونستم روی درسم تمرکز کنم. دائم توی دفترم راه می رفتم و از پنجره بیرون رو نگاه می کردم. از پنجره در ورودی دیده میشد و دلم می خواست بلافاصله که دکتر شریفی رسید خودم رو بهش برسونم و ماجرا رو ازش بپرسم.

ساعت حدود ده صبح بود که گوشی موبایلم زنگ خورد. شماره ناشناس بود. گوشی رو برداشتم و صدای دکتر شریفی رو بلافاصله شناختم.

- سلام دنیا.

- سلام شمایید؟ من منتظرتون بودم، نگران دیشب بودم، چی شد؟

- دیشب چیزی نشد، یعنی من در مورد نامه و شکم چیزی به پلیس نگفتم. در مورد تهدید ها و مزاحم تلفنی ها هم چیزی نگفتم اما الان دارم میرم پیش پلیس. می خوام همه ماجرا رو بگم اگه تو اجازه بدی.

- من که دیشب بهتون گفتم شما باید به هر کسی مشکوکید بگید و اصلاً مراعات کسی رو نکنید.

- آره می دونم اما دلم نمی خواست برای تو دردسر درست کنم. برای من مهمه که تو در آرامش درست رو بخونی، گفتم شاید با شکایت ازش، برات مزاحمت ایجاد بکنه اما امروز صبح که بیدار شدم، دیدم شیشه پنجره آشپزخونه شکسته و من فکر کنم از دیشب شکسته شده بوده چون تا من از سرما داشتم می لرزیدم، حس می کردم از یه جایی داره سوز میاد... اصلاً فکرشم نمی کردم شیشه آشپزخونه ممکنه شکسته باشه. به هر حال امروز صبح وقتی دیدم این آدم تا دم خونه من اومده وشیشه رو شکسته مطمئن شدم هر کاری از دستش بر میاد. باید پلیس همه ماجرا رو بدونه.

- باشه. شما هر کاری فکر می کنید درسته انجام بدید اما به نظر من، ممکنه کار فرید نباشه. آخه فرید زبانش اصلاً خوب نیست و این کارها خیلی ازش بعیده.

- داستان که ننوشته یك جمله نوشته. اونم به هر کسی می تونسته بده تا براش بنویسه.

- آخه باورم نمیشه، فرید اهل شیشه شکستن نیست. اصلاً با عقلم جور در نمیاد.

- باشه، به هر حال منم مطمئن نیستم که کار اون باشه اما باید پلیس جریان رو بدونه. باور کردنی نبود. فرید چطور می تونست این کارها رو بکنه؟ اصلاً نمی تونستم قبول کنم. شاید دوری از نیکی پاك روانش رو بهم ریخته بود.

***

چندین هفته گذشت. زمستون اون سال وحشتناك بود. ندا به من می گفت سردترین زمستونی بوده که توی این چند سال اخیر دیده. این هم از پا قدم من بیچاره. آخرای اسفند شده بود و من برای بهار ثانیه شماری می کردم اما هیچ خبری از بهار نبود. هنوز برف می بارید. هنوز گاهی اوقات هوا گاهی اوقات منفی سی درجه میشد. هنوز هم مجبور بودم چکمه های بزرگ پای نیکی کنم و کاپشن چندین لایه تنش کنم. بچه بیچاره مثل این بود که انگار توی قوطی افتاده و مثل پنگوئن راه میره. شایدم من از ترسم بیش ازاندازه لباس تن نیکی می کردم. ترس از اینکه نیکی سرما بخوره و مجبور بشم تو خونه نگهش دارم و از درس و کلاسم بمونم توی جونم افتاده بود. یك بار نیکی سرما خورد و من هم کلاس مهمی داشتم. هیچ جوره نمی تونستم از اون کلاس غیبت بخورم. مهد کودك هم نیکی رو بخاطر تبی که داشت قبول نمی کرد. حق هم داشتن. هر بچه مریضی می تونه بچه های دیگه رو هم مریض کنه اما من بیچاره هیچ کسی رو نداشتم تا مراقب نیکی باشه. سمیرا تازه رفته بود کلاس زبان و زنگ زدم و موضوع رو بهش گفتم و با جون و دل برگشت و مراقب نیکی بود تا من سه ساعت به کلاسم برسم. واقعاً توی این بی کسی، خیلی وقت ها سمیرا به دادم رسید. نباید

از حق می گذشتم، وجود سمیرا برای من و نیکی دل خوشی بود، هر چقدرم که کارهای عجیب و غریب می کرد و به نظر من کارهاش احمقانه بود اما از وجودش کنار خودم و نیکی خوشحال بودم.

توی اون مدت، مزاحمت های فرید کمتر شده بود اما هیچ وقت نه خبری توی ایران از فرید گرفتم و نه حتی دیگه از دور دیدمش. گاهی احساس می کردم کسی تعقیبم می کنه اما هرگز ندیدمش. حتی مزاحم تلفنی های دکتر شریفی به صفر رسیده بود و کسی مزاحمتی برای خودش، ماشینش و خونه اش ایجاد نکرده بود اما دکتر شریفی شکایتش رو به پلیس داده بود و پلیس هم پیگیر ماجرا بود. هروقت از دکتر شریفی در مورد شکایت می پرسیدم، می گفت خبری نیست. اصلاً نمی دونستم پلیس در این موارد وقت زیادی برای تحقیق می ذاره یا نه... شایدم نه. به هر حال دو ماهی از اون روزها گذشته بود و من به امتحان جامع ام نزدیك شده بودم. از طرفی مقاله ام رو می نوشتم و دو هفته ای تا روز تحویل مقاله فرصت داشتم.

فقط چند روز تا عید مونده بود. دکتر شریفی به دفتر من اومد وگفت:
- یك خبری برات دارم. باور کردنی نیست.
با نگرانی گفتم: چی؟
- بالاخره ازپلیس یك نامه اومد... دادگاه حکم داد تا در مورد فرید تحقیق کنن، من همه اطلاعات فرید رو که داده بودی به دادگاه داده بودم. مثل اینکه ما اشتباه کردیم. یعنی من اشتباه کردم. مزاحمت ها... شیشه شکستن ها... کار همسر تو نبوده.
نمی دونستم باید بخندم یا ناراحت باشم. باورم نمی شد، پس اگه کار فرید نبوده کار کی بوده؟ پرسیدم:
- پس کار کی بوده؟
- هنوز معلوم نیست، اما حتماً کار فرید نبوده. چون از تابستون که فرید از کانادا خارج شده، دیگه وارد نشده.
- مگه میشه؟ امکان نداره. من خودم دیدمش، دم خونه ما با ماشین رد شد، من چشماش رو شناختم.
- نمی دونم... به هر حال ورود همه ثبت میشه و احتمالاً چك کردن و فهمیدن که فرید هنوز نیومده.
داشتم دیوونه می شدم. یعنی من واقعاً خیالاتی شدم؟ پس جعبه کادوی تولد نیکی چطوری با دست خط خود فرید دم در خونه بود؟ من دیوونه شدم یا خواب می بینم؟
گفتم: پس کار کیه؟
- راستش من از صبح به این فکر می کردم. وقتی فهمیدم فرید اصلاً کانادا نیست، به همسر سابقم شك کردم. نه به خودش، به دوستش. آخه اون یك دوست پسر آفریقایی داشت. من برای اون خط و نشون کشیده بودم که اگه بخواد با دوست پسرش، اونم یك مرد سن بالای خارجی زندگی بکنه باید ملیسا رو به من بده. اونم احتمالاً شنیده و خواسته تلافی کنه.
- چی رو شنیده؟ شما که حرف بدی نزدید، ازچی ناراحت شده؟

- راستش... فکر نکن من نژاد پرستم اما من تو عصبانیت گفتم که دوست ندارم دخترم با یك سیاه پوست زندگی بکنه. فکر کنم فهمیده و خواسته تهدیدم کنه. الان یك ماهه از مزاحم تلفنی هم خبری نیست. دقیقاً یك ماه هست که از هم جدا شدن. برای همین شك کردم که کار اون بوده.

دکتر شریفی با گفتن این حرف خیلی خجالت کشید. دلش نمی خواست من بفهمم در مورد سیاه پوست ها چنین نظری داره اما من خیلی از حرفش تعجب نکردم. نمی دونم چرا اما با اینکه از بعضی ایرانی های دور و برم شنیده بودم، از اینکه بعضی اروپایی یا آمریکایی ها از بالا بهشون نگاه می کنن می رنجن، اما به کرّات دیده بودم همون ایرانی در مورد خیلی از ملیت های دیگه همونطور ازبالا به پایین نگاه می کرد.
گفتم:
- پس اگر فرید نبوده، پس اونی که برای نیکی کادو فرستاده، کی بوده؟ اونی که دم مهد ایستاده؟ اونی که توی راهرو دانشگاه صداش رو شنیدم، کی بوده؟ من دارم دیوونه میشم.
- منم نمی دونم. یه کم فکر کن. شاید شبیه به فرید بوده و تو اینجوری فکر کردی. شایدم یکی از دوستاش به جای اون کادو فرستاده.
- نه فرید هیچ دوستی اینجا نداره. فقط کمی با شوهر ندا دوستم رفیق شده بود که من به اونها اعتماد کامل دارم.

***

یك ماهی گذشت، اواخر فروردین ماه بود و این برف لعنتی آب شدنی نبود. واقعاً برام عجیب بود که چرا باید هنوز هوا انقدر سرد باشه. مقاله ام رو تحویل داده بودم و منتظر جواب بودم. فقط چند روز تا امتحان جامع ام فرصت بود، بکوب درس می خوندم و به هیچ چیز فکر نمی کردم جز امتحان. سمیرا و ندا خیلی به من کمك می کردن. هر روزعصر سمیرا دنبال نیکی می رفت و یك روز در میون ندا بعد از کار پیش نیکی می رفت تا من بتونم تا دیر وقت برای امتحانم بخونم. سمیرا هنوز با شروین دوست بود و برای من عجیب بود که بالاخره سمیرا تونسته بیشتر از چند ماه با یك نفر بمونه.

یك روز صبح قبل از رفتن به دانشگاه صندوق پستی رو باز کردم. چندین نامه داشتم، بیشترش تبلیغاتی بودن. همه رو توی کیفم گذاشتم و به سرعت با نیکی رفتم از خونه بیرون. باید زودتر به مهد کودك می بردمش وبعد هم به دانشگاه می رفتم. روز آخری بود که می تونستم برای امتحان درس بخونم. می تونم بگم چندین دور همه درس ها رو مرور کرده بودم و اون روز فقط می خواستم نمونه سوال های سال های قبل رو دوباره بخونم. من معمولاً تمام فشار درسی رو تا چند روز قبل از امتحان روی خودم می ذاشتم و روز آخر بیشتر مرور می کردم و شبش هم خیلی زود می خوابیدم.

وقتی به دفترم رسیدم کیفم رو باز کردم و پاکت های نامه رو دیدم. یکی از پاکت ها خیلی بزرگ بود و توجه من رو جلب کرد. نامه از ایران بود، نا خوداگاه ترس برم داشت. انگار منتظر خبر

بدی بودم. همینطور که پاکت رو باز می کردم دستام می لرزیدن. توی پاکت چند تا کاغذ بود و یک کارت. کارت رو باز کردم. کارت دعوت به عروسی.

"میترا و فرید پیوندتان مبارک - بسیار سفر کردیم و در آخر، عشق حقیقی را یافتیم."
قلبم هُری ریخت پایین... فرید... فرید تا سه هفته دیگه داره با یکی دیگه عروسی می کنه! کاغذ ها رو یکی یکی باز کردم... اولی طلاق غیابی فرید از من بود. کاغذ بعدی نامه فرید به من:

"ای کاش نیکی عزیزم کمی بزرگتر بود و خواندن بلد بود، آن وقت مجبور نبودم برای آدمی مثل تو چیزی بنویسم. فقط این را بدان که این کارت دعوت برای تو نیست. دلم نمی خواهد آدمی مثل تو را حتی یک بار دیگر ببینم. این کارت دعوت برای دخترم است. دختری که نیمی از وجودش از من است و افسوس که نیمه دیگرش از توست. اگر ذره ای وجدان داری به ایران بیاورش. بعد هم با خودت ببر. من فقط می خواهم دخترم در بهترین روز زندگی پدرش در کنارش باشد. البته اگر وجدان داری. اگر خواستی بیای به مادرم زنگ بزن، چون به درخواست میترای عزیزم، خانه و ماشین و حتی شماره موبایلم را عوض کرده ام. به جز نیکی هیچ کس و هیچ چیز که خاطره ی تو را داشته باشد نمی خواهم. دوباره می گویم. دخترم را برای چند روز به ایران بیاور. فقط چند روز. هر ضمانتی که بخواهی می کنم تا بدانی جلوی خروجش را نمی گیرم."

همینطور که نامه رو می خوندم، کلمه ها تارتر و تارترمیشدن. چشمام پُر از اشک شده بودن اما از ترس اینکه بریزن و بهم ثابت کنن که چقدر ناراحتم و شاید چقدر پشیمون، پلک نمی زدم. بالاخره به آخر نامه رسیدم و بدون اینکه پلک بزنم، دونه دونه اشکام سرازیر شدن. دلم نمی خواست هیچ کس اشکام رو ببینه. صورتم رو طوری به سمت پایین گرفتم که اشکام روی صورتم نریزن و در عوض، اشکام دونه دونه روی نامه فرید افتادن و چند تا کلمه رو محو کردن. همینطور که اشکام می ریختن با تعجب دیدم چند تا کلمه که اشک روشون نشسته بود و داشت جوهر خودکار رو روی کاغذ محو می کرد، کلمه، "نیکی" بود و "دخترم". یک دفعه خشکم زد. یاد نیکی افتادم. نکنه نیکی منم به خاطر بی شدن محو بشه. غصه دار بشه. نکنه من رو نبخشه. وای خدای من، من چی کار کردم؟ نفسم بالا نمی اومد. فرید. فرید دیگه شوهر من نیست. فرید من رو طلاق داده. نگاهم افتاد به حلقه ام. نگاهی به تاریخ طلاق غیابی انداختم. الان دو هفته است که من بی همسر شدم. پس این حلقه لعنتی تو دست من چی کار می کنه؟ با عصبانیت حلقه ام رو در آوردم و پرتش کردم ته اتاق. رفت پشت کمد. بعدم کارت عروسی فرید رو ریزریز کردم. کامپیوترم رو روشن کردم که بشینم سر درسم اما نه میشد... داشتم خفه می شدم.

زود کیفم رو جمع کردم و از در دفتر زدم بیرون. چند تا اتاق اونورتر، اتاق دکتر شریفی بود، چقدر دلم می خواست همون موقع از دفترش بیاد بیرون و من رو اون حال ببینه و بپرسه، چیزی شده دنیا؟! منم کمی ناز کنم و بعد با اصرار اون جریان رو بهش بگم. در دفتر دکتر شریفی باز بود. پس حتماً اونجا بود. همین که رسیدم دم درش، دیدم یکی از دانشجوها پیشش

هست و سرش شلوغه. یك لحظه چشمش به من افتاد و دوباره به كارش ادامه داد. من نا امید شدم و راهم رو ادامه دادم و رفتم. هوا اون روز بهتر بود و برفها داشت كم كم آب می شدن. از در ساختمون كه زدم بیرون، شروع كردم به راه رفتن. دلم می خواست انقدر برم تا از پا بیافتم. یه جورایی دلم می خواست بمیرم. آخه چطور یك مرد می تونه انقدر بی عاطفه باشه؟ چطور می تونه در عرض هشت ماه دوری از همسرش، هم طلاقش بده و هم عاشق یكی دیگه بشه؟! اون دو كلمه كه كنار هم خونده بودم، داشت داغونم می كرد " میترای عزیزم"... فرید آخرین باری كه به من گفته بود دنیای عزیزم، كی بود؟! هیچ یادم نمی اومد. واقعاً چقدر احساس بدی داشتم. مردی یك روز مال من بود و فكر می كردم مال من می مونه، امروز شخص دیگه ای رو عزیزم خطاب می كنه. واقعاً؟ یعنی من واقعاً ناراحت شدم؟ نكنه من فرید رو دوست داشتم؟... داشتم؟ وای خدای من، چرا من نمی تونم حتی با خودم صادق باشم. من از فرید بدم نمی اومد... آره... شاید دوسش داشتم... فرید با من جور نبود، ما از دو تا دنیای متفاوت بودیم اما من ... من... من یه كم دوسش داشتم... یه كم؟ ... نه من واقعاً دوسش داشتم... وای خدای من، نكنه كه من حماقت كردم؟... اما نه... من اگر اینكار رو نمی كردم، هرگز احساس خوشبختی نمی كردم كه هیچ، همیشه احساس بدبختی و پشیمونی باهام بود... آره من اینكار رو كردم وحالا پشیمونی سودی نداره. وقتی این تصمیم روگرفتم پیه همه چیز رو به تنم مالیدم. درسته ته دلم امید داشتم فرید از خر شیطون بیاد پایین و سر قولش وایسته و بیاد پیشمون اما خب شاید ارزش من و نیكی فداكاری نداشتیم. شاید زندگی با ما انقدر هم براش مهم نبوده تا سر قولش وایسته. حالا باید فقط به نیكی فكر كنم. دیگه نمی ذارم فرید حتی از فاصله صد متری نیكی رو ببینه... كور خونده... می خواد نیكی رو از من بگیره... واقعاً با خودش چی فكركرده كه این نامه رو داده؟ فكر كرده من انقدر احمقم كه نیكی رو ببرم عروسیش؟ واقعاً تو چهل سالگی واسه ازدواج دوم، بازم می خواد عروسی بگیره؟ اون زن چه بد بختی بوده كه حاضر شده با فرید عروسی كنه. اونم بدون اینكه تحقیق كنه و بفهمه اصلاً مشكل من و فرید چی بوده!

چند ساعتی گذشت تا من به خودم اومدم. دیدم دم خونه ام و از دانشگاه تا خونه رو پیاده اومدم. ساعت نزدیكای دوازده ظهر بود و می دونستم الان نیكی توی مهد خوابه یا داره كم كم می خوابه. دلم می خواست برم پیشش و هرچه زود تر بغلش كنم. با خودم گفتم میرم خونه و كمی می خوابم و بعد میرم دنبالش. دلم می خواست بخوابم و به هیچی فكر نكنم. مثل آدم های بی هدف آروم آروم راه می رفتم. رسیدم دم در آپارتمان . كلید خونه رو پیدا نمی كردم. چند بار دستم رو تو كیفم كردم. همه جییاش رو هم گشتم اما كلید نبود. حتی سعی نمی كردم تو كیفم رو نگاه كنم و امیدوار بودم با لمس دستم پیداش كنم. بالاخره با بی حوصلگی كیفم رو نگاه كردم و كلش رو خالی كردم رو زمین. یاد حرف فرید افتادم كه هروقت كلیدم پیدا نمی شد می گفت: كیفت مثل غار می مونه... شتر با بارش توش گم میشه... بعدم می خندید. دوباره عصبانی شدم. چرا الان كه من باید یاد خاطره های بد فرید بیافتم، همه اش خنده ها و مهربونیاش تو ذهنم میاد؟! نه باید به خودم یادآوری كنم... باید یاد دروغ هاش، حقه بازی هاش و گول زدن هاش بیفتم.

كلید رو پیدا كردم و در رو باز كردم و رفتم تو. با بی حوصلگی یك راست رفتم تو هال و كاپشنم رو پرت كردم رو مبل و همین كه اومدم برم توی راهرو حس كردم یك صدایی میاد. صدا از اتاق

سمیرا بود. آره... خود سمیرا بود. خیلی تعجب کردم. سمیرا باید اون موقع کلاس زبان می بود. نزدیك در اتاق سمیرا شدم، همین که اومدم در اتاقش رو بزنم تا برم تو، فهمیدم داره با تلفن حرف می زنه. کمی مکث کردم، لحن صحبت کردنش تند بود. یك آن با خودم گفتم، حتماً داره با شروین دعوا می کنه. سمیرا به همه پسرهایی که باهاشون دوست می شد گیر می داد. خیلی وقت ها خودش دوستیش رو با دوستاش به هم زده بود اما در کل می دونستم دوست پسرهای قبلیش از گیر بودن سمیرا خیلی شاکی بودن اما همون لحظه بود که شنیدم سمیرا گفت: چند بار بهت بگم نمیشه، نمیشه، نمیشه فرید!!!

خشکم زد. شاید نفسم داشت بند می اومد. نمی دونم، شایدم کم مونده بود سکته کنم. همون لحظه بود که گوشم کر شد و جلوی چشمام رو خون گرفت. دلم می خواست وایستم و بیشتر به حرفاش گوش بدم اما واقعا چیزی نمی شنیدم. سعی کردم بقیه حرفهاشم بشنوم اما فایده نداشت. مغزم داشت سوت می کشید و قدرت گوش دادن نداشتم. نتونستم ساکت بمونم و مثل دیوونه ها، در حالیکه تمام بدنم می لرزید، در رو باز کردم و پریدم تو اتاق. سمیرا روی تختش نشسته بود و تا چشمش به من افتاد رنگش پرید. زود از جاش بلند شد و گوشی موبایلش رو پشتش قایم کرد. رفتم به سمتش و سمیرا از ترسش خودش رو عقب می کشید. زبونش بند اومده بود و منم چنگ زدم رو دستش و گوشیش رو گرفتم. قطع کرده بود. کسی پشت خط نبود. دوباره کنترلم رو از دست داده بودم، داد زدم:

- با فرید چی می گفتی؟
- فـــــرید؟
- آره، خودم شنیدم اسمش رو صدا زدی. سمیرا بنال، میگی یا نه؟
- هـــــیچی به خدا... دنیا صبر کن یه کم اعصابت بیاد سر جاش، تو الان خیلی عصبانی هستی... تو رو خدا، بهت میگم.

- زود باش، بگو سمیرا... با فرید دست به یکی کردی آره؟ تو آدرس خونه رو بهش دادی درسته؟ آره دیگه... از کجا آدرس من رو بلد بوده که برای نیکی کادو فرستاده، الانم نامه طلاق رو...
- طلاق؟

از اینکه می دیدم سمیرا داره حاشا می کنه خون خونم رو می خورد. دوباره جیغ کشیدم و گفتم:
- ساکت شو سمیرا، اگه می خوای دروغ بگی ساکت شو. تو خوبم می دونی فرید طلاقم داده.
- به مرگ مامانم، به مرگ بابام من نمی دونستم. به خدا من با فرید کاری نداشتم، من از همون چهار- پنج ماه پیش اینها باهاش حرف نزدم. همون موقع که داشتم می اومدم کانادا. به جون خودم، خودش الان زنگ زد.

می دونستم داره چرند میگه، همون موقع گوشی سمیرا که دستم بود رو نگاه کردم. هیچ تماسی باهاش گرفته نشده بود اما خودش با یك شماره تماس گرفته بود. شماره خیلی بلند بود. همون موقع حدس زدم که اون شماره کارت تلفنه و ده شماره آخر، شماره ایرانه... درست حدس زده بودم. شماره موبایل ایران بود. گفتم:

- که اون زنگ زده... این همه مدت دنبال فریدم و تو هم می دونستی، با اینکه شماره اش رو داشتی، نم پس ندادی.

سمیرا التماس کنان گفت: نداشتم... به قرآن خودش بهم داد، همین امروز... ایمیل زد بهم داد... ازم خواست باهاش تماس بگیرم.
- غلط کرد... غلط کردی... دروغ میگی.

خیلی حالم بد بود. حس می کردم بهم از چند جهت خیانت شده. دلم می خواست سمیرا رو خفه کنم. داشت حالم از اون صورت کثیفش بهم می خورد. حس می کردم اون سمیرای زیبا، زشت ترین آدم دنیاست. دیگه دلم نمی خواست باهاش بحث کنم. پشت کردم بهش و رفتم توی اتاقم. در رو بستم.
سمیرا داد میزد و گریه می کرد:
- بازکن دنیا... بازکن برات بگم. به خدا سوء تفاهم شده. من ایمیل فرید رو دیدم و بهش زنگ زدم، گفتم شاید بتونم راضیش کنم بیاد اینجا اما اون از من خواست تو رو راضی کنم یك سفر بری ایران تا نیکی رو ببینه اما من داشتم بهش می گفتم، به من مربوط نیست.

اصلاً نمی تونستم حرفهاش رو باور کنم. گفتم: داری دروغ میگی سمیرا... ازت متنفرم. تو دست هرچی خائن رو از پشت بستی.

- من؟ من خائنم؟ خائنم یك ماهه دارم تو این سرما میرم مهد کودك دنبال بچه ات؟ من خائنم هفته ای سه روز نشستم خونه تو درس بخونی؟... خیلی بی چشم و رو هستی دنیا!

سمیرا داشت از دم در اتاقم دور می شد و حرف می زد، منم تا حرفش رو شنیدم نتونستم آروم بمونم و در رو باز کردم رفتم تو راهرو، گفتم:
- نه تو خائنی که به شوهر من زنگ زدی. اگه راست میگی ایمیلش رو نشونم بده.
سمیرا مِن و مِن کرد و گفت:
- بیا ببین. تو که می دونی من همه ایمیل هام رو همون لحظه که بخونم پاك می کنم. بیا ببین همین امروز صبح پاکش کردم.
- مزخرف میگی... باشه " ترش"Trash رو که خالی نکردی؟ دوباره ذخیره کن ایمیلت رو ببینم.
سمیرا دوباره مِن و مِن کرد و گفت: به قران مجید ِترش رو هم همین امروز پاك کردم.

دوباره پشتم رو کردم به سمیرا و رفتم تو اتاقم و در حالیکه می رفتم گفتم: دیگه داری مزخرف میگی... اصلاً سمیرا حرف نزن... حرف نزنی سنگین تری. فقط آدم های احمق و کند ذهن می تونن از این دروغ های آبکی بگن اما من مثل تو احمق نیستم ... یه کم رو دروغهات کار کن.

در اتاق رو بستم و موبایل سمیرا رو که تو دستم بود نگاه کردم تا شماره فرید رو ببینم. سمیرا داشت از پشت در قسم می خورد و ناله می کرد. واقعاً نمی تونستم به حرفهاش گوش بدم. می

دونستم سمیرا عادت داره ایمیل هاش رو بخونه و همون موقع بیشترش رو پاك می کنه اما خالی کردن " ترش" امکان نداشت. اونم در حالیکه می دونسته شماره فرید توشه و باید ایمیل رو نگه داره.
شماره فرید رو روی کاغذ نوشتم و در رو باز کردم و گوشی سمیرا رو دادم دستش.
- باور نمی کنی نه؟ چی کار کنم باور کنی فرید امروز ایمیل زد و شماره اش رو داد؟
- معلومه باور نمی کنم سمیرا.

سمیرا دست من رو گرفت و برد دم میزش. دفترش باز بود و دفتر رو نشونم داد و گفت:
- ببین این چیه؟ این شماره فریده. نوشتم که بهت بدم.
لپ تاپش باز بود، ایمیلش رو باز کرد.
- ببین، هیچ ایمیلی ندارم جز این ایمیل های خیلی قدیمی که نامه های دوستامن. اینم تِرش... ببین خالیه. من هرازگاهی پاکش می کنم.

همون لحظه، موسی که به لپتاپ وصل بود رو گرفتم دستم و رفتم توی پیام های ارسالی. با خودم گفتم حتماً سمیرا یادش میره پیام هایی که خودش داده رو پاك کنه. درست حدس زدم... همه پیام های ارسالی، دونه به دونه اونجا بودن. سمیرا خشکش زد. شستم خبردار شد که نمی خواست من بدونم. لپتاپ رو کشید سمت خودش و گفت: تو با پیام های خصوصی من چیکار داری؟ اینها شخصیه... ربطی هم به فرید نداره...

توی یك نگاه دیدم که بیشتر ایمیل های ارسالی سمیرا برای شروین و چند تا اسم پسر ناآشنا بود، اما حس کردم اولین ایمیلش از بالا، به فرید بود. گفتم:
- اگه راست می گی بذار ببینم. دیدم آخری به فرید بود... بذار ببینم.
- نه به فرید نبود.
محکم لپ تاپ رو ازدستش کشیدم اما سمیرا ول نمی کرد. همینطور که می کشیدم گفتم:
اگه همین الان نذاری ببینم، به خدا یك ثانیه هم به حرفات گوش نمیدم. دیگه همه چی بین ما تمومه سمیرا. همه چی...

لپ تاپ رو ول کردم که برم، همون موقع سمیرا گفت: باشه ببین.
لپ تاپ رو ازش گرفتم و ایمیل آخری که زده بود رو خوندم. هم جواب ایمیلش رو هم ایمیلی که فرید بهش زده بود توی پیام های ارسالی مشخص بود.

"باشه زنگ می زنم اما فردا. یادت باشه این بار آخره! "

این ایمیل رو دیشب، و حتی میشه گفت نصفه شب به فرید داده بود و سمیرا این ایمیل رو در جواب این پیام فرید داده بود:

"سلام سمیرا،

این شماره جدید منه. میشه همین الان به من زنگ بزنی؟ خواهش می کنم. کار مهمی دارم. قول میدم بار آخره"

داشتم آتیش می گرفتم. بار آخره! یعنی چی که بار آخره؟!!
- بار آخره؟
در لپ تاپ رو بستم و اومدم از اتاق سمیرا برم بیرون. سمیرا شروع کرد به التماس کردن:
- به خدا دنیا، فقط یکبار باهاش حرف زده بودم. فقط یکبار... می خواستم بهت بگم اما ترسیدم. ترسیدم بهم شک کنی، تو همه اش به من شک داشتی دنیا. به خدا ترسیدم.
- میشه خواهش کنم از این خونه بری؟ اگه نمیری من میرم. دیگه هم نمی خوام ببینمت.
- دنیا... واسه همین پاک کردم، می دونستم اگه بخونی فکر می کنی من مدام با فرید حرف می زدم و گزارش تو رو می دادم، اما به خدا یه بار قبلاً باهاش حرف زدم ببینم می تونم راضیش کنم یا نه... دوست داشتم بیاد و با تو و نیکی باشه.

همینطور که گریه می کردم و به هق هق افتادم گفتم: میری یا من برم؟
همون لحظه موبایلم زنگ خورد و از توی کیفم که روی مبل بود درش آوردم، انقدر حالم بد بود که حتی ندیدم کی زنگ زده. تا گفتم الو، صدای دکتر شریفی رو شنیدم.

- الو دنیا، کجایی؟ مگه امروز ساعت ۱۱:۳۰ قرار نداشتیم؟ یک ساعته منتظرتم، جواب ایمیل هم ندادی. من باید قبل از امتحان ببینمت.

در حالیکه سعی می کردم صدای هق هقم به گوش دکتر شریفی نرسه گفتم:
- من حالم بد شد، نمی تونم امروز بیام دانشگاه.
- دنیا... امروز دم در اتاقم دیدمت. حدس زدم حالت بده. مریضی؟
- نه... اما نمی تونم، ببخشید دکتر شریفی.
- امتحان فردا خیلی مهمه، من حتماً باید قبلش ببینمت.
- به خدا مغزم کار نمی کنه امروز. نمی تونم.
- الان خونه ای؟
- بله.
- فکر کنم از چیزی ناراحتی... مربوط به همسرته. مگه نه؟
با گریه گفتم: من دیگه همسری ندارم. جدا شدیم. دیگه به من نگید، همسرت، همسرت...
- فهمیدم... اوکی... ببین هر چی هم که شده امتحان فردا و قرار امروز ما باید سر جاش باشه. من الان میام دنبالت بریم بشینیم تو کافی شاپ سر خیابونتون، همونجا اینترنت هم داره کارامون رو می کنیم. اگه هم دوست داشتی برام بگو چی شده، مطمئنم می تونم کمکت کنم.
کمی فکر کردم و گفتم:

- باشه من منتظرتونم.

گوشی رو قطع کردم و به سمیرا که داشت گریه می کرد نگاه کردم... واقعاً اسم این آدم رو میشه گذاشت دوست؟!

- دنیا، داری اشتباه می کنی، من فقط دو بار در کل با فرید حرف زدم.

- تو بگو نیم بار... بگو یك ثانیه... برام مهم نیست... همینکه حرف زدی و به من نگفتی، ثابت کردی چه آدمی هستی. حالا من دارم میرم بیرون، امروزم لازم نکرده بری دنبال نیکی. اگه هم دوست داشتی برو پیش ندا. واقعاً دلم نمی خواد ببینمت. چه صد بار چه دو بار، چه فرقی میکنه؟ همین که این کار رو کردی واسه همیشه از زندگی من باید بری بیرون.

- واقعاً ظالمی. ازت عذر می خوام، ببخشید. من نمی خوام دوستی مثل تو رو از دست بدم. من می خواستم کمکت کنم. می خواستم زندگیت رو درست کنم.

- هوار کشون گفتم: من از تو کمك خواستم؟ بگو. من کِی از تو کمك خواستم که همه اش موش می دوونی تو زندگیم؟
لطفاً تا برمی گردم فکرات رو بکن، که تو میری یا من برم از این خونه.

- لازم به فکر نیست، میرم... من میرم. تو راحت باش.

با اینکه هنوز وقت داشتم تا دکتر شریفی بیاد اما نمی تونستم توی خونه بمونم. باید هر چه زودتر از سمیرا فاصله می گرفتم وگرنه ممکن بود حرفی بزنم و یا کاری بکنم که بعداً پشیمون بشم. توی راه به ندا زنگ زدم. وقت ناهارش بود و می تونست حرف بزنه. همه جریان رو بهش گفتم و ندا هم حسابی تعجب کرده بود. اما باورش نمیشد سمیرا یک چنین کاری کرده باشه.

رسیدم به کافی شاپ، همین که رسیدم با دیدن چند نفر که تنها نشستن و دارن با لپ تاپشون کار می کنن، یادم اومد که دستام رو گذاشتم توی جیبم و خوش خوشان اومدم کافی شاپ. انگار نه انگار که با استادم قرار دارم وبرای درس اینجام، نه برای کافی خوردن و درد و دل کردن. اعصابم خرد شد، واقعاً اتفاقات اون روز حواس برام نذاشته بود. به ساعتم نگاه کردم. ده دقیقه وقت داشتم. با خودم فکر کردم اگر بدوم شاید بتونم به موقع برگردم. همینکه پریدم دم در، دکتر شریفی جلوم ظاهر شد.

- چه خوب تو هم زود رسیدی. گفتم الان باید کلی منتظربمونم.

- نه دکتر شریفی، من که همیشه سر وقت میام.

- آره راست میگی نمونه اش امروز صبح.

چشمکی زد و لبخند زد. به نظر خیلی خوشحال می رسید. گفتم:

- راست می گید. الان هم راستش داشتم می رفتم دنبال لپ تاپم. تا رسیدم دیدم یادم رفته.

- می خوای بری تا خونه؟ نمی خواد، حالا بیا بشین، یك جوری حلش می کنیم.

- آخه چند تا سوال داشتم که تو ایمیلم هست.

- خوب با لپ تاپ من وارد ایمیلت میشی و سوال ها رو در میاری.

نشستیم. دکتر شریفی پرسید چی می خورم. منم گفتم هیچی. همینطور که لپ تاپش رو از کیفش در می آورد گفت:

- نمی خوای بگی امروز چی شده بود؟ جریان جدا شدنت و اینها راسته؟
تو چشماش نگاه کردم. یعنی می تونستم بهش اعتماد کنم؟ یعنی با درد دل کردن با استادم، ممکن نبود تو درس و دکترام مشکلی پیش بیاد؟ اصلاً دلم نمی خواست درس و دانشگاه رو با این جریان قاطی کنم اما یك حسی بهم می گفت دکتر شریفی با همه فرق داره. تو چشماش همیشه محبت رو نسبت به خودم و حتی خیلی دانشجوهای دیگه حس کرده بودم. بالاخره گفتم:

- امروز از فرید یك نامه اومد. طلاق نامه و کارت عروسی، داره ازدواج می کنه.
همینکه جمله آخر رو گفتم نا خودآگاه بغض کردم.

- الان باید بگم متاسفم اما راستش رو بخوای متاسف نیستم. وقتی شوهرت رو تو فرودگاه دیدم مطمئن بودم این اتفاق دیر یا زود می افته. اما، چرا بغض کردی؟ من فکر می کردم حسابی ازش فراری هستی؟

- نه... از این ناراحتم که... به خاطر نیکی ناراحتم. مشکل بعدیم هم سمیراست. صمیمی ترین دوست زندگیم... دوباره بهش شك کردم. امروز داشت با فرید حرف می زد. بهش گفتم از خونه بره. نمی تونم بهش اعتماد کنم.

- آره... خیلی دلت رو به اینکه کی صمیمی هست خوش نکن. آدم ها این روزها به نزدیك ترین کسشون نارو می زنن. من از این جور دوست ها فت و فراوون داشتم. آخریش همین زن سابقم. بهترین دوستم بود اما الان شده یك دشمن. واقعاً نمی دونم ما ایرانی ها چرا اینجوریم؟ اینجایی ها جدا میشن اما با هم دوست می مونن. حداقل به خاطر بچه شون. ما ایرانی ها جدا که می شیم فکر می کنیم باید دشمن هم بشیم. سایه هم رو با تیر می زنیم.

- راست می گید. فرید هم الان دشمن خونی منه! اکثر طلاق ها بین ما ایرانی ها همینه دیگه. معمولاً با تفاهم جدا نمی شیم. با جنگ و دعوا جدا می شیم. شایدم فکر می کنیم اگه از هم متنفر بشیم، جدایی راحت تره.

- اما این غلطه... مادر ملیسا_

همون موقع گوشی موبایلم زنگ خورد... ندا بود. اومدم قطع کنم که دکتر شریفی گفت: جواب بده.

- سلام دنیا... سمیرا زنگ زد بهم... داغون بود، گریه می کرد. گفت می خواد بیاد پیشم. داره وسایلش رو جمع می کنه.

- بهتر.

- دنیا! یعنی چی بهتر؟ بی خیال شو. قسم خورد به جون مامانش که فقط دو بار باهاش حرف زده. دفعه اول چند ماه پیش بوده.

- ندا جان! من به این آدم دیگه نمی تونم اعتماد کنم. آدرس من رو کی داده به فرید؟ حتماً خودش داده. حالا چه دوبار، چه هزار بار، به هر حال بهتره بره.

- باشه. یعنی تو تنها می خوای تو خونه دو اتاق خوابه زندگی کنی؟ می تونی؟

همینکه ندا این حرف رو زد، یکدفعه سرم گیج رفت. واقعاً چه جوری اجاره این خونه رو باید می دادم؟ اجاره اونجا تقریباً اندازه درآمد ماهانه ام بود. به زور نصفش رو می تونستم بدم. لال شدم. دستم رو ناخوداگاه گذاشتم رو پیشونیم. ندا همش من رو صدا می کرد و من جواب نمی دادم.

دکتر شریفی با تعجب نگاهم می‌کرد. بالاخره به خودم اومدم و گفتم: حالا یك كاری می كنم. می گردم دنبال همخونه.

- همخونه؟ فكر كردی به این راحتیه؟ با كی می تونی انقدر راحت باشی. تو بچه داری. به نظرم به سمیرا زنگ بزن نذار بره. این خونه رو حداقل تا سرِ سالش شده باید نگه داری یا پول یك ماهت می پره،، مگه نه؟

- نه پول دو ماهم می پره.

- اوه اوه... پس دیگه هیچی. شایدم بتونی براش مستأجر پیدا كنی كه قرارداد خونه رو بهش منتقل كنی.

- من وقت این كارا رو ندارم اما مجبورم. بهتر از زندگی با سمیراست...

- به نظر من داری اشتباه می كنی. سمیرا تنها كسیه كه می تونی نیكی رو بهش بسپری و خیالت راحت باشه.

گیج شده بودم. از ندا خداحافظی كردم. تا گوشی رو گذاشتم دكتر شریفی گفت:

- جریان چیه؟ رنگت پرید یك دفعه. مشكل همخونه است؟

- بله... خوب اجاره این خونه بالاست اگه سمیرا بره من از پسش بر نمیام.

دكتر شریفی یك كم مكث كرد و گفت: نگران نباش. لازم شد من بهت قرض میدم. (یك لحظه بهم برخورد)

- من از كسی قرض نمی گیرم. حتی از بابام.

- دنیا! این اخلاقات خیلی عجیبه. من ندیدم هیچ زنی مثل تو باشه.

اینبار عصبانی شدم و با لحن نسبتاً تندی گفتم: حالا دارید می بینید. منظورتون اینه كه همه خانم ها دنبال راحت طلبی و سوء استفاده هستن؟

- نه!!!... یك كمی هم تند مزاجی. (با لبخند)

زود به خودم اومدم و گفتم: ببخشید دكتر شریفی، امروز روز بدی داشتم. الان هم این موضوع اعصابم رو ریخت به هم. اصلاً نمی دونم باید چی كار كنم. شاید بهتره با سمیرا آشتی كنم و حرفش رو باور كنم. مگه نه؟

- آره... همین كار رو بكن. بعد بلند نشی یك روز بیای بگی فرید نیكی رو برد و سمیرا كمكش كرد.

- وای نه... یعنی این كار رو می كنه؟ بعیده.

- حالا می خوای سؤال هات رو بپرسی؟ اگه امتحانت رو خراب كنی...

- نه دكتر من خراب نمی كنم... فقط... وای... چطوری امتحان بدم؟! امتحان فردا تا ساعت شش طول می كشه. قرار بود سمیرا بره دنبال نیكی.

دكتر شریفی مكثی كرد و با تردید گفت: من میرم دنبالش.

دیگه داشتم مطمئن می شدم دکتر شریفی دوستم داره... شاید قبلاً فکر می کردم فرقی بین من و بقیه دانشجوهاش قائل نمیشه. چون همیشه به همه کمك می کرد. حتی توی اسباب کشی یکی از دانشجوهای پسر یونانی کمك کرده بود و یك جورایی فکر می کردم، کلاً آدم خوبیه و به همه کمك می کنه اما اون روز نگاهش به من خیلی تغییر کرده بود. شاید چون می دونست دیگه متأهل نیستم. نمی دونم.

دکتر شریفی قد بلند و خوش تیپ بود. تحصیلاتش هم به من بیشتر می خورد تا فرید دیپلمه. شاید واقعاً همونی بود که باید بهش تکیه می کردم. خسته بودم. از به تنهایی کشیدن کوله بار زندگی روی دوشم خسته بودم. شاید بس بود هرچی سختی کشیدم. اما این غرور کوفتیِ من ول کن نبود. خیلی جدی جوابش رو دادم:

- نه... شاید به ندا بگم بره دنبالش. نیازی به زحمت شما نیست.

یك لحظه احساس کردم لبخندی که روی صورتش بود خشك شد. زود موضوع رو عوض کرد و در مورد درس و امتحان حرف زدیم تا اینکه خداحافظی کردیم و خیلی سرد و خشك از پیشم رفت.

دکتر شریفی رفت و من پشیمون از حرفی که زده بودم یك گوشه بغ کردم. انقدر نشستم تا ساعت سه بعد از ظهر شد. شروع کردم به قدم زدن و رفتن پیش نیکی.

تا به مهد رسیدم نیکی رو بغل کردم. بوش کردم. وای که چقدر داشتن این فرشته کوچولو به من انرژی می داد. حتی اگه همه دنیا به من پشت کنن، نیکی من، دستش رو ازدستم ول نمی کنه... فیونا معلم نیکی از اینکه زود اومدم دنبال نیکی تعجب کرد. پرسید: چیزی که نشده؟
- نه. هیچی... فقط... یك مشکلی دارم. فردا امتحان دارم و تا ساعت شش ونیم- هفت نمی تونم بیام دنبال نیکی. احتمالاً دوستامم نمی تونن بیان دنبالش... میشه اضافه پول بدم و نیکی بیشتر بمونه؟
- تو که می دونی ساعت شش اینجا تعطیل میشه. اگه تا شش بتونی برسی میشه، وگرنه نمیشه.

خیلی ناراحت شدم. واقعاً باید چی کار می کردم؟! تنها یک راه مونده بود، اونم ندا. به ندا زنگ زدم ولی ندا هم نمی تونست. تا ساعت شش باید حتماً سر کار می موند و تا بره دنبال نیکی ساعت از شش می گذشت. واقعاً احساس بدبختی و بی کسی داشت خردم می کرد. داشتم داغون می شدم. فقط یك راه داشتم، اینکه به دکتر شریفی زنگ بزنم و بگم بره دنبال نیکی... یاد نگاه سردش افتادم. شاید کاملاً از من ناامید شده... شاید از من متنفرشده. همینطور که داشتم با ندا حرف می زدم، داشتم به این فکر می کردم که اصلاً شاید بهتر باشه نیکی رو با خودم به دانشگاه ببرم. شاید کسی از بچه ها بتونه تو دفترم پیشش بمونه. ندا سرم داد زد و من یك دفعه به خودم اومدم.
- گوشِت با منه یا نه؟
- هان؟... چی؟ ببخشید. حواسم پرت شد.

- میگم سمیرا بی کار و علافه. از خر شیطون بیا پایین، آشتی کن باهاش. بهش بگو دیگه به هیچ وجه نباید با فرید حرف بزنه. ببخشش.
- ندا جان، نمی تونم. خیلی وقته بهش شك کردم... یعنی اشتباه می کنم؟ تو تضمین می کنی سمیرا با فرید هم دست نیست؟
- دیوونه ای؟ آره، من قسم می خورم... نیست. از روی حماقتش این کارا رو کرده... اما از رو دشمنی، نه!

کمی سکوت کردم و گفتم: باشه حالا روش فکر می کنم. الان کجاست؟
- بردمش خونه، برگشتم سر کار. حالش بد بود... مثل اینکه می خواسته بره پیش شروین، شروین قبول نکرده... فامیل شروین از ایران اومدن و خونه اش طبق معمول شلوغه.
- ای بابا... عجب رویی داره... می خواست بره خونه شروین؟ شروینم دیر یا زود سمیرا رو می شناسه... حالا من فکر می کنم، خبر میدم بهت.

حسابی رفته بودم تو فکر. دیگه موضوع جدایی و ازدواج مجدد فرید رو به کل فراموش کرده بودم و همه اش به اینکه با سمیرا باید چه بکنم فکر می کردم. با نیکی رفتم خونه و چند ساعتی فکر کردم. انگار نه انگار که روز بعد امتحان به اون مهمی داشتم. از طرفی واقعاً وجود سمیرا برای نیکی نعمت بود. نیکی از وقتی رسیدیم خونه، دنبال سمیرا بود و هر چند دقیقه می پرسید: خاله سمیرا کی میاد پس؟ از طرف دیگه، موندن تو اون خونه و از پس اجاره برنیومدن، حسابی فکرم رو مشغول کرده بود. ساعت حدود شش بعدازظهر بود. چشمم به شماره فرید افتاد که از گوشی سمیرا برداشته بودم. حساب کردم دیدم اون موقع فرید حتماً خوابه اما بهتر. شاید اگه تو بیداری بهش زنگ می زدم، حواسش رو جمع می کرد و گوشی رو برنمی داشت. باید غافلگیرش می کردم.

نیکی داشت بازی می کرد. رفتم توی اتاق و زنگ زدم به فرید. فرید بلافاصله گوشی رو برداشت و با صدای خواب آلود گفت: الو...
- سلام... خوبی؟
سکوت کرد... چند ثانیه ای گذشت و گفت: پس شماره رو بهت داد.
- سمیرا؟! معلومه که داد... با خودت چی فکر کردی؟؟ هر وقت باهات حرف زده بود هم بهم همه چیز رو مو به مو گفته بود...
- مبارك باشه... به پای هم پیر شید...
- من باید تبریك بگم به خاطر میترا خانم.
- گوشی رو بده به نیکی. می خوام باهاش حرف بزنم.
- چی کارش داری؟
- به تو مربوط نیست.
- نیکی الان پیش منه. اگه می خوای باهاش حرف بزنی مؤدب باش...

نفس عمیقی کشید و گفت: نمی ذاری باهاش حرف بزنم؟ تهدید می کنی؟

- اول بگو آدرس من رو از کجا پیدا کردی...

- من هر کاری بخوام می تونم بکنم دنیا خانم... هر کاری... اگه می خواستم تا حالا نیکی رو هم آورده بودم پیش خودم... نکردم تا فعلاً خودت به غلط کردن بیفتی... تو عرضه نداری دنیا... عرضه نداری...

- فکر کردم عوض شدی، خواهش کردی که نیکی رو بیارم عروسیت... هاهاها... اما هنوز همون آدم پررو هستی...

- گوشی رو بده بهش. می ترسی یادش بیاد باهاش چی کار کردی؟ که به خاطر خودخواهی خودت بی باباش کردی... نکنه بهش گفتی من مرده ام؟ یا نکنه می ترسی... می ترسی یاد من بیفته و روزگارت رو سیاه کنه؟؟

- هیچ کدوم...

- پس بذار باهاش حرف بزنم.

فرید بغض کرد. یک لحظه دلم براش سوخت. گفتم: چرا این مدت ازش خبر نمی گرفتی؟ چرا اگه باباشی یه بار نگفتی بذار براش پول بفرسته. تو که می دونستی من نمی گیرم.

- هاهاها، تو نمی گرفتی؟! دنیا گذاشتی رفتی... همه پل ها رو پشت سرت خراب کردی. بی خیال... یا نیکی رو خودت ور می داری میاری یا یک قرون بهت نمیدم.

- تو کلاً نمی فهمی من چی می گم. مشکلت اینه.

- آره همینه! اگه نیکی پیش من بود و می خواستی باهاش حرف بزنی یک ثانیه هم صبر نمی کردم. چقدر ظالمی.

- من ظالمم؟ یک بار زنگ زدی بگی می خوای با نیکی حرف بزنی؟ اینبارم من زدم.

- حالا که ظالم نیستی بذار حرف بزنم.

کمی مکث کردم. یعنی بعد این همه مدت، اگه نیکی با فرید حرف می زد چی می شد؟ دستام شروع کردن به لرزیدن... اما فرید راست می گفت... حق داشت که با بچه اش حرف بزنه.

شروع کردم به صدا زدن نیکی.

- نیکی جونم... بیا مامان... بیا با تلفن حرف بزن.

نیکی دوید و گفت:

- مامان جونه؟

- نه مامان جون خوابه الان.

- خاله ندا؟

- بیا خودت ببین کیه؟

نیکی گوشی رو گرفت. گذاشت دم گوشش و گوش کرد. یک کلمه حرف نزد و فقط گوش کرد. دقیقاً نمی دونستم فرید چی میگه اما معلوم بود با همون لحن همیشگی بچه داره قربون صدقه اش میره. چند ثانیه گذشت و نیکی هنوز داشت گوش می داد. قلبم داشت از جا در می اومد. همون لحظه بود که قیافه نیکی تو هم رفت و انگار که تازه یادش افتاده باشه که این همه مدت بابا داشته، آروم زد زیر گریه و گوشی رو داد به من. از من فاصله گرفت و دوید توی هال.

گوشی رو گرفتم وگفتم: همین رو می خواستی؟ بچه رو زجر بدی؟

- تو مثل اینکه خیلی شوتی، اونی که این بچه رو زجر داد و کردش بچه طلاق تو بودی... تو بودی که ___

صدای گریه نیکی بلندتر و بلندتر شد. گوشی رو قطع کردم و رفتم پیش نیکی. بغلش کردم، هر چی می گفتم چی شده مامان جون... جوابم رو نمی داد. تو چشمام نگاه کرد. احساس می کردم چشمش پر از سؤاله. سؤالهایی که نمیدونه چطوری باید بپرسه. اشکاش رو پاک کردم و پرسیدم: نیکی جونم... چی شد آخه گریه کردی؟؟

نیکی اشکاش و پاک کرد و گفت: خاله سمیرا کی میاد؟

مونده بودم چی جوابش رو باید بدم. گفتم: نمی دونم مامان جون.

نیکی دوباره زد زیر گریه. دلم براش کباب شده بود. وای خدایا نکنه من یك موجود خودخواه و پستم؟ زورم به این بچه رسیده . باباش رو ازش گرفتم... الانم به خاطر چیزی که مطمئن نیستم و شك دارم، خاله سمیرا رو هم دارم ازش می گیرم. نتونستم تحمل کنم. واقعاً احساساتی شده بودم. زنگ زدم به ندا. گفتم از سمیرا بخواد برگرده. همین که گوشی رو داد به ندا گفت خودت بهش بگو. ندا گفت خودت بهش بگو. همین که گوشی رو داد به سمیرا، هول شدم و گوشی رو دادم به نیکی. آروم بهش گفتم: بیا خاله سمیرا... بهش بگو بیاد. نیکی با صدای بچه گونش گفت: الو... خاله سمیرا... کجایی؟ من می خوام باهات بازی کنم. نه مامانم درس داره بازی نمی کنه... بیا... امشب میای؟... باشه، گوشی.

نیکی گوشی رو داد به من و منم به سمیرا گفتم که بیاد با هم حرف بزنیم. بالاخره سمیرا رو راضی کردم که برگرده. شاید حماقت کردم. می دونستم پشیمون میشم. حتی روم نمیشد به دکتر شریفی بگم، اما واقعاً دلم نمی خواست باور کنم که سمیرا اونی نیست که من می شناختم.

***

چند هفته گذشت. جواب امتحانم اومده بود. سمیرا هم که برگشته بود. با اینکه برگشته بود، اما دیگه اون سمیرای سابق نبود. با هم سرسنگین بودیم اما سمیرا هنوز با نیکی بازی می کرد و بهش عشق می داد. همین برام کافی بود. ترم کلاس زبان سمیرا تموم شده بود و از صبح تا شب خونه بود و یا منتظر شروین بود که بیاد دنبالش.

دکتر شریفی دیگه اون دکتر شریفی سابق نبود. دیگه راه به راه به بهونه های مختلف نمی اومد تو دفترم. گاهی دلم برای مهربونی هاش تنگ می شد، اما خُب تقصیر خودم بود. اون بیچاره خواست که یك قدم برداره. من اون قدم رو پس زدم.

هوا هم رو به گرمی می رفت. آدم دلش می خواست زمان متوقف بشه و دیگه هیچ وقت زمستون نیاد. توی این هوا دلم می خواست برم پیاده روی و کمی با نیکی زمان بگذرونم. حالا که فکرش

رو می کردم، توی زمستون، با اون همه برف داشتم افسرده می شدم. واقعاً چقدر آب و هوا توی حال و هوای آدم تأثیر داره.

یك روز تعطیل دور و بر بعدازظهر بود که داشتم با نیکی می رفتم بیرون، که شروین اومد دنبال سمیرا و هر چی اصرار کردن که باهاشون بیرون بریم من قبول نکردم. می خواستم کمی با نیکی به پارك برم و بعد از مدت ها به یك پاساژ بریم. باید برای نیکی لباس جدید می خریدیم. تمام لباس های تابستونیش براش کوچیك شده بودن.

دم دم های عصر بود، تو پاساژ بودیم و نیکی رو روی کالسکه می گردوندم. براش چند دست لباس خریدم و گفتم گشتی تو مغازه های دیگه بزنم. خیلی وقت بود که حتی یك بلوز برای خودم نخریده بودم. کم کم داشتم از لباس هایی که داشتم خسته می شدم. با خودم حس کردم که چقدر بدتیپ شدم اما واقعاً پولم کافی نبود. مخصوصاً که تابستون به خاطر نداشتن کلاس های استادیاری درآمدم پایین تر از ماه های قبل بود. واقعاً دلم می خواست یك کاری پیدا کنم. حتی شده برای چند ساعت در هفته. چشمم به یك کاغذ افتاد که روی در یکی از مغازه ها بود... آگهی استخدام... رفتم تو مغازه و با هیجان دور و بر رو نگاه کردم. یك مغازه کفش و لباس فروشی بزرگ بود. رفتم به سمت یکی از کارکنای اونجا... از دور حدس زدم که اون زن باید ایرانی باشه... خیلی از مغازه های اون پاساژ کارمندهای ایرانی داشتن. به سمت زن رفتم و گفتم: شما ایرانی هستید؟
- نه... من کُرد هستم، کُرد عراق، همکارم ایرانیه.
- آهان، من در مورد استخدام اومدم اینجا.

نیکی از کالسکه پیاده شده بود و داشت با کفش های زنونه بازی می کرد، همه اش سعی می کرد پاهای کوچولوش رو توی کفش های بزرگ زنونه بکنه. نیکی توی خونه هم پاش رو توی دمپایی های من می کرد. از خیلی کوچیکی عاشق این کار بود. انگار برای بزرگ شدن عجله داشت. چقدر دلم می خواست بهش بفهمونم انقدر دنبال بزرگ شدن نباشه. ای کاش می دونست دنیای کودکانه بهترین دوران زندگی هرکسی هست. ای کاش می دونست بالاخره اون یک روزی به امروزِ من میرسه، این منم که هیچ وقت به اون نمی رسیم و بچه نمی شیم.

زنی که اونجا کار می کرد رفت دم صندوق و یك فرم در آورد. همون لحظه همکار ایرانیش به سمت من اومد و در مورد کار ازش پرسیدم. زن مهربون و خوبی بود. گفت اسمش سوری هست.
- اسم قشنگی دارید، نشنیده بودم.
- اینجا راحت تر صدا می زنن. اسم اصلیم ثریاست.
- ثریا اسم قشنگیه.
سوری چهل ساله می زد و تپل بود. موهاش رنگ کرده بود و پوست سبزه ای داشت. چشماش خمار بود و در کل زن خوشگلی بود. بیشتر از هرچیز صورت مهربونش من رو به سمتش جذب کرده بود.

سوری در مورد شرایط کارِ اونجا گفت. به نظر عالی می اومد. فقط پونزده ساعت در هفته بود. عالی بود. فقط باید سعی می کردم شیفت های قبل از ساعت پنج رو می گرفتم تا خودم دنبال نیکی برم. شایدم می تونستم با نیکی سر کار بیام. سوری گفت زودتر فرم رو بیارم تا من رو به مدیر توصیه بکنه. از خنئشحالی چشمام از خوشحالی برق می زد.

کمی با سوری حرف زدم تا اومدم خداحافظی کنم، دیدم نیکی کنار کفش ها نیست... برای یك لحظه قلبم داشت از جا کنده میشد... داد زدم، گفتم: نیکی... نیکی...
کالسکه خالی بود... توی مغازه می دویدم و نیکی رو صدا می زدم... تا اینکه اون زن کُرد اومد و گفت:
- نترس... دخترت با باباش رفت.
شوکه شدم... چی داره میگه؟ با آشفتگی گفتم: باباش؟ یعنی چی؟
- من فکر کردم متوجه شدی... با انگشت یك آقایی رو نشون داد و گفت بابا... بعدم دوید بیرون و رفت سمتش.
- کِی؟
- همین یك دقیقه پیش.

نفسم بالا نمی اومد. سرم گیج رفت. همه دنیا دور سرم می چرخید. دستم رو گرفتم به نزدیکترین چیزی که کنارم بود. به یك مشت لباس که وسط مغازه از چوب لباسی ها آویزون بودن. دیگه چیزی ندیدم. فقط صدای ریخته شدن لباس ها و چوب لباسی ها و چپه شدن یك مانکن لباس که اون دور و برها بود و صدای مغازه دارها.

شاید چند ثانیه نگذشته بود. چشمام رو باز کردم و دیدم چه بلایی سر مغازه آوردم. سوری داشت صدام می کرد. تو چشماش نگاه کردم وچند ثانیه ای مثل مسخ شده ها نگاهش کردم و داشتم فکرمی کردم که چه اتفاقی افتاده... یك دفعه یادم اومد... نیکی... نیکی من رو بردن. زود از جام بلند شدم. سوری گفت:
- کجا صبر کن یك آب قندی چیزی بهت بدم. فشارت افتاده.
من با حال خرابی گفتم: وای نه... نیکی رو دزدید.
دویدم دم در و سوری دنبالم اومد وگفت: کی دزدید؟ بذاربه پلیس زنگ بزنیم.

جوابش رو ندادم و از مغازه بیرون رو نگاه کردم. مغازه تو طبقه دوم پاساژ بود. سمت راست رو، چپ رو... نگاه کردم، اثری از نیکی نبود. خدایا باید به چپ برم یا راست؟ خدایا چی کار کنم؟

سمت چپ شلوغ تر بود و سمت راست تقریباً تا انتهای راهروکاملاً دیده می شد. رفتم سمت چپ و مردم رو کنار می زدم... داد می زدم: نیکی... نیکی...
نبود... تا آخرین مغازه رفتم و نیکی نبود. برگشتم... دویدم به سمت راست و همینجور که می دویدم تو همه مغازه ها می رفتم و داد می زدم: نیکی... نیکی اینجایی؟

نه نبود... نیکی نبود... آخر هفته بود و همه مثل مور و ملخ توی مغازه ها ریخته بودن و پیدا کردن نیکی تو اون شلوغی مثل پیدا کردن سوزن توی انبار کاه بود.

سوری توی راهرو بود، به من نزدیك شد و گفت: پیداش نکردی؟

دستم رو روی پیشونیم گذاشتم و گفتم: بردش... بچه ام رو برد.

از نرده های وسط راهرو خم شدم تا پایین رو نگاه کنم. پایین شلوغ بود. با خودم گفتم حتماً داره نیکی رو از در اصلی بیرون می بره. بدون اینکه جواب سوری رو بدم دویدم به سمت پله برقی... همه رو کنار می زدم و می رفتم پایین... داد می زدم و نیکی رو صدا می زدم... به در اصلی رسیدم و همون موقع سه تا از کارکن های حافظت پاساژ خودشون رو به من رسوندن و پرسیدن چی شده؟

- دخترم رو دزدیدن... دخترم... دخترم...

- نگران نباشید پیداش می کنیم. بگید کِی؟ چطوری... چند سالشه؟

حالم خیلی بد بود و همون موقع سر و کله سوری پیدا شد و شروع کرد به توضیح دادن ماجرا... دستم رو روی زانو هام گذاشته بودم، کمرم خم شده بود. از ورودی پاساژ به مردمی که توی راهروها بودن نگاه می کردم. انقدر حالم بد بود که زبونم بند اومده بود. توی شلوغی زل زده بودم به بچه ها. بچه هایی که هم قد و قواره نیکی بودن. اما هیچ کدومش نیکی من نبودن. چشمام پر از اشك شده بود... یك لحظه چشمم خورد به یك خانم... برای یك ثانیه مغزم قفل کرد... ته راهرو یك نفر رو شبیه سمیرا دیدم. دامن مشکی بلند داشت و بلوز قرمز، با کفش قرمز. دقیقاً همون لباسی که امروز تن سمیرا بود. همین لباس تنش بود که با شروین از خونه رفت. بی اختیار دویدم سمتش. داد می زدم سمیرا... سمیرا... فکرمی کردم شاید نیکی پیش اون باشه.

همینطور که به سمت سمیرا می رفتم حس کردم دیگه نمی بینمش... سمیرا کجایی؟! مغازه های دور و بر رو گشتم. سمیرا نبود... نکنه اشتباه دیدم؟ نکنه خیالاتی شدم؟! وای نکنه سمیرا... نه ... ممکن نیست... چرا باید این کار رو می کرد؟ نیکی همیشه کنارش بود... اگر می خواست این کار رو بکنه تا حالا کرده بود.

گوشی موبایلم رو از کیفم درآوردم و شماره سمیرا رو گرفتم. زنگ می خورد اما برنمی داشت. برگشتم به سمت در ورودی جایی که مأمور ها ایستاده بودن و سوری تا من رو دید گفت: پیدا شد؟ دیدیش؟

- نه!

بیست دقیقه ای گذشت و من تو این مدت به همه مغازه ها سر زدم. خبری از نیکی نبود که نبود. این مدت برام یك عمر گذشت... اما نه... نیکی نبود... پلیس اومده بود و من مثل روانی ها همه اش جیغ می زدم.

پلیس از من خواست که آروم باشم اما مگه میشد؟ وای نکنه نیکی پیش فرید باشه. نکنه... نکنه کسی نیکی رو دزدیده... نکنه کار فرید نیست... برای یك لحظه آرزو کردم نیکی پیش فرید باشه تا یك بچه دزد... نشستم یك گوشه روی نیمکتی که اونجا بود. همون موقع گوشیم زنگ خورد... سمیرا بود. گوشی رو برداشتم:

- الو سمیرا... کجایی؟
- سلام... من و شروین اومدیم رستوران.
- کی رفتید؟
- یعنی چی کی؟ خیلی وقته.
- مگه چند دقیقه پیش پاساژ سر خیابون نبودی؟
- آهان. آره... یك خرید کوچیك داشتم، کردم... زودی برگشتم.
- تو نیکی رو ندیدی؟ نیکی رو از تو مغازه دزدیدن؟
- چی... چی داری میگی؟ مگه میشه. کی؟ کجا؟ چرا؟

سمیرا حسابی بهم ریخته بود. می خواستم عکس العمل سمیرا رو ببینم اما واقعاً با شنیدن خبر دزدیده شدن نیکی بهم ریخت و خودش رو خیلی نگران نشون داد.

- یه نفر رو دیده گفته بابا و از در رفته بیرون. کارمند مغازه این رو گفت.
- بچه رو ول کردی پیش کارمند مغازه.

کمی صدام رو بردم بالا: من ول نکردم، جلو چشمم بود. فقط یك ثانیه سرم رو برگردوندم دیدم نیست.

- خیلی خب... حالا ناراحت نباش. زنگ بزن به فرید، ببین ایرانه یا نه؟!

راست می گفت... باید به موبایل فرید زنگ می زدم. اون موقع ساعت حدود ده شب به وقت ایران بود... گوشی رو با سمیرا قطع کردم و با خط مستقیم به فرید زنگ زدم. نمی تونستم تو اون لحظه به کارت تلفن و این جور چیزها فکر کنم... چند تا زنگ خورد... تا اینکه صدای دختری رو شنیدم که با عشوه گفت:

- الو...

خشکم زد... انتظار شنیدن صدای کسی غیر از فرید رو نداشتم. اونم صدای یك دختر... فریدی که هیچ وقت نمی ذاشت کسی به گوشیش نزدیك بشه... چطور این بار اجازه داده بود... گفتم:

- سلام. با فرید کار داشتم.

دختر با صدایی که مثل موج دریا بالا پایین می رفت با همون عشوه گفت:

- فرید نیستش... شما با فرید چی کار داری؟ اصلا شما کی هستی؟
- من همسر سابقشم. شما کی هستی؟
- شما چی کار داری من کی ام... من زنشم.

می خواستم باور کنم. آخه صدای دختر خیلی بچه گانه و لوس بود.

- شما میترا هستی؟
- بله تو هم دنیا هستی؟... من رو یادت نیست؟

- تو رو؟ مگه من تو رو می شناسم.
- معلومه... من رو دیدی... یادت نیست؟
- کجا دیدم؟
- خونه دایی علی.

اصلاً نمی فهمیدم داره چی میگه. دایی علی دیگه کی بود؟!! ما دایی علی نداشتیم جایی.
- کدوم علی؟
- علی بیات. همکار فرید.

داشتم شاخ در می آوردم. میترا... میترا خواهر زاده علی!!! مگه میشه؟!آره داشت یادم می اومد... اسمش میترا بود اما اونکه یك دختر بچه بود.
- میترا... تو اونی؟ تو که به زور دوازده سالت بود.
- اوووووو... دوازده... بی خیال... من یك هفته قبل از عقدمون هیجده سالم تموم شد.
- اونوقت رفتی با شوهر ٤١ ساله ی من عروسی کردی؟
- ببخشید شماره تلفنت رو نداشتم وگرنه حتماً ازت اجازه می گرفتم.
یاد نیکی افتادم و دوباره گفتم:
- خواهش می کنم فقط بگو فرید کجاست؟
- نمی تونم بگم.
- اومده کانادا؟ تو رو خدا بگو... اومده اینجا؟
- گفته نباید بدونی... اما آره. یك هفته است من رو گذاشته رفته نیکی رو ببینه. گفته بود چند روزه بر می گرده اما...
- نمی دونی کجاست؟ ازش شماره داری عزیزم؟
احساس می کردم دختر خیلی ساده است و می تونم هر جور شده نرمش کنم و جای فرید رو بفهمم.
- شماره... می خوای بری باهاش آشتی کنی؟ عمراً بهت بگم.
- نه عزیزم... نمی خوام... فرید شوهر تونه... من کاری باهاش ندارم... اون می خواد نیکی رو ببره ایران.
- واقعاً؟ واسه چی؟
- می خواد نیکی رو از من بگیره.
- نه امکان نداره. گفته بود نیکی با تو می مونه... فقط می خواست ببینتش و برگرده. گفت یک ساله ندیدمش و باید برم ببینمش.
- نه عزیزم تهدیدم کرده که نیکی رو با خودش میبره... تو رو خدا بگو شماره اش رو... نیم ساعت پیش بدون اجازه من نیکی رو با خودش برده.
- وای پس به من دروغ گفت؟؟؟ گفت فقط میره ببینه. من به دایی علی هم گفته بودم به شرطی زنش میشم که بچه اش پیش ما نیاد.
- شماره اش رو میدی؟ بذار تا دیر نشده نیکی رو بگیرم و فرید برگرده پیشت.

- شماره دوستش رو دارم. خودش شماره نداره... اما همیشه خود فرید زنگ می زنه. من زنگ نزدم بهش.
- باشه عیبی نداره بده.

شماره رو گرفتم... مغزم داشت سوت می کشید... دست و پام می لرزید و دهنم خشك شده بود. سوری کنارم نشست و گفت: من به رئیسم گفتم که بهم مرخصی بده. اومدم ببینم چطوری می تونم کمکت کنم.

با چشمای از حدقه بیرون زده که مثل دو تا کاسه خون شده بودن، نگاهش کردم و بی اختیار خودم رو تو بغلش انداختم. پلیس داشت با بی سیم حرف می زد و اصلاً نمی دونستم داره چی کار می کنه... سرم رو از روی سینه سوری بلند کردم و گفتم: شوهرم بوده... یعنی شوهر سابقم. نیکی رو دزدیده.
- عزیزم، به پلیس گفتی یا نه؟
- میگم... باید بگم... شماره دوست فرید رو پیدا کردم. مثل اینکه الان با دوستشه... می ترسم با گوشیم زنگ بزنم جواب نده، فرید شماره ام رو بلده.
سوری از تو جیبش یك موبایل آیفون درآورد و گفت: بیا با گوشی من زنگ بزن.
- میشه شما زنگ بزنید و خودتون حرف بزنید؟
- من چی بگم؟ خودت حرف بزن ببین صداش رو می شناسی؟
- اگه دوستش گوشی رو برداره که من نمی شناسم.
- می زنم رو اسپیکر... تو هم گوش بده... چی بگم؟
- بگید اشتباه گرفتید... می خوام ببینم کجاست... شاید صدای نیکی رو اون دور و برها شنیدم.

سوری زنگ زد... همینطور که به صفحه گوشی نگاه می کردم حس کردم شماره خیلی برام آشناست... تا اینکه یك آقایی گوشی رو برداشت و گفت: هِلو
همینکه سوری اومد دهنش رو باز کنه تا حرف بزنه دستم رو جلوی دهنش آوردم و زود گفتم:
- سلام.
قلبم داشت از جا کنده می شد، دلم می خواست اشتباه کرده باشم... اونی نباشه که فکر می کردم.
اون مرد با کمی مکث گفت: مممممم سلام... شما؟
- من.
همون لحظه صدایی شنیدم که می پرسید: کیه شروین؟
صدام شروع کرد به لرزیدن. گفتم: منم شروین. سمیرا گوشیش رو بر نمی داره... کارش دارم.
- آهان خواهش می کنم. خوبی؟ سمیرا میگه نیکی گم شده. منم خیلی نگران شدم.
- نگران نباشید، پیدا شد.

برای چند ثانیه صدای شروین قطع شد و با تعجب پرسید: پیدا شد؟
صدای سمیرا دوباره اومد که داشت جیغ می کشید و می گفت: پیدا شد؟ آخ جون، بده به من گوشی رو... الو دنیا... نیکی پیدا شد؟

- نه اما فهمیدم پیش کیه و کدوم آدم های کثیفی دزدیدنش.
- وای کی؟ بگو کی؟ فرید؟

همون لحظه پلیس اومد سمت من. مجبور شدم بلند شم و گوشی رو دادم به سوری. سوری گوشی رو قطع کرد و تو جیبش گذاشت.

- عکسی از دخترتون دارید؟ همین الان همراهتون چیزی هست؟
با دست پاچگی گفتم: نه... چرا... تو موبایلم کلی عکس دارم. گوشیم رو در آوردم و یکی از عکس های نیکی رو نشونش دادم. پلیس گوشی رو گرفت و رفت سمت یک مردی .
سوری گفت: اگه مطمئنی کار باباشه همین الان به پلیس بگو.
مغزم از کار افتاده بود... راست می گفت... رفتم سمت پلیس و جریان رو گفتم... همه چیز رو... ازپارسال گرفته تا اون موقع. از اینکه فرید می خواسته نیکی رو بدزده.
- شما جدا شدید؟!
- من... در واقع بله. چون همسرم از ایران برام طلاقنامه فرستاده.
- طلاقنامه رو برای وکیلتون بردید؟ می تونید حضانت دخترتون رو بگیرید، در اینصورت این کار همسر سابقتون جرم محسوب میشه.
- نه من پیش وکیل نرفتم... پولش رو ندارم... من دانشجوام... شنیدم چند هزار دلار باید پول وکیل بدم.
- خب باید می رفتی پیش لیگال آسیستنت. یك سازمان هست برای کسانی مثل شما که پول ندارن. به طورمجانی کمکتون می کنن، فقط باید ثابت کنید درآمدتون پایینه.
- من نمی دونستم... باشه میرم. ولی حالا باید چی کار کنم؟ اگر دوباره مثل پارسال بخواد نیکی رو با خودش ببره چی؟
- پدر بچه رو پیدا می کنیم... اگر مطمئنید کار اونه ازش شکایت کنید. دوربین مدار بسته اون مغازه و پاساژ رو می بینیم، شما هم برای شناسایی در جریان قرار می گیرید.

ته دلم یك امید داشتم... سمیرا... باید هر جور بود مچش رو می گرفتم. دلم می خواست تا می خورد بزنمش... انقدر بزنمش تا بمیره... من یك احمقم که به این آدم فرصت دادم... همه اش تقصیر ندا بود. ندا من رو وادار کرد. گفت تضمین می کنه سمیرا این کار رو نمی کنه... اما کرد.

یك ساعتی گذشت و سوری از کنار من جم نمی خورد. پلیس بعد از کلی سوال و جواب و گرفتن چند تا از عکس های نیکی از روی گوشیم و گرفتن مشخصات من و فرید و آدرس من، از اونجا رفت. باورم نمی شد. به این راحتی رفت. از من خواست به خونه برم... سوری رو کرد به من و گفت:
- چرا جریان این آقا رو به پلیس نگفتی؟
- میگم... ترسیدم خراب تر بشه... می خوام خودم از طریق سمیرا برم پیش نیکی.
- پس نذار بفهمه می دونی... سمیرا دوستته؟

- دوستمه... همخونه امه.

- وای که چه روزگاری شده. آدم به هیچ کس نمی تونه اعتماد کنه.

همون لحظه دستم رو گرفت و گفت: اما به من اعتماد کن. من می خوام کمکت کنم. من بچه ندارم. شوهر هم ندارم اما درکت می کنم.

- ازدواج نکردید؟

- چرا نکردم! کردم... دوازده ساله جدا شدم. الانم تنهام. اگه دلت نمی خواد دوستت رو ببینی، بیا بریم خونه من.

- نه باید ببینمش... رد نیکی دست اونه.

- پس شماره من رو بگیر. من تا یک نصفه شب بیدارم. اگه هم دیرتر خواستی زنگ بزنی اشکالی نداره... خواهش می کنم با من رودربایستی نکن. من رو مثل خواهر بزرگترت بدون.

دلم می خواست اون صورت مهربونِ پُر از نگرانی رو ببوسم. حس غریبی به سوری پیدا کرده بودم. حس می کردم سالهاست که می شناسمش. یاد خاله نرگسم افتادم. هم سن و سالهای سوری بود و محبت تو چشماش موج می زد، مثل سوری. حتی مثل سوری ده سالی بود که جدا شده بود و دیگه ازدواج نکرده بود. من عاشق تنها خاله ام بودم. انقدر احساس درموندگی می کردم که با وجود اینکه خیلی سخت با کسی دوست می شدم و اعتماد می کردم، حس می کردم خدا سوری رو جای خاله نرگسم سر راهم قرار داده.

- باشه ممنون. منم شماره ام رو میدم. به هر صورت از آشنایی تون خوشحال شدم. تو رو خدا دعا کنید نیکی پیدا بشه.

- الهی قربون قدش برم. حیف من از نزدیک ندیدمش... از دور که مثل فرشته ها بود، ایشالله پیدا میشه. غصه نخور... راستی نمی خوای بیای کالسکه رو ببری؟ کالسه دخترت تو مغازه مونده.

- وای راست می گید. باشه.

- می خوای اگه حوصله نداری، بعداً با خود نیکی بیا بگیرش. گذاشتمش تو انباریِ پشت مغازه.

- میشه؟!... ممنونتون میشم. باید هر چه زودتربرم پیش سمیرا.

- برو عزیزم. منتظر تلفنتم.

خداحافظی کردم و دوان دوان از پاساژبیرون اومدم. در حال دویدن به سمیرا زنگ زدم.

- الو سمیرا کجایی؟

- خونه.

- خونه؟!!

- آره شروین مجبور شد بره مطب. این هفته قرار نبود شنبه کارکنه ها. همکارش یک دفعه زنگ زد که مریض شده... شانس من.

- خونه باش من تا ده دقیقه اونجام. باشه؟

- نیکی چی شد؟

- الان میام حرف می زنیم.

همینطور که می دویدم، دستم رو محکم و محکم تر مشت می کردم. خیانتی که سمیرا به من کرده بود دیوونم کرده بود... رسیدم به آپارتمانمون. تو دلم می گفتم: می کشمش.

منتظر آسانسور وایستادم. آسانسور طبقه پنجم بود و تکون نمی خورد. نمی تونستم سر جام بند بشم. از خیر آسانسور گذشتم و از پله ها رفتم بالا. پله ها رو دو تا یکی کردم و بالاخره نفس نفس زنان رسیدم دم در... دست کردم تو کیفم و طبق معمول کلید رو ته کیفم پیدا نمی کردم. با مشتِ گره کرده ام، کوبیدم به در.

"بوم بوم بوم بوم... بوم بوم بوم بوم"

کوبیدم و کوبیدم تا اینکه سمیرا اومد و در رو باز کرد. همین که در رو باز کرد گفت:

- چه خبرته؟

نگذاشتم حرفش تموم بشه و ناخودآگاه با دیدن صورت حق به جانبش، محکم هُلش دادم و چند قدم پرت شد عقب...

- چته؟... روانی.

من نعره کشون گفتم: نیکی کجاست ؟ نیکی من کجاست؟

- نیکی؟؟؟ مگه نگفتی پیداش کردی؟!!

سمیرا همینطور که حرف می زد عقب عقب می رفت و منم به سمتش می رفتم.

- خفه شو خائن... دیدمت... اومدی نیکی رو دزدیدی... فرید کجاست؟

سمیرا صداش خیلی زیر بود و همینطور که داد می کشید و حرف می زد مثل این بود که داره جیغ می کشه و تارهای صوتیش دارن پاره میشن.

- تو مریضی... دیوونه ای... دیگه یك ثانیه پیشت نمی مونم. همون بهتر که نیکی بره پیش باباش تا پیش توی روانی باشه.

- دیگه دیره. نمی تونی از اینجا جم بخوری. نیکی رو میدی بعد میری، میری هر گوری که می خوای.

- برو دیوونه روانی... به من نزدیك نشو... کمك... کمك.

سمیرا حسابی ازم ترسیده بود... خون جلو چشمام رو گرفته بود... شروع کرد به دویدن دور خونه و منم پریدم دم در اصلی آپارتمان. در رو قفل کردم و کلید رو گذاشتم توی جیبم. سمیرا دوید تو اتاقش. دنبال کلید خونه می گشت. تا رسیدم پشت سرش کلیدش رو پیدا کرده بود وزود پشتش قایم کرد.

- به من نزدیك نشو، دیوونه ی روانی.

حس می کردم کله ام داغ شده و دارم از عصبانیت به مرز سکته مغزی می رسم... داد زدم:

- چی به تو می رسه که می خوای نیکی رو ازم بگیری... فرید که عروسی کرد... چی بهت میده؟

- دنیا... چی داری میگی، به خدا من نمی فهمم... من امروز رفتم تو اون پاساژ کوفتی برای تو کادو بخرم... واسه تو روانی که چهار روز دیگه تولدته.

همینطور که حرف می زد از پشت میز تحریراتاقش، یک کیسه در آورد و پرت کرد جلوم:

- بیا... کاش پام می شکست و واسه توی روانی و بهترشدن دوستیمون یك قدم برنمی داشتم.

توی کیسه رو یک نیم نگاه کردم و گفتم: نقشه جدیدته؟ حس کردی بو بردم رفتی کادو خریدی؟
- برو گمشو به من نزدیك نشو.
- اعتراف کن... اعتراف کن... به خدا اعتراف نکنی همین الان زنگ می زنم به پلیس. می دونی بچه دزدی چقدر جرمش سنگینه؟ می دونی یا نه؟
- باشه... من کردم... آقا جون من نیکی رو دزدیدم دادم به فرید چون تو مریضی، لیاقت نیکی رو نداری. خوب شد؟

انگار منتظر اعترافش بودم تا برم جلو و تا می خورد بزنمش. با اینکه معلوم بود داره ادای اعتراف کردن رو در میاره اما برام مهم نبود. رفتم جلو و مچ دستش رو گرفتم.
- کثافت آشغال بگو فرید و نیکی الان کجان؟
ا یه دستم صورتش و از زیر چونه اش گرفته بودم و فشار می دادم تا دهنش رو باز کنم، شاید حرف بزنه... همون موقع بود که سمیرا جیغ بلندی کشید و با تمام قدرت من رو هُل داد و پرت کرد روی زمین. کمرم محکم خود به لبه تخت و افتادم پای تخت. از درد به خودم پیچیدم. تا سرم رو بلند کردم سمیرا رفته بود... همون موقع صدای کوبیده شدن در خونه رو شنیدم. سمیرا رفت. به سختی بلند شدم... نباید می ذاشتم سمیرا بره... اگه می رفت دستم به جایی بند نبود. دستم رو روی کمرم گذاشته بودم و از درد به خودم می پیچیدم. در رو باز کردم و دیدم سمیرا رفته، اما صدای دویدنش از توی راه پله ها می اومد. نمی تونستم دنبالش کنم. درد داشتم. جیغ می زدم تو راهرو: سمیرا تو رو خدا نیکی رو برش گردون... تو رو خدا سمیرا.

بالاخره زدم زیر گریه و ضجه زدم. چند دقیقه بعد گوشی موبایلم رو برداشتم و به ندا زنگ زدم، همه ماجرا رو بهش گفتم. ندا جیك نمی زد و حرفهای من رو گوش می داد. گفت باید با سمیرا حرف بزنه.

نیم ساعتی گذشت. سر درگُم بودم. راه می رفتم و دعا می کردم... بالاخره ندا زنگ زد.
- دنیا من خیلی باهاش حرف زدم. زیر بار نمیره. جریان تلفن شروین رو هم گفتم... باور نکرد... می گه فرید شماره شروین رو داده به زنش که بده به تو، تا شما رو به جون هم بندازه.

این رو که شنیدم پشیمون شدم که چرا خرخره سمیرا رو نجوییدم... داد زدم و گفتم:
- بی خود کرده... این دختره جاسوس بی همه چیز فقط دروغ میگه. یك جو عقل تو کلش نیست... هدف فرید از به هم زدن رابطه ما چیه آخه... اصلا شماره شروین رو فرید از کجا باید داشته باشه؟
- منم موندم به خدا... منم از دستش عصبانی شدم اما دیگه چی کارش کنم. زیر بار نمیره.
- الان کجاست؟! اگه راست میگه آدرس شروین رو بده.
- باشه اومد اینجا ازش می گیرم.
- اونجا؟ تو داری این خائن پست رو راه میدی تو خونه ات؟
- چی کار کنم؟ می خواد بیاد خونمون، بگم نیا؟
- واقعاً برای خودم متاسفم که تو کل زندگیم نتونستم یك دوست با معرفت پیدا کنم.

- دنیا! چی داری میگی؟ من چطوری به سمیرا بگم خونه من نیا؟ می فهمی چی میگی؟ تو شهر و کشور غریب، دختر بی کسِ مجرد رو ول کنم به امان خدا؟
- باشه... مهم نیست. خود دانی. فقط آدرس شروین رو بگیر برام، باشه؟ ببین مطبش کجاست.

گوشی رو قطع کردم. داشتم می مردم. نمی شد دست رو دست بذارم. باید می رفتم دنبال نیکی اما کجا باید می رفتم؟ چطوری باید فرید نامرد رو پیدا می کردم؟ تلفن رو برداشتم و خواستم به مامانم زنگ بزنم، باید می فهمید فریدی که انقدر سنگش رو به سینه می زد چطوری داره با اعصاب و روان من و نیکی بازی می کنه... اما پشیمون شدم. با این کار مامانم رو نگران می کردم و هیچ کار دیگه ای هم از دستش ساخته نبود.
یك دفعه یاد شروین افتادم. شاید باید بهش زنگ بزنم و التماسش کنم. بگم نیکی رو به من برگردونه... هر چی که بخواد بهش میدم.

زنگ زدم... چند تا زنگ خورد و قطع شد. نه... نکنه گوشیش رو خاموش کنه؟ دوباره زنگ زدم... نه... خاموش کرد... نامرد... نامرد... دوباره زنگ زدم... خاموشه... رفت روی پیغامگیر... نتونستم چیزی بگم... نمی شد... باید التماسش می کردم؟ قبول نمی کرد.

حالم خراب بود. مثل اسپند روی آتیش شده بودم. یك گوشه نشستم و دعا کردم. تنها چیزی که بهم آرامش می داد، ذکر گفتن بود. ذکر می گفتم و اشک می ریختم.
تا اینکه چند ساعتی گذشت. تلفن زنگ خورد. پلیس بود. فیلم دوربین های مدار بسته رو دیده بودن. توی فیلم نیکی رو دیده بودن که با مردی از پاساژ خارج شده بود. پلیس می گفت از توی فیلم مشخصه نیکی دستاش رو دور گردن اون مرد انداخته و خیلی تو بغلش راحت و خوشحاله اما بهتره برای مطمئن شدن از اینکه اون مرد فرید بوده یا نه، برم و فیلم رو ببینم.

سراسیمه از خونه اومدم بیرون. نکنه بازم فرید نیکی رو به فرودگاه ببره و همین امشب به ایران پروازکنن؟! وای نه! اگر اینطور میشد مقصر خودمم که تا حالا دست رو دست گذاشتم و به پلیس در مورد شروین و سمیرا چیزی نگفتم. فقط باید می دویدم تا زودتر برم و جریان رو برای پلیس تعریف کنم. تا به در ورودی پایین آپارتمان رسیدم، صدای گریه بچه ای رو شنیدم که توی سالن ورودی دم در شنیده می شد. صدای گریه اِکو می شد و من یك آن حس کردم اون صدای گریه نیکی هست. سرم رو با نا امیدی به سمت صدا برگردوندم و با ناباوری نیکی رو دیدم. جیغ کشیدم: نیکی... نیکی!

دویدم سمت نیکی و بغلش کردم. هر دومون گریه می کردیم و نیکی از دیدن من، خنده و گریه اش قاطی شده بود. اون لحظه شیرین ترین لحظه عمرم بود. زود نیکی رو از توی بغلم بیرون کشیدم و نگاهش کردم. تو چشاش برق خوشحالی رو می دیدم.
پیرزنی کنار نیکی ایستاده بود که تا من به خودم اومدم گفت:
- می خواستم این بچه رو به نگهبانی ببرم. حدس زدم که مال همین آپارتمان باشه.
- کجا بود؟

- همینجا. داخل بود. دم در ورودی. نمی دونم چطوری اومده بود تو اما داشت دور خودش می چرخید و گریه می کرد.

از پیرزن تشکر کردم و دست نیکی رو گرفتم و رفتم به سمت آسانسور. گفتم:
- کجا بودی نیکی؟ بگو با کی بودی مامان جون؟
- بابا

نفس عمیقی کشیدم و گفتم: چرا به من نگفتی و از مغازه رفتی بیرون؟ می دونی چقدر گریه کردم؟ می دونی مامان چقدر غصه خورد؟
نیکی سرش و پایین انداخت و گفت: ساری (ببخشید)
- صد بار گفتم فارسی بگو.
آسانسور باز شد و رفتیم تو.
- نیکی... با بابا کجا بودی؟
- پارک.
- کدوم پارک؟
- همون پارک که دیگه من رو نبردی.
- کدوم نیکی جان؟
- همون که تولدم توش بود.
- تو به بابا گفتی ببردت اونجا؟
- نه... خودش برد. می دونست تولدم اونجا بود.

آسانسور باز شد و رفتیم بیرون. سر درد بدی گرفته بودم. یعنی سمیرا توی این مدت همه گزارش ها رو به فرید داده بوده؟! یا نه... نکنه خود فرید اونشب اونجا بوده و شیشه ماشین رو شکسته؟ همون موقع برای نیکی کادو هم فرستاده... دلم می خواست نیکی رو دعوا کنم اما انقدر از دیدنش خوشحال بودم که نمی تونستم.

رفتیم توی خونه... دوباره نیکی رو بغل کردم و بوش کردم. دستای کوچولوش رو بوسیدم... خدایا یعنی چطوری میشه آدم انقدر یک نفر رو دوست داشته باشه؟! دوباره از نیکی پرسیدم:

- چی شد دقیقاً؟ واسه مامان میگی؟ بابا بهت چیا گفت؟
- گفت فردا می بینمت.
- فردا؟ کجا؟
- نگفت... اما من گفتم فردا تو رو هم ببریم پارک.
- با بابا تنها بودی؟
- آره...
- عمو شروین رو ندیدی؟ بابا باهاش تلفنی حرف نزد؟
- مممممم نمی دونم... نه.

- بابا موبایل نداشت؟
- نه... ندیدم.
- بابا خودش تو رو آورد؟ خودش کجا رفت؟
- اومدیم تو، یک دفعه گمش کردم ولی تو اومدی.

نفس عمیقی کشیدم. پس اون موقع که من پایین بودم فرید اونجا بوده. اونقدرها هم بی غیرت نیست که نیکی رو ول کنه و بره. واقعاً از جون من چی می خواد؟! اگر نیکی رو می خواست ببره، چرا برش گردونده بود؟! نکنه تا پای پلیس اومد وسط جا زده؟ حتماً تا مچ سمیرا رو گرفتم، همه چیز رو کف دستش گذاشته و از پلیس ترسیده و برش گردونده.

همون موقع موبایلم زنگ خورد. سوری بود. تا گوشی رو برداشتم خبر رو بهش دادم. صدای سوری از خوشحالی پای تلفن مثل این بود که داره گریه می کنه. کمی برام عجیب بود. یعنی تو این دوره زمونه، آدم ها با این همه بدبختی هایی که دارن می تونن انقدر به گرفتاری های دیگران، اونهم به یک غریبه فکر کنن؟ سوری اصرار کرد که شام بریم پیشش. حس خوبی به این زن مهربون پیدا کرده بودم و بعد از کمی تعارف، قبول کردم که برم. بدم نمی اومد کمی از خونه فاصله بگیرم و حس کنم زیر نظر فرید نیستم اما باید قبلش به پلیس خبر می دادم. به پلیس زنگ زدم وخبر دادم که نیکی برگشته و پلیس گفت که دوشنبه برای کارای اداری به دفترشون برم.

شروع کردم به جمع کردن وسایل خودم و نیکی. نمی تونستم خیلی وسیله با خودم ببرم. اصلاً نمی دونستم می تونم شب رو هم پیش سوری بمونم یا نه. حتی برای خودمم موندن پیش سوری و به این زودی صمیمی شدن باهاش خیلی عجیب بود اما من فقط دلم می خواست برم و از خونه دور بشم. هیچ دوست صمیمی جز ندا که بتونم شب پیشش بمونم نداشتم. اونم که الان دشمن من رو توخونه اش راه داده و دست همه دوستای با معرفت رو از پشت بسته. از دست خودم عصبانی بودم. انقدر دلم رو به این دوستام خوش کرده بودم که اصلاً سعی نکرده بودم دوستای صمیمی دیگه ای هم پیدا کنم. من همیشه فکر می کردم، داشتن یکی دو تا دوست صمیمی بهتر از داشتن ده ها دوست نسبتاً صمیمی می تونه باشه اما الان می فهمم که اشتباه می کردم، ای کاش انقدر روی این دوستام حساب باز نکرده بودم که الان انقدر تو ذوقم نمی خورد. حس می کنم مثل آدمی شدم که ثمره یک عمرش رو از دست داده. آره دوستای من سرمایه های من بودن. چرا من این همه سال دل بهشون خوش کرده بودم؟ الان حس می کنم عمرم رو، وقتم رو تلف کردم. حیف که نمیشه به عقب برگشت... اما بازم باید قوی باشم. از این به بعد دیگه دل به هیچ دوستی نمی بندم و سعی می کنم با همه دوست بشم و از دوست صمیمی فراری بشم. دوست صمیمی که سفره دلت رو پیشش باز کنی و اینجور از پشت بهت خنجر بزنه رو نمی خوامش.

نیکی حسابی خسته بود و روی تخت خوابش برده بود. کوله پشتیم رو کولم انداختم و بغلش کردم. دلم نمی اومد بیدارش کنم و از طرفی هر چه زودترباید می رفتم. خونه سوری از اونجا خیلی دور نبود اما با اتوبوس و مترو تقریباً یک ساعتی طول می کشید. همینکه از در خونه اومدم بیرون یک پاکت نامه از لای در روی زمین افتاد تا پاکت رو دیدم فقط به فرید فکر کردم. کار خودش

بود. در حالی که نیکی تو بغلم بود به سختی روی پاهام نشستم زمین و پاکت رو برداشتم. دل تو دلم نبود تا بفهمم چی توی نامه نوشته شده. روی پاکت اسم من نوشته شده بود. نتونستم تحمل کنم. برگشتم تو و خیلی آروم نیکی رو گذاشتم روی مبل. دستام می لرزید. پاکت رو باز کردم و نامه رو خوندم:

"دنیا، امیدوارم امروز ذره‌ای از احساسی که من این مدت داشتم را چشیده باشی. خوشت آمد؟ دردت گرفت؟ گریه کردی؟ سکته که نکردی؟؟؟ دوست صمیمیِ جون جونیت رو که انقدر سنگش را به سینه می زدی از خانه بیرون انداختی؟ همان دوستی که به خاطرش زندگی ما را تباه کرده بودی؟ نه. خوشم آمد، تازه داری سر عقل میایی، چقدر گفتم این دوست ها زندگی خراب کن هستند، باز هم قبول نکردی و زیر زیرکی دوستی می کردی. واقعاً فکر می کردی انقدر احمقم که نمی دانستم هر روز توی کافی شاپ پستو، قرار می ذاشتید و هر روز ازش چیز یاد می گرفتی و زندگی را بر من زهر می کردی؟

یك سال بچه ام را از من گرفتی. منم کاری می کنم که یك عمر به غلط کردن بیُفتی و آرزو کنی که ای کاش این غلط زیادی رو نکرده بودی. به زودی باید به دادگاه بیای. وکیلم همه کارها رو کرده و گفته تو حتی یك در صد هم شانسی نداری. مدارك دزدیدن نیکی از ایران، رفتنت بدون مشورت با من، همه بر خلاف قانون اینجاست که من تازه فهمیدم. اگر می دانستم، همان پارسال بطور قانونی نیکی را ازت می گرفتم و این یك سال انقدر بچه ام اذیت نمی شد. منتظر تماس وکیل و روز دادگاه باش. توی این مدت من به طور قانونی حق دیدن نیکی را دارم. به مهد کودك اطلاع بده که از دوشنبه من دنبال نیکی می روم. فردا صبح هم باید نیکی را ببینم. خودت ساعت یازده صبح نیکی را جلوی آپارتمان بیاور. اگر مخالفتی داشتی با من طرف نیستی فقط با وکیلم، آقای سپاسی طرف هستی.

فرید"

همینطور که نامه فرید رو می خوندم دندونام رو بهم فشار می دادم و از عصبانیت دلم می خواست داد بزنم. نیکی جلوی چشمم بود و معصوم تر از همیشه چشماش رو بسته بود و به خواب شیرینی فرو رفته بود. مطمئن بودم نیکی بدون من پژمرده میشه. منم بدون اون می میرم. واقعاً درك نمی کردم فریدی که به این سرعت از من جدا شده و با زنی ازدواج کرده که می تونه جای دخترش باشه، چطور برای من دَم از احساسات می زنه؟ هنوز هیچی نشده به دخترِ دروغ گفته و می خواد نیکی رو بهش تحمیل کنه. اصلاً دروغ و خر فرض کردن جنس مؤنث تو وجودِ فریده. با خودش میگه الان بهش میگم دخترم پیش مادرش می مونه و وقتی خرم از پل گذشت همه چیز

رو یواش یواش بهش تحمیل می کنم. دقیقاً همون کاری که با من کرد و درس هم نگرفت که بی فایده است.

نامه رو مچاله کردم و پرت کردم روی زمین. وای نکنه فرید نیکی رو بگیره! یعنی می تونه؟ آره... چرا نتونه؟ پول داره... وکیل می گیره و دستِ من به جایی بند نیست. دلم می خواست فرار کنم. گوشی رو برداشتم و زنگ زدم به سوری و جریان نامه رو براش گفتم.
- من می ترسم الان پیشتون بیام. راستش وسایلم رو جمع کرده بودم بیام پیشتون شب بمونم، اما چون می دونم فرید این دور و برهاست، نمی تونم. حتماً تعقیبم می کنه و خونه شما رو هم یاد می گیره و برای شما هم دردسر درست می کنه.
- نه نترس... آدرس خونه ات رو بده به من، میام دنبالت و نمی ذارم تعقیبمون کنه.
- ماشین دارید؟
- آره عزیزم، مگه تو ماشین نداری؟
- نه خب.
- ای بابا، خب زودتر می گفتی. من که نمی ذاشتم با اتوبوس این همه راه بیای خونه ی من، اونم این موقع شب.
- نه، اصلاً... من عادت دارم.
- آدرس رو بده من همین الان میام. اگه تو آپارتمانی میام توی پارکینگ سوار شو که از خونه خارج شدنت رو نبینه.
- مرسی... بله... فکر خوبیه. ممنون میشم.
- باشه عزیزم می بینمت.

کمی خوشحال شدم اما حسابی رفتم توی فکر. فرید از بیرون انداختن سمیرا از خونه خبر داشت و خودش رو خوشحال نشون داده بود. نکنه واقعاً سمیرا بی خبر بوده و فرید شماره شروین رو داده به میترا تا من رو با سمیرا دشمن بکنه؟ هدفش هم معلومه... فرید بدبخت بیچاره، همیشه از اینکه من دوست صمیمی داشتم می سوخت. همیشه فکر می کرد اونها من رو پُر می کنن، اما نمی کردن. این یعنی توهین به شعور من! اینها افکار مریض فرید بود و بس. هیچ وقت سعی نکرد به جای جفتك انداختن و دور کردن من از دوستام، برای دوست بودن با من تلاش کنه. حیف... واقعاً حیف چقدر دوست داشتم بهترین رفیق زندگیم، همسرم باشه.

اما نه، همه اینها رو برای گیج کردن من گفته بود. شاید می خواد من دوباره به سمیرا اعتماد کنم. واسه همین می خواد اینجوری سمیرا رو تبرئه بکنه. بازم یادش رفته با کی طرفه. با من، دنیا! همیشه با زیر سؤال بردن هوشِ من، در واقع کم هوشی خودش رو ثابت می کنه.

منتظر سوری نشسته بودم و ساعت نزدیك ۹ شب بود. هوا داشت کم کم تاریك می شد و ترس وجودم رو پر کرده بود. یك دفعه گوشی موبایلم زنگ خورد و من سراسیمه به طرف گوشی رفتم تا نیکی بیدار نشه. نیکی از صدای زنگ گوشی چشماش رو باز کرد. دکتر شریفی بود. داشتم

شاخ در می آوردم. خیلی وقت بود که دکتر شریفی به من زنگ نزده بود. حتی توی محیط دانشگاه با من سرسنگین شده بود و خودش رو برام می گرفت. گوشی رو برداشتم.
- الو.
- سلام... خوبی؟
- مرسی... ممنون.
- واقعاً نگران شدم.
- نگران؟ برای چی؟
- از صبح بهت ایمیل زدم، جواب ندادی.
- ببخشید، نشد ایمیلم رو چك کنم.
- همین نگرانم کرد، تو حتی آخر هفته ها ایمیلت رو تند تند چك می کردی و جواب می دادی.
- حق با شماست. روز وحشتناکی داشتم.
- چی! چرا؟
- فرید سر و کله اش پیدا شده، نیکی رو از ظهر توی مغازه دزدید و تا همین یك ساعت پیش که برگردوندنش، داشتم از نگرانی سکته می کردم. یك ساعت پیش آوردِش توی لابی و رفته بود، یك نامه هم انداخته لای در. حتی تا بالا، پشت در خونه من اومده.
- برای چی به من نگفتی؟
- نخواستم مزاحمتون بشم.
- ای کاش اخلاقت اینطوری نبود... به خدا من دشمنت نیستم دنیا.
- آره شما استادم هستین.
- خُب باشم، استاد نمی تونه به دانشجوش کمك کنه؟ من به همه کمك می کنم. این مسئله رو شخصی نکن.
- راست می گید... حالا که خدا رو شکر نیکی پیدا شده. من ایمیلم رو چك می کنم و جوابتون رو میدم.
- یک خبرخیلی خوب داشتم. حالا خودم بهت میگم. با دوستم که برگزارکننده کنفرانس اولی که مقاله رو براش فرستادیم، بود حرف زدم. جواب مقاله ها دوشنبه میره روی سایت اما زودتر به من خبر داد. مقاله مون با ۳ تا رأی مثبت قبول شد. آفرین... خواستم تبریك بگم.

وقتی این رو گفت قاعدتاً باید جیغ و داد می کردم و بالا پایین می پریدم. من همیشه از قبولی مقاله هام از خوشحالی قهقهه می زدم اما اون بار عین خیالم نبود. گفتم:
- خُب دستتون درد نکنه، خبر خوبی بود.
- همین؟ فقط خبر خوبی بود؟ باید بری دنبال ویزا. فقط چهار هفته تا روز کنفرانس مونده. واقعاً برات مهم نبود؟
- خُب... راستش استرس وجودم رو گرفته. فرید می خواد نیکی رو بگیره. توی نامه اش نوشته که وکیل گرفته.
- وکیل؟ فکر کنم وکیل گرفته برای خودش، که مبادا اون بازنشسته ارتشی که ازش شکایت کرده بود و توی دادگاهش هم غایب بود، براش دردسر درست نکنه.

- آهان... اون قضیه تصادف پارسال رو میگید، اون پیرمرد بد اخلاق... اون قضیه که یك سال ازش گذشته.
- خب گذشته باشه... وقتی کسی دادگاه نره و بر علیه اش شکایت باشه، ۱۰ سال هم بگذره، شکایتش سر جاشه. واقعاً نفهمیدی اون قضیه چی شد؟ من فکر می کردم به خاطر اون هم که شده دیگه اینورها آفتابی نشه.
- نه من نفهمیدم. ده ماه پیش یك نامه دیگه براش رفته بود خونه دوستم ندا. بعد از اون دیگه خبری نشد. فکر کنم ممنوع الخروج شده بود، اما فرید که اون موقع خارج از کانادا بود.
- خب حتماً تا اومده افسر فرودگاه نگهش داشته یا به هر حال وکیل گرفته.
- شایدم شروین قبل از اومدنش کارش رو درست کرده. واسه همین یك سال نیومده تا کارش درست بشه. به هر حال فرید حسابی پول داره. وکیل می گیره. من چه خاکی تو سرم کنم؟
- تو هم وکیل می گیری.
- با کدوم پول؟ باید برم دنبال لیگال اسیستنت. پلیس می گفت مجانی هستند.
- آره... می تونی اما اگه یك وکیل خوب بگیری بهتره. من از وکیلم راضی بودم. همه حق من رو از زنم گرفت. اون می خواست با ملیسا از کانادا بره انگلیس. منم بچه رو نبینم، نتونست. هفته ای دو یا سه روز ملیسا با منه. تازه مادر ملیسا می خواست همه پولهای من رو بالا بکشه، حتی ارثیه پدرم رو... نتونست. فقط دارایی مشترکمون نصف شد اما اون چشمش به خونه ویلایی بابام بود که بعد از مرگش به من رسیده بود. کل ارثیه ده برابر سهمش از زندگیمون بود. هر کاری کرد نتونست. باید با وکیلم آشنات کنم. اسمش خانم مَرین هست.
- چند می گیره؟ شما چقدر خرج طلاقتون کردید؟
- به پولش فکر نکن، مال من زیاد شد، نزدیك دوازده هزار دلار اما شاید مورد تو فرق داشته باشه.
- من هزار تا هم بشه ندارم.
- نمی خوام بگم بهت قرض میدم، می دونم چقدر غدی اما یك کاری برات می کنم، دوشنبه بیا تو دفترم با هم حرف بزنیم.
- باشه... ممنون از لطفتون.

با دکتر شریفی خداحافظی کردم و چند دقیقه بعد سوری زنگ زد. توی پارکینگ پشت ساختمون منتظر ما بود. پارکینگ سر باز بود و از بیرون به راحتی راه داشت. دست نیکی رو گرفتم و آروم از خونه اومدیم بیرون. تمام بدنم شروع به لرزیدن کرده بود. حس می کردم پشت هر ستونی یا پشت هر در بسته ای فرید ایستاده. نیکی شروع کرد به حرف زدن که من گفتم: هیسسسسسسسسسسسسسس...
آروم سوار آسانسور شدیم و به طبقه همکف رفتیم، از اونجا پاورچین پاورچین به طرف در عقب رفتیم و وارد پارکینگ شدیم. سوری با چراغ ماشینش علامت داد و رفتیم توی ماشین. تمام راه تا خونه سوری، حواسمون به ماشین های دور و بَرِمون بود. سوری سعی می کرد مسیر ماشین رو به طور ناگهانی عوض کنه تا ببینه ماشینی در حال تعقیبمون هست یا نه!

بعد از کلی رانندگی نزدیکای خونه اش بودیم که سوری به من اطمینان داد کسی تعقیبمون نمی کنه. سوری ماشینش رو جلوی پارکینگ خونه اش پارك کرد و گفت: بفرمایید تو.

نگاهی به خونه انداختم. خونه به نظر یك طبقه می اومد و از دو طرف به حیاط خونه اش راه داشت. از جلوی پارکینگ تا در ورودی خونه چند تا پله می خورد و همین باعث می شد که طبقه همکف نیم طبقه ای از سطح کوچه بالاتر باشه. نیکی رو پیاده کردم و پشت سر سوری به طرف در رفتیم. کوچه نسبتاً تاریك بود و رفت و آمد خاصی هم تو کوچه نبود. حس غربت دوباره تو وجودم ریشه دوونده بود. خدایا من اینجا چی کار می کنم؟ نیکی رو از شونه هاش گرفته بودم و نیکی هم داشت چشماش رو می مالید. در باز شد و رفتیم تو، چراغهای خونه خاموش بودن و همین که رفتیم تو و چراغ ها روشن شد، یکدفعه بوی غذاهای ایرانی به مشامم خورد. از همون بوهایی که وقتی خونه مامانم یا خاله ام مهمونی می رفتم می اومد و من رو سِحر می کرد. وارد اتاق پذیرایی شدیم و دیدم سوری روی میز ناهار خوری براموں میز غذا رو آماده کرده. هر لحظه که از ورودم به خونه سوری می گذشت، اون حس بدی که تا ته دلم رو داشت می سوزوند کمرنگ تر و کمرنگ تر می شد. نیکی یك گوشه روی مبل نشست و من با اشتیاق به دور و بر نگاه می کردم. خونه سوری چیدمانی کاملاً ایرانی داشت و از در و دیوارش ایرانی بودن صاحبش می بارید. حتی بشقاب ها و رومیزی ها به نظر ایرانی بودن. گوشه اتاق پذیرایی یك سماور مسی بزرگ بود و دورش استکان ونعلبکی های قرمز و سنتی چیده شده بود. روی دیوار تابلوهای مینیاتور و چهره پردازی های قدیمی به چشم می خورد. حتی گوشه ای از خونه آینه و شمعدون قرار داشت. برای یك لحظه دیدن آینه و شمعدون، من رو یاد عقدم و آینه شمعدونم انداخت که هیچ وقت به جز سال تحویل از توی کمد درشون نمی آوردم. شاید دلم نمی خواست هر روز چشمم توی اون آینه به خودم بیفته و یاد بزرگترین اشتباه زندگیم بیفتم. سوری توی استکان های کمر باریك برام چای آورد. هنوز کمی خجالت می کشیدم.

کمی گذشت و من و سوری در مورد نامه فرید با هم حرف زدیم. سوری هم معتقد بود، فرید نمی تونه نیکی رو از من بگیره. حرفهاش بهم امید داد اما تا فهمید نامه فرید رو مچاله کردم، با حالتی که انگار توی دادگاه و طلاق گرفتن خبره باشه گفت:
- نه، نباید نامه رو گم و گور کنی. همین می تونه مدرکی باشه که وکیلت ازش استفاده کنه که مثلاً چطور شوهرت تهدیدت کرده.
- راست می گید. حق با شماست. نامه توی خونه است، فکر کنم سالمه، همین فردا میرم میارمش.

کمی گذشت و سوری میز شام رو چید. از اون غذاهای مامان پز ایرانی. قرمه سبزی، قیمه بادمجون و سوپ جو. حتی با اینکه قبل از اومدنمون به نیکی شام داده بودم، نیکی هم بااشتها غذا می خورد.

سوری گفت:
- برات اتاق آماده کردم. تا هر وقت خواستی اینجا بمون.

- مرسی شما لطف دارید. فقط یك خواهشی دارم. هر چه زودتر می تونید کاری کنید من هم توی مغازه استخدام بشم؟ حالا که دیگه همخونه ندارم، نمی تونم به هیچ وجه پول اجاره خونه رو بدم. باید به یك نحوی خونه ام رو عوض کنم اما جریمه قرارداد خونه رو هم باید بدم.
- حتماً. من شخصاً با مدیرمون صحبت می کنم اما نگران خونه نباش. من که تنهام، اینجا هم سه تا اتاق خواب داره. یکیش مال تو و دختر گلت.
- شما لطف دارید. اینطوری که نمیشه.
- چرا نمی شه؟ دوست نداری با من همخونه بشی؟
- نه آخه... یعنی دوست دارم اما انقدرها هم پُر رو نیستم. مگه اینکه بخواهید یکی از اتاق ها رو اجاره بدید.
- باشه اگه اینجوری راحتی، اجاره بده. ماهی ٤٠٠ دلار خوبه؟
- وای نه خیلی کمه.
- قیمتش همینه. از هرکسی می خوای بپرس. به هر حال من راضی ام. همین که از تنهایی در بیام برام یك دنیا می ارزه.
- شما چرا جدا شدید؟
سوری نفس عمیقی کشید و گفت: من... خب ماجراش طولانیه. شونزده سال پیش مهاجرت کردیم اما بعد از چهار سال جدا شدم. شوهرم بهم خیانت کرد.
- واقعاً ناراحت شدم.
- هیچ وقت بهم ثابت نشد که خیانت می کرد اما من نتونستم باهاش زندگی کنم.
- یعنی ممکنه خیانتی در کار نبوده؟
- آره. ممکنه.
- خب از کجا شك کردید؟

احساس کردم سوری از یادآوری ماجرا ناراحت شده بود. زود حرف رو عوض کرد و کم کم موقع خواب شد، نیکی خوابش برده بود و سوری من رو به اتاقی که برامون آماده کرده بود راهنمایی کرد. نیکی رو بغل کردم و روی تخت گذاشتم. احساس می کردم معجزه شده، یعنی در عرض یك روز یك فرشته مهربون از طرف خدا برای من فرستاده شده.

موقع خواب همین که چشمام رو بستم خوابم گرفت. با اینکه یکی از سخت ترین روزهای زندگیم رو گذرونده بودم اما احساس آرامشی که داشتم باور نکردنی بود.

روز بعد یك شنبه بود. از صبح زود موبایلم رو خاموش کردم. می دونستم که فرید طبق چیزی که توی نامه اش گفته بود، ممکنه دم در خونه سبز بشه تا نیکی رو ببینه. با کاری که دیروز با من کرده بود دلم نمی خواست حتی یك ثانیه نیکی رو ببینه.
اون روز هم گذشت و من و نیکی حسابی با سوری خودمونی شدیم. سوری عکس های قدیمی اش رو نشونم داد و از خودش و جوونی هاش برام گفت. نیکی هم مثل همیشه که زود با همه اُخت می شد، حسابی با سوری خودمونی شده بود و خوشحال بود.

دوشنبه صبح رسید. باید پیش دکتر شریفی می رفتم و می فهمیدم چطور می تونم با این وضعیت مالی ام هر چه زودتر وکیل بگیرم. دست نیکی رو گرفتم و با خودم به دانشگاه بردم. فکر اینکه فرید نیکی رو به یك نحوی از مهد کودك بگیره، تمام بدنم رو می لرزوند. با اینکه تا اون روز حتی یك بارهم نیکی رو با خودم به دانشگاه نبرده بودم، با نیکی وارد دانشگاه شدم و تند تند از پله ها بالا رفتیم. بعضی از دانشجو ها توی راهرو چشمشون به نیکی می خورد و شروع می کردن به قربون صدقه رفتن و یا نشون دادن نیکی با انگشت به هم دیگه. ضربان قلبم بالا رفته بود و حس می کردم هر لحظه ممکنه اتفاق بدی بیفته. نکنه کسی بهم تذکر بده یا نکنه دکتر شریفی چیزی بهم بگه؟!

رفتم توی دفترم، من معمولاً توی دفترم تنها بودم. با اینکه دو تا دانشجوی دیگه هم اتاقشون با من مشترك بود اما اکثر مواقع تنها بودم. دیوید سال آخری بود و فقط هفته ای یك روز به دانشگاه می اومد، دَنیل هم دانشجوی دیگه ای بود که معمولاً توی خونه درس می خوند و برای ملاقات با استادها به دانشگاه می اومد. خدا رو شکر اون روز هم کسی توی دفتر نبود. در اتاق دکتر شریفی باز بود. سریع نیکی رو پشت کامپیوترم گذاشتم. براش از روی اینترنت کارتون مورد علاقه اش رو گذاشتم و گوشی رو روی گوشش گذاشتم. گفتم:
- نیکی جان، من در اتاق رو می بندم. تو از جات جم نخور و فقط کارتون ببین. اگر هرکسی هم اومد گفت تو اینجا چی کار می کنی، زود بیا دم در اتاق آخر راهرو و من رو صدا بزن باشه؟ نیکی هیچ جا نمیری ها. قول میدی؟
- چشم. قول می دم.

در اتاقم رو چفت کردم تا اگه کسی از راهرو رد میشه نیکی رو نبینه. رفتم سمت اتاق دکتر شریفی.
- سلام دکتر شریفی. الان میشه بیام تو؟
- صبح بخیر... سحر خیز! بیا تو.
نشستم.
- خب تو رو خدا زود بگید. چی کار می تونم بکنم؟
- امروز صبح تا از خواب بیدار شدم به وکیلم زنگ زدم. ساعت دو بعد از ظهر می برمت پیشش.
- اما گفتید که من پول...
- آره... جلسه اول پول نمی گیره. به خاطر اینکه من معرفی کردم.
- خب بالاخره که می گیره.

دکتر شریفی نفس عمیقی کشید و بعد از چند ثانیه گفت: این کاری که برات می خوام بکنم رو تا حالا برای هیچ دانشجویی تو سال دوم دکترا نکردم. چند تا کار نیمه وقت توی یك شرکت بزرگ تحقیقاتی هست که من یك سری دانشجوی فارغ التحصیل رو هر سال معرفی می کنم. موضوع تحقیقشون، دقیقاً با موضوع تحقیقت یکیه! یك قرار داد شش ماهه ولی نیمه وقت... مطمئناً اگر

معرفیت کنم روی هوا می گیرنت. دوست داری؟ درآمدش زیاد نیست اما مطمئنا پول وکیل رو می تونی پس انداز کنی و برای تحقیقتم بد نیست. تجربه کاری هم پیدا می کنی.

احساس کردم از خوشحالی قلبم داره از جا کنده میشه. اگر برم سر کار... وای یعنی میشه... دکتر شریفی ادامه داد:
- فقط اگه ببینم مثل دانشجوهایی که وسط دکترا میرن سر کار، راندمان درست اومده پایین هر جور شده باید بیای بیرون... قبوله؟
با تته پته گفتم: نه... نمیاد. یعنی منظورم اینه که قبوله... وای دکتر شریفی احساس می کنم دارم خواب می بینم. انگار یکدفعه همه چیز داره خوب میشه. بعد از این همه بدشانسی و بدبیاری دارم راحت میشم... یعنی میشه!؟

داشتم از خوشحالی بال در می آوردم. حتی فکر کردن به این موضوع برام خوشایند بود. همون لحظه از توی راهرو صدای قدم های کسی رو شنیدم که هر لحظه تندتر و تندتر می شد. انگار داشت می دوید به طرف انتهای راهرو، جایی که اتاق دکتر شریفی بود. هر دو سرمون رو به طرف در چرخوندیم و نیکی رو دیدیم که توی چارچوب در ایستاده و میگه:
- مامان اینجایی. من به بابا گفتم به شما قول دادم از اینجا تکون نخورم.

همون لحظه قد کشیده مردی از پشت سر نیکی دیده شد. فرید وارد چارچوب در شد و یك دستش رو روی سر نیکی گذاشت و دست دیگه اش رو به چار چوب در تکیه داد و به من و دکتر شریفی نگاه کرد. من حتی آب دهنم رو نمی تونستم قورت بدم.
برای چند ثانیه دست و پام رو گم کرده بودم. تو صورت فرید زل زده بودم. صورتش توی این یک سال هیچ تغییری نکرده بود. همون فرید بود و حتی یک تار موش هم جا به جا نشده بود اما هیکلش به نظر پُرتر شده بود و کمی شکم آورده بود. مطمئناً توی این یک سال، مجبور بوده با رستوران‌های مختلف قرارداد ببنده. هیچ وقت از اینکه حتی تو اوج امتحان‌های فوقم شام و ناهارش آماده بود از من قدردانی نکرده بود. خب فکر می کرد وظیفه ام هست! انقدر این حرف رو تکرار کرده بود که خودمم باورم شده بود که غذا درست کردن اونم وسط امتحان‌های آخر ترم، وظیفه مسلم منه. اما واقعاً برای چی وظیفه من بود؟ واقعاً زندگی با فرید اگرهیچ حسنی هم که برام نداشت اما یک حسن داشت، اونم این بود که یاد گرفتم اگر آدم با اعتماد به نفسِ تمام حرف بزنه، بزرگترین دروغ دنیا هم برای همه باورپذیرمیشه!

بالاخره با صدای دکتر شریفی به خودم اومدم:
- شما برای چی وارد دانشگاه شدید؟

فرید تا اومد دهانش رو باز کنه، از جام پریدم و رفتم سمت نیکی و همینطور که بهش نزدیک می شدم گفتم:
- نیکی زود بیا اینور.

دست نیکی رو گرفتم و همون موقع فرید اون یکی دست نیکی رو گرفت و گفت: دستت رو از بچه من بکش کنار.

دست نیکی از تو دست فرید ول شد و کشیدمش پشت سرم: به جرم بچه دزدی پلیس دنبالته بیچاره. زود باش از اینجا برو تا پلیس رو خبر نکردم.

فرید در حالی که داشت خودش رو متعجب نشون می داد با حالت تمسخر گفت:
- بچه دزدی؟ کدوم بچه دزدی؟ نیکی رو دزدیده بودن؟ پس تو لیاقت نگه داری نیکی رو نداری.
- این مزخرفات رو می خوای تحویل پلیس و دادگاه بدی؟ تو خودت توی نامه ات اعتراف کردی که نیکی رو دزدیدی. دیگه نیازی به اعتراف دوباره تو نیست.

همون لحظه فرید دستش رو توی جیب پیرهنش کرد و یک تیکه کاغذ مچاله شده رو در آورد و گفت:
- کدوم نامه؟ نکنه این رو میگی؟

نامه مچاله که تا شده بود رو باز کرد واز دور روبروی صورتم گرفت. برای یک لحظه چشمام سیاهی رفت. بی اختیار دستم رو به طرف نامه بردم تا بقاپمش... مثل برق نامه رو عقب کشید و توی جیبش گذاشت و با حالت خونسردی گفت: نه نه نه نه... این نامه رو پریشب برات دادم، قدرش رو ندونستی، پس برمیگرده پیش خودم.

کم مونده بود از عصبانیت بهش حمله کنم.
- دزد کثافت، رفتی خونه من دزدی؟ رسوات می‌کنم.
- دزدی؟ وقتی میگن دزدی که آدم کلید نداشته باشه.

دستش رو کرد توی جیب شلوارش و کلیدی در آورد و جلوی صورتش شروع کرد به تکون دادن و قهقهه زدن.
- همه اش کار اون سمیرای بی همه چیزه... از اونم شکایت می‌کنم.
بازم با تمسخر گفت:
- سمیرای چی؟؟؟؟ اوه اوه اوه اوه... پروردگارا... درست شنیدم؟ سمیرای بی همه چیز؟ این سمیرا همون سمیرا نبود که یک زمانی همه چیز جنابعالی بود؟ به شوهر و بچه و ننه و باباتم ارجحّیت داشت... حالا...

حالم حسابی خراب بود... خیلی زود مغزم جرقه‌ای زد و گفتم: واقعاً فکر می کنی وسط پاساژ به اون بزرگی تو روز روشن، نیکی رو دزدیدی. اونوقت یک دوربین نبوده که تصویر تو رو با نیکی ثبت کنه؟ انقدر واقعاً احمقی؟ خروجتون ثبت شده.
- نخیر... یک خرده کمتر احمقم خانوم رتبه دو رقمی کنکور سراسری... شما مطمئنی نیکی رو من از پاساژ آوردم بیرون؟ مگه فیلم رو دیدی؟

برای چند ثانیه ساکت شدم... یعنی چی! یعنی ممکنه کس دیگه‌ای نیکی رو از پاساژ بیرون برده؟!

- یعنی تو نبردی؟...حالا معلوم میشه... همین امروز قرار برم پیش پلیس و فیلم‌ها رو ببینم.
- برو ببین اما می خوای قبلش از نیکی بپرس.
- پرسیدم... نیکی گفت با تو تنها بوده... نیکی هیچ وقت به من دروغ نمیگه.
- جدی این رو بهت گفته؟ آفرین عشق بابا... نیکی... اون روز کی تو رو از پاساژ آورد بیرون؟
نیکی کمی فکر کرد و گفت: شما...

من پوز خندی زدم و همون موقع نیکی ادامه داد: شما رفتی بستنی بخری... من با اون آقا رفتم.
- خب بعد من کجا بهت بستنی رو دادم؟
- تو کوچه.
- آهان پس تو با دوست بابا از پاساژ اومدی بیرون... همون آقا که عینک آفتابی داشت. عینکش رو خواستی بزنی به چشمت...
- بله... ولی عینکش رو نداد که...
همون لحظه دکتر شریفی اومد طرف ما و گفت:
- واقعاً شرم آوره. بچه ات رو دزدیدی، بعدم با افتخار داری میگی چه جوری این کار رو کردی؟ فکر کردی من مُردم که نیام شهادت بدم که خودت گفتی همه این کارا زیر سرت بوده و اون آقا هم دوستت بوده؟
- جنابعالی کی باشید؟ آهان... یادم اومد... استاد دانشگاه دنیا... همون که بهش نظر داره... باهاش پارک میره، برای بچه اش تولد می گیره... کادوی سیصد دلاری برای تولد بچه سه ساله اش میده... پول تاکسی ش رو حساب می کنه... آهان... فکر می کنی چقدر شهادت شما اثر داره دقیقاً؟

- خیلی... میدونی چرا؟ چون من تو دادگاه پرونده شکایت و تصادف ندارم... چون من یک سال از کشور فراری نبودم... چون من یک آدم فرهیخته ام. فوق دکترا دارم. استاد دانشگاه تورنتو هستم. من حتی اگر با دنیا ازدواج هم بکنم، باز هم حرفام سنده...

فرید همون لحظه صداش رو برد بالا و گفت: غلط می کنی می خوای با دنیا ازدواج کنی... خبر دارم چقدر دور و برش موس موس می کردی و دنیا بهت محل نمی‌داده.

- اشتباه به عرضتون رسوندن، از این خبرا هم نیست... کلاغ خبر چینتون تو زرد بوده.
فرید رو کرد به من و با حالت طلب کارانه صداش رو برد بالاتر و گفت: راست میگه؟ تو با این آدم می خوای عروسی کنی؟
- به تو چه مربوطه... مگه من پرسیدم با کی عروسی می کنی؟

فرید چشماش رو گرد کرد و یک قدم به من نزدیک تر شد و دوباره صداش رو برد بالا وگفت: جواب من رو بده... تومی خوای با این عروسی کنی؟

تو چشای فرید زل زده بودم و پلک نمی‌زدم. چند ثانیه گذشت و سرم رو بالا گرفتم و همونطور که تو چشماش زل زده بودم خیلی جدی گفتم: آره... همین الانم داشتیم در مورد تاریخ ازدواجمون حرف می‌زدیم.

برای چند ثانیه سکوت عجیبی برقرار شد. نیکی هم داشت هاج و واج ما رو نگاه می‌کرد. اصلاً نمی‌دونم می‌فهمید ما چی می‌گیم یا نه؟ یک دفعه دیدم دکتر شریفی دستش رو دور شونه من حلقه کرد و من رو به طرف خودش تکیه داد. داشتم شاخ در میاوردم. به سختی خودم رو کنترل کردم و سعی می‌کردم خودم رو که با تمام وجود دلم می‌خواست از تو بغلش بیرون بیام، بی حرکت نگه دارم.

فرید حسابی شوکه شده بود، گفت: پس از پریروز که گوشیت رو خاموش کردی پیش این بودی.
- این نه بگو آقای دکتر شریفی.
دکتر شریفی رو به من کرد و گفت: ولش کن دنیا جان. حیفِ تو نیست با این آدم دهن به دهن میشی؟
همون لحظه بود که فرید یکباره از کوره در رفت و گفت: از کی تا حالا؟ تا دو روز پیش که سایه هم رو با تیر می‌زدید؟

من با پوزخند گفتم: از کجا می دونی؟ سمیرا بهت گفته؟ سمیرا خیلی وقته که مهره سوخته بازی شده. مطمئن بودم برات حرف میبره. چند وقتی بود که سرکار گذاشته بودمش.

باورم نمی‌شد... مردی که یک سال تموم من رو با دخترم بدون یک دلار پول، توی کشورِ غریب ول کرد و رفت و بعدش هم طلاق غیابی گرفت و ازدواج کرد، چطور می تونه از دیدن من و دکتر شریفی کنار هم انقدر حسادت بکنه؟ فرید رو خوب می شناختم. حسادت تمام سلول‌های بدنش رو تحریک کرده بود. صورتش سرخ شده بود و مثل همیشه که وقتی عصبی می شد، پا به پا میشد، تکون می خورد.
- عمراً... دارید فیلم بازی می‌کنید.

برای چند ثانیه مغزم قفل کرد... توی دهانم نمی چرخید به جز دکتر شریفی، جور دیگه‌ای استادم رو صدا بزنم... اصلاً برای چند ثانیه فقط به این فکر می کردم که اسم کوچیک دکتر شریفی چی بود!.. زود یادم اومد و ناخوداگاه گفتم: می‌بینی حمید جون، خودش رفته زن گرفته، هنوز با شوهر کردن من کار داره... جالب تر اینکه با چه اعتماد به نفسی اومده نیکی رو ببره!

دکتر شریفی چشماش برقی از شادی زد. لبخندی که به سختی داشت قایمش می کرد، روی چهره اش به طورنامحسوسی دیده می شد. برای اینکه این برق شادیِ تو صورتش رو فرید نبینه، صورتش رو کاملاً به سمت صورت من چرخوند و گفت: خودت رو ناراحت نکن عزیزم. بهترین وکیل‌ها رو برات می گیرم. همه وکیل‌های خوب تورنتو رو بسیج می‌کنم که دیگه حتی یک ثانیه هم این مرد نتونه نزدیک نیکی بشه.

اون لحظه بود که فرید با تمام وجودش موضوع من و دکتر شریفی رو جدی گرفت و مثل کسی که سگ وحشی گازش گرفته باشه، نعره زنون گفت: تو غلط می کنی زن و بچه من رو صاحب بشی عوضی!

همینطور که داشت داد می زد، یقه دکتر شریفی رو گرفت و من به سرعت با نیکی ازشون فاصله گرفتم. نیکی وحشت زده شده بود و گریه می کرد.

دست نیکی رو گرفتم و توی راهرو رفتم و داد زدم: " کمک... کمک... یک دیوونه اینجاست داره دکتر شریفی رو می‌کشه".

یکی از دانشجوهای دفتر بغلی که انگار سر و صدای ما رو شنیده بود، از اتاقش اومد بیرون و گفت: "من به سکیوریتی (حفاظت دانشگاه) خبر دادم. دارن میان." همون لحظه دو تا مأمور امنیتی دانشگاه به سرعت از ته راهرو به سمت ما اومدن. من هم دنبال مأمورها به طرف اتاق دکتر شریفی برگشتم.

فرید یقه دکتر شریفی تو دستش بود و هنوز کار به جاهای باریک نکشیده بود اما مأمورها فرید رو دراون حال دیدن و به سرعت از پشت کشیدنش. فرید شروع کرد به انگلیسی حرف زدن: "اوکی اوکی... من رفتم... اوکی..." و دستاش رو بالا گرفت.

یکی از مامورها با لحن فوق العاده جدی گفت: شما باید با ما به دفتر حفاظت بیاید.

فرید یک آن به خودش اومد و دید دو تا مرد هیکلی کنارشن و می خوان با خودشون ببرنش... از عصبانیت داشت می‌ترکید اما جیک نمی‌زد. مامور دستش رو به بیرون در اشاره کرد تا فرید جلو راه بیفته. همینطور که فرید داشت از اتاق دکتر شریفی بیرون می اومد چشمش به من افتاد و یکباره انگشت اشاره دست راستش رو به علامت تهدید به سمتم تکون داد و توی راهرو به راهش ادامه داد.

یکی از مامورها پشت فرید راه افتاد و مامور دیگه رو کرد به دکتر شریفی و ازش خواهش کرد برای مشخص شدن موضوع به دفتر حفاظت دانشگاه که توی طبقه همکف همون ساختمون بود بره.

چندین دانشجوی دیگه دور اتاق دکتر شریفی جمع شده بودن و دکتر شریفی بلند به همشون گفت: لطفاً برید سر کارتون اتفاقی نیفتاده.

همینطور که از کنار من رد می شد گفت: تو نمی خواد بیای دنیا.
- ولی نمیشه که... بازم به خاطر من توی دردسر افتادید.

- ازت خواهش می‌کنم نیا. اگه نمی خوای با نیکی اینجا باشی برو پائین، بشین توی حیاط. کمی با نیکی قدم بزن. بعدش با هم میریم، هم پیش پلیس، هم وکیل.

دکتر شریفی با عجله رفت. نیکی خیلی شوکه شده بود. دلم برای نیکی می‌سوخت. می دونست اتفاق خوبی نیفتاده، اما نمی‌دونست چی شده یا شاید می دونست و برای همین هیچ سوالی از من نمی کرد.

کیفم رو برداشتم و با نیکی رفتم توی حیاط و دم در ورودی ساختمون نشستم. حسابی گیج شده بودم. فرید برای چی براش مهم بود که من با کی ازدواج می‌کنم؟! مگه خودش طلاقم نداده بود؟! یاد دکتر شریفی افتادم. یاد لحظه ای که من رو از بغل به خودش چسبونده بود و دستش رو دور گردنم انداخته بود. حتی با یادآوری اون لحظه برای چند ثانیه تمام بدنم شروع کرد به داغ شدن... یک احساس عجیب. حسی شبیه خواستن. نکنه من دکتر شریفی رو دوست دارم؟!! محکم زدم توی صورت خودم. نه دلم نمی خواست شیطون گولم بزنه. دکتر شریفی استاد منه... استادمم می مونه.

نیم ساعتی گذشت و من تو این فاصله موبایلم رو روشن کردم و دیدم چندین بارباهام تماس گرفته شده بوده. بیشترش از فرید بود. حتی برام پیام گذاشته بود، اما اصلاً دلم نمی خواست به هیچ کدوم از پیام هام گوش بدم... تو همین فکرها بودم که با ناباوری تموم، دیدم سمیرا در حالی که دستش رو تو دست شروین حلقه کرده، داره به سمت در ورودی ساختمون میره... خدای من!! همین رو کم داشتم... دلم می خواست برم و هرچی می‌تونستم بارشون کنم. نیکی رو که داشت یک گوشه بازی می کرد صدا زدم... نیکی اومد و دستش رو گرفتم و به طرف در ساختمون دویدیم. دقیقاً جلوی در ورودی به سمیرا و شروین رسیدم و سمیرا تا چشمش به من افتاد گفت:
- دنیا کجایی؟ دو روزه با ندا همه جا رو دنبالت گشتیم.
من در حالی که داد می زدم گفتم: اینجا چی کار می کنی؟؟؟ تو با چه رویی بلند شدی اومدی اینجا؟... هان؟
- بخدا اومدم با شروین بهت بگیم که ما روحمون از هیچ چیز خبر نداره دنیا. فرید می خواست رابطه ما رو بهم بزنه که زد... مگه نمی‌گفتی همیشه همین رو می خواست؟
- سمیرا بسه... برو دیگه نمی خوام ببینمت.

همون لحظه بود که چشمم به نگاه فرید که داشت از ساختمون خارج می‌شد تلاقی کرد و خشکم زد. سمیرا جهت نگاه من رو دنبال کرد و چشمش به فرید افتاد. تا فرید رو دید، به سمت فرید رفت و رو به شروین گفت: بیا... ببین... اینم همون آدم پست فطرتی که می‌خواستی ببینی... همون که شماره تو رو به دروغ داده به زنش تا بده به دنیا.

شروین که همیشه به نظر مرد باشخصیت و باوقاری می اومد، بر خلاف همیشه با حالتی که تا اون روز ازش ندیده بودم، رفت به سمت فرید و همینطور که صداش رو تو گلوش انداخته بود، داد زد و گفت: شماره من رو از کجا آوردی کلاه بردار؟

هاج و واج به شروین و فرید نگاه می کردم. فرید بدون اینکه حتی به صورت شروین نگاه کنه به من نزدیک شد و گفت:
- بیا اینور می خوام باهات حرف بزنم.
من سعی می کردم نیکی رو از فرید دور نگه دارم و یک قدم به عقب رفتم و گفتم: من با تو کاری ندارم.
شروین به فرید نزدیک شد و دستش رو روی شونه فرید گذاشت و گفت:
- هی... با توام، شماره من رو از کجا پیدا کردی؟؟؟ واسه چی دادی به زنت که بده به دنیا؟؟؟ فکر کردی می تونی کثافت کاری‌هات رو گردن من بندازی؟

فرید دست شروین رو محکم از شونه اش پس زد و داد زد: بسه... خفه شو دیگه... نمی فهمی؟

سمیرا دوباره با اون صدای جیغ جیغیش شروع کرد به جیغ زدن: خودت خفه شو دیوونه... با شروینِ من درست صحبت کن.

انقدر همه چیز داشت سریع اتفاق می افتاد که من اصلاً نمیتونستم بفهمم کی داره راست میگه... سمیرا واقعاً عصبانی بود... شروین هم به قدری عصبانی شده بود که اگر بهش چاقو می زدن خونش در نمیومد.

همون لحظه دکتر شریفی از ورودی ساختمون اومد بیرون.
- دنیا... بیا بریم. ماشین تو پارکینگ جلوییه.

تا اومدم قدم بذارم که با دکتر شریفی برم، فرید جلو راهم رو سد کرد ودوباره صداشو برد بالا و گفت: گفتم می خوام باهات حرف بزنم.

دکتر شریفی: مثل اینکه همین الان از حفاظت اومدی بیرون. نگاه کن... اتاقش از اینجا دیده میشه... اگه می خوای مزاحم زن من بشی، برم بگم بیان ببرنت؟

فرید مثل لبو سرخ شده بود، صداش رو آورد پائین و جوری که فقط من بشنوم گفت: ببین فقط چند دقیقه... دنیا... باید باهات حرف بزنم... باید همه ماجرا رو بدونی... به خاطر نیکی بیا... چند ثانیه به حرفام گوش کن خواهش می‌کنم.

چشمام می سوخت و از شدت ناراحتی سرخ شده بودن. این همه دعوا و تشنج، اون هم جلوی نیکی، واقعاً حالم رو بد کرده بود... شاید بهتر بود چند دقیقه با فرید حرف می زدم تا بفهمم حرف حسابش چیه... تو این فکر ها بودم که سمیرا به شروین گفت: زود باش بپرس ببین از جون ما چی می خواد؟
شروین دوباره به سمت فرید اومد و داد زد:

- ببین نالوطی، می‌دونم چه آدم عوضی هستی. یا همین الان میگی شماره من رو برای چی دادی یا...

فرید دوباره صداش رو برد بالا و نعره زنان به طرف شروین حمله کرد و گفت:
- مگه نمیگم خفه شو محمد جواد!!!

شروین شوکه شد. دیگه هیچ چی نگفت... به فرید نگاه می کرد اما حرفی نمی زد و حرکتی هم نمی کرد... سمیرا دوباره پرید تو حرف فرید و گفت:
- جواد جد و آبائته... آخه جوادتر از تو توی دنیا هست که به شروین من میگی جواد؟

فرید دوباره رو کرد به شروین و گفت:
- خفه اش می کنی یا نه؟

دکتر شریفی اومد و کنار من و نیکی ایستاد و گفت:
- بیا بریم الانِ که دوباره حفاظت بیاد... به قرارات نمیرسی ها.
انگار نمی شنیدم و نمی‌فهمیدم دیگه چی داره می‌گذره... سرم سوت می کشید... بدون اینکه به دکتر شریفی جوابی بدم به فرید گفتم:
- پس این اسمش شروین نیست... محمد جواده... آره؟

فرید تو چشمام نگاه کرد و گفت: به حرفام گوش میدی یا نه؟ منم می خوام همه چیز رو بگم دیگه. چشمام داشت از حدقه در می اومد، بدنم شروع کرده بود به لرزیدن... با صدای لرزون گفتم: اول بگو جریان محمد جواد چیه؟... (داد زدم) راستش رو بگو.

سمیرا هاج و واج به دهان فرید چشم دوخته بود. فرید بالاخره گفت: آره، این دوست منه. اسمش محمد جواده.

دیگه چیزی جز جیغ سمیرا رو نمی شنیدم: دروغ میگه... آره شروین... بهش بگو دروغ میگه... چرا ساکتی؟ هان؟

شروین چیزی نمی گفت و سرش رو پائین انداخته بود. سمیرا زد زیر گریه و جیغ کشیدن:
- شروین... بگو دروغ میگه... بگو... بگو که تو دوست منی؟ بگو و گرنه دنیا حرفش رو باور می کنه... بگو.

شروین سرش رو بالا گرفت وطوری که انگار دوباره به خودش اومده باشه گفت: چی میگی عوضی؟ محمد جواد دیگه چه صیغه‌ای هستش؟ همه رو گذاشتی سر کار؟

فرید دوباره سر شروین داد زد و گفت: بهت میگم خفه شو نمی‌فهمی؟ میگم بسه دیگه تمومش کن. بازی تموم شد... آره... آقا جون ... من ایمیل سمیرا رو دادم به محمد جواد، رفته باهاش چت کرده دوست شده. دست مریزاد، خوبم مخش رو زده... اما... پولش رو گرفته... نگرفتی؟ گرفتی دیگه... نگو نگرفتی که همه اسنادش هست. چی فکر کردی دنیا؟ تو رو با جگر گوشه ام ول می‌کنم به امان خدا؟

سمیرا مثل روانی‌ها به طرف فرید حمله کرد و دوباره جیغش رفت هوا. به خودم اومدم دیدم دور تا دورمون پر شده از دانشجوها. همه دورمون حلقه زدن و دارن با تعجب نگاهمون می‌کنن. دکتر شریفی جوری که کسی نفهمه دستم رو گرفت و در حالی که می کشید، گفت: دیر میشه بیا بریم.

نیکی دوباره گریه اش گرفته بود و من با دیدن گریه نیکی، حواسم رو از سمیرا و فرید به سمت نیکی آوردم و در حالی که دکتر شریفی دستم رو می‌کشید، باهاش رفتم. تند تند قدم برمی‌داشتیم و دکتر شریفی حتی فرصت نمی داد که سرم رو برگردونم و به عقب نگاه کنم.

نیکی پا به پای ما داشت می دوید، کم مونده بود که زمین بخوره و من مجبور شدم بایستم. دکتر شریفی سریع نیکی رو بغل کرد و به راهمون ادامه دادیم تا به پارکینگ رسیدیم. هر دو نفس نفس می زدیم و نشستیم توی ماشین. چند ثانیه گذشت تا اینکه دکتر شریفی گفت:

- ساعت چند باید بری پیش پلیس؟
- قرار بود امروز صبح تا قبل از ساعت دوازده اونجا باشم.
- خوبه وقت داریم، بعدشم میریم پیش وکیل... راستی ایمیلت رو چک کردی؟
- نه دکتر، این روزا زندگیم کُن فَیکون شده.
- جواب کنفرانس رو ایمیل کردن. باید نظرهای داورها رو بخونی. هر سه تاشون به شدت از مقاله تعریف کردن. همین فردا برو دنبال کار ویزا.
- باشه چشم... می دونید این آرزوی من بود که تو کنفرانس‌هایی که مقاله میدم بتونم خودم حضور داشته باشم. یعنی ممکنه ویزا نگیرم؟
- نه صد در صد می گیری. نگران نباش.
- دیگه واقعاً نمی تونم نگران نباشم. من این روزها نگرانم. نگران همه چیز. اصلاً مزه آرامش رو یادم نمیاد.
- بس که غدی ... نمی ذاری حتی کسی که دوست داره بهت کمک کنه، کمکت کنه. هر چند من از همین غرورت خوشم میاد.

تا دکتر شریفی این حرف رو زد، یاد این افتادم که دستش رو دور گردنم انداخته بود. ناخوداگاه خجالت کشیدم و حس کردم صورتم سرخ شد. گفتم:
- راستی من واقعاً معذرت می خوام که گفتم قراره باهاتون عروسی کنم. یک لحظه فقط خواستم حرصش رو در بیارم.

لبخندی زد و گفت: نگران نباش. تا هر وقت که تو بخوای من نقش شوهر آینده تو رو بازی می کنم. اصلاً بگو نامزدیم.

زود گفتم: بریم... آدرس رو می خواید؟

دکتر شریفی آدرس رو گرفت و ماشین رو روشن کرد. همین که از پارکینگ اومدیم بیرون، فرید مثل اجل معلق جلومون سبز شد. وسط خیابون وایستاده بود و تکون نمی‌خورد. دکتر شریفی زد روی ترمز و گفت:
- واقعاً چی می کشی دنیا؟ این دیوونه چی میگه؟! باید همین الان که میریم پیش پلیس، ازش شکایت کنی.
- حتماً این کار رو می‌کنم. اصلاً سرم داره سوت می کشه. چطوری برای جاسوسی من آدم اجیر کرده؟ حاضر نشد یک دلار برای نیکی بده اما به این شروین، معلوم نیست چقدر پول داده... حالا من یک طرف، با احساسات سمیرا هم بازی کرده.
- یعنی باورت شد که سمیرا در جریان نبوده؟
- آره... راستش باورم شد... اگه اسم این شروین واقعاً محمد جواد باشه حتماً همینطوره... سمیرا انقدر ظاهربین هست که با کسی که اسمش جواد باشه دوست نشه.

همینطور که ماشین رو نگه داشته بودیم و حرف می زدیم، فرید که بدون تحرک ایستاده بود و سد معبر کرده بود، شروع کرد به قدم زدن به طرف ماشین.

- میگم، شاید بهتر باشه حرفاش رو گوش کنم. وگرنه دست از سر من بر نمی داره.
- واقعاً می خوای با این آدم دیوونه دهن به دهن بشی؟

همون لحظه بود که نیکی که بدون سر و صدا عقب ماشین روی صندلی ماشین ملیسا دختر دکتر شریفی، نشسته بود، زد زیرگریه... اونم نه یک گریه معمولی... از اون گریه های ته دل که هر وقت می شنیدم، ناخودآگاه دلم هُری می ریخت پایین و اعصابم کش می رفت... وای خدای من... حتماً از اینکه پشت فرید حرف می‌زنیم ناراحت شده بود... آره... بالاخره اون آدم باباش بود... دکتر شریفی از آینه عقب به نیکی نگاه کرد و سریع نگاهش رو پائین انداخت. فکر کنم فهمیده بود با حرف زدن در مورد فرید و دیوونه خطاب کردنش نیکی رو ناراحت کرده... باورم نمی‌شد اما نیکی کوچولوی من همه چیز رو می‌فهمید. اون دل کوچیکش شکسته بود و منِ لج باز یک دنده هنوز حاضر نبودم کمی گذشت کنم و حداقل حرف‌های فرید رو گوش کنم.

به سرعت برگشتم به نیکی نگاه کردم و گفتم: نیکی جان پیش عمو باش تا من برم با بابا حرف بزنم باشه؟ اشکاتم پاک کن... چیزی نشده که مامان جون...

نیکی ساکت شد و من در ماشین رو باز کردم تا از ماشین پیاده بشم. دکتر شریفی جوری که انگار حسابی کلافه شده دستش رو از روی فرمون بلند کرد و دوباره روی فرمون گذاشت، اما هیچی نگفت... پیاده شدم و رفتم توی پیاده رو و فرید هم اومد سمت من.

- خواهش می کنم بیا بریم حرف بزنیم.
- خواهش می کنی؟!!! مگه تو جز وحشی بازی و تهدید کار دیگه ای هم بلدی؟؟؟ همین جا بگو. می‌شنوم.
- اینجا نمیشه... سر پا؟ وسط پیاده رو... نمیشه.
- پس برم؟... باشه. میرم.
پشت کردم که برم، فرید دستم رو گرفت و کشید.
- صبر کن...
چشماش رو بست و محکم فشار داد و دوباره باز کرد... انگار داشت به زور جلوی وحشی گریش رو می گرفت... گفت: حق داری عصبانی باشی... من می خواستم دیر یا زود ماجرا رو بهت بگم... خب من هر کاری کردم از تو و نیکی خبردار بشم نمیشد... این تنها راهی بود که داشتم. هر کاری کردم که سمیرا رو نرم کنم از شما خبر بده، نشد.
- خُب، مهم نیست... یعنی دیگه مهم نیست... اما من نیکی رو به تو نمیدم. نیکی جون منه... اگه نباشه می میرم.
- فقط جون توئه؟... فقط تو حق داری؟ فقط تو احساس داری؟
- اگه داشتی سر چند ماه زن هیجده ساله نمی گرفتی... فکر کنم می خواستی یه جورایی جای نیکی رو برات پُر کنه...
- اگه بده تو چرا می خوای با اون عصا قورت داده عروسی کنی؟ فقط چون دکترا داره؟
- تو نمی فهمی... هر چی میگم بیراه جواب میدی... دستم رو ول کن برم.
- بگو دیگه... اگه نیکی رو می خوای دیگه چرا می خوای عروسی کنی؟
- من نمی خواستم شوهر کنم. واقعاً فکر می کردم یک روز برمی‌گردی پیش من و نیکی اما خودت خواستی جدا بشی... خودت زن گرفتی... پس همه اینها مقصرش تویی! منم حق دارم ازدواج کنم، ندارم؟

فرید در حالی که انگار داشت جمله هاش رو قورت می داد، بالاخره دهانش رو باز کرد و گفت:
- نمی‌فهمی دیگه... نمی‌فهمی... من چطور می‌تونم برم با اون بچه عروسی کنم هان؟ من فقط موبایلم رو دادم به علی که بده به میترا... یادت که میاد میترا رو... دختر خواهر علی... باباش ورشکست شده بود... مثل اینکه دخترِ هنرستان بازیگری میره... اصلاً سر جمع چهار بار هم ندیدمش... به خدا دنیا من ازدواج نکردم. شناسنامه ام خونه محمد جواده... آوردمش... می دونی چرا؟ چون می دونستم لازم میشه... می خواستم که بالاخره بهت بگم.

خشکم زد... نمی دونستم باید خوشحال باشم یا ناراحت! گفتم:
- دروغ میگی... حالا که فهمیدی من می خوام عروسی کنم این چرت و پرت ها رو میگی.
- نه... دروغ نمیگم... تو اصلاً نمیتونی عروسی کنی... چون تو هنوز زن منی...

همین که این رو شنیدم دستم رو که تو دست فرید بود، محکم از دستش کشیدم بیرون.
دویدم به سمت ماشین دکتر شریفی. زود نشستم توی ماشین و در رو قفل کردم و با گریه گفتم:
- تو رو خدا زود باشید از اینجا برید...

فرید دنبالم اومده بود و رسیده بود دم شیشه ماشین و سعی می کرد در رو باز کنه و می‌کوبید به شیشه و داد می زد:
- دنیا! صبر کن... وایستا...

دکتر شریفی گاز داد و به سرعت از اونجا دور شدیم. من همینطور گریه می کردم و دکتر شریفی می‌پرسید چی بهت گفت... اما من جواب نمی دادم و فقط گریه می کردم.
- میدونستم... نگفتم نرو... چرا به حرفای این آدم گوش میدی دنیا؟ چرا وقتت رو، احساست رو، اعصابت رو حروم این آدم میکنی؟ نمی بینی چه آینده خوبی در انتظارته... یکی دو هفته بعد سر کار میری... برای مقاله ات باید بری آمریکا... این آدم رو ببوس بذار کنار... تموم شد.

هیچی نمی‌گفتم. فقط فکر می کردم... به اینکه واقعاً باید با این آدم چیکار می کردم... ای کاش راست نمی گفت... ای کاش جدا شده باشیم. نه به خاطر اینکه دلم می خواست بتونم با فرد دیگه ای عروسی کنم... اصلاً! فقط به خاطر اینکه دیگه عارم می اومد آدمی مثل فرید شوهرم باشه. مخصوصاً با این کارهای اخیرش... وای که آتیش می‌گرفتم وقتی فکر می کردم تمام این مدت از طریق سمیرا زندگی من رو مو به مو تعقیب می کرده... واقعاً چرا؟ چرا به جای این کارها هیچ وقت نخواست کوتاه بیاد؟ واقعاً نمی‌فهمیدم چی تو فکر مریضشه؟

گریه می کردم و جواب دکتر شریفی رو نمی دادم... شاید اصلاً به اینکه چی داره میگه گوش نمی دادم... تا اینکه دکتر شریفی گفت:
- دنیا... مگه چی بهت گفت که اینطوری شدی؟ هان؟

اشکام رو پاک کردم و گفتم: هیچی... میگه موضوع ازدواجش دروغ بوده.
- باور کردی؟ از تو بعیده... داره گولت می زنه.
- نه میگه شناسنامه اش رو آورده.
- اصلاً کرده باشه یا نکرده باشه... بهش بگو ربطی نداره... ما با هم عروسی می کنیم... برای این گریه می کردی؟
- نه... میگه طلاق غیابی هم الکی بوده... اسم من هنوز تو شناسنامشه.

دکتر شریفی ساکت شد. هیچی نگفت... سرم رو برگردوندم و نگاهش کردم... کمی سرخ شده بود و به نظر کلافه میومد.

چند ثانیه گذشت تا اینکه گفت: باید به وکیل بگی... باید ازش جدا بشی... هر چه زودتر دنیا...
سرش رو به طرف من برگردوند و گفت:

- ازش جدا میشی دنیا؟
با تعجّب نگاهش کردم. هیچی نمی‌گفتم... دکتر شریفی ادامه داد:
- میدونی... این آدم لیاقت تو رو نداره... اگه می خوای نیکی رو بگیری باید همه این دیونه بازی هاش رو به وکیل بگی... از اون محمد جواد گرفته تا نامه طلاق و ازدواج مجددش و...
سرم رو تکون دادم و گفتم:
- حتماً همه چیز رو دزدیده... نامه پریشبش رو که دزدیده بود... باید یک سر برم خونه ببینم بقیه مدارک رو چی... البته قایمشون کردم... امیدوارم پیداشون نکرده باشه.
- از روی کلید شروین... همون محمد جواد... ساخته و بهش داده؟
سرم رو تکون دادم و گفتم: وای یادم نندازین... چطوری وارد زندگیم شد... تقصیر خودمه که با سمیرا همخونه شدم... می دیدم هرچی سنش میره بالا و شوهر نمی کنه بیشتر دست و پاش رو گم می کنه و با این و اون دوست میشه... فکر کرده شوهر تحفه ست... من هی حسرت مجرد بودنش رو می خوردم... می گفتم میاد اینجا راحت درس می خونه، پیشرفت می کنه. این دیوونه چسبیده به پسرا. همه اش هم پسر پولداریا دندونپزشک و... نمی فهمم.
- این محمد جواد دندونپزشکه؟
- عمراً.

***

دم دم های عصر بود. موبایلم رو از بعدازظهر خاموش کرده بودم. نیکی توی ماشین خوابش برده بود. اول پیش پلیس رفته بودیم و همه ماجرا رو به پلیس گزارش دادیم. فیلم رو دیدیم. واقعاً اون مرد که نیکی باهاش از در بیرون رفته بود فرید نبود... اما خروجی هم از فرید ثبت نشده بود و یا شاید قابل تشخیص نبود. دکتر شریفی به عنوان شاهد همه چیز رو گفته بود. بعد از بیرون اومدن از اداره پلیس، به پیشنهاد من و مهمون دکتر شریفی به یک چلو کبابی ایرانی رفتیم. وای که بعد از یک سال خوردن چلوکباب سلطانی به اون خوشمزگی، برام کلی تجدید خاطره شد. هرچی می گذشت بیشتر با دکتر شریفی راحت و خودمونی می شدم. دکتر شریفی همه اش قربون صدقه نیکی می رفت. بعد از رستوران هم رفتیم پیش وکیل دکتر شریفی. نزدیک به یک ساعت و نیم با وکیل حرف زدیم. وکیل گفت با کارهایی که فرید کرده و پرونده هایی هم که پیدا کرده کار رو برای ما آسون کرده.
نمی دونم دقیقاً چطوری گذشت اما تا به خودم اومدم دیدم هوا داره تاریک میشه و من و دکتر شریفی و نیکی هنوز داریم می چرخیم و اصلاً خسته نشدیم. البته به جز نیکی که تو ماشین خوابش برده بود. گفتم:

- ممنونم دیگه. امروز واقعاً بعد از اون همه استرس و دعوا، روز خوبی داشتیم. هم من، هم نیکی... همه اتفاقای بد امروز داره از یادم میره. واقعاً ممنونم.
- خواهش می کنم. بعد از مدت ها منم یک تفریحی کردم... ازت ممنونم.
لبخند زدم.
- برسونمت خونه؟

- بله... باید یک سر به خونه بزنم بعد برم خونه سوری.
- آهان... اون خانمه... حالا واقعاً قابل اعتماد هست؟
- آره... هست... خیلی گُله. باید ببینیدش تا متوجه بشین.
- میگم دنیا... میشه انقدر با من رسمی حرف نزنی؟ حداقل خارج محیط دانشگاه.
- راستش از روی عادته. من اصلاً... یعنی فکر نکنم بتونم تو دانشگاه رسمی باشم و خارج از دانشگاه راحت باشم. یک جورایی عادت می کنم... سخته برام... پس بهتره همیشه رسمی حرف بزنم که یک موقع تو دانشگاه...
دکتر شریفی پرید تو حرفم: یعنی از آدم تیزهوشی مثل تو نمیشه انتظار داشت به راحتی سوییچ کنی؟ شوخی نکن... اگه نمی تونی مهم نیست. همیشه تو صدام کن، انقدر شما شما نکن... جمع حرف نزن.
- باشه دکتر شریفی سعی می کنم.
- دکتر دکتر هم نکن. مگه اینجا بیمارستانه؟
خندید...
- چی بگم؟ بگم شریفی؟
- نه... حمید... ای بابا... بیرون از دانشگاه رو میگم.
سرخ شدم... یاد صبح افتادم که بهش گفته بودم "حمید جون".
- باشه... ح... حمید... وای خیلی سخته...
- لوس نکن خودت رو... امشب وقت بگیر از سفارت... باید زودتر ویزات رو بگیری ها...
- اما... از صبح تو فکرم... نیکی رو چی کار کنم.

دکتر شریفی رفت توی فکر... بعد گفت:
- احتمال زیاد منم میام برای کنفرانس. یک کاریش می کنیم. نگران نباش. باشه؟
- باشه.
- الان می رسیم خونه... من پایین منتظر میشم... بعد هم می رسونمت خونه سوری خانم.
- زحمت میشه...
- باز شروع شد...
- نه آخه به اندازه کافی امروز مزاحم شما... یعنی "تو" شدیم.

همون لحظه پیچیدیم توی کوچه. دکتر شریفی دم آپارتمان پارک کرد و محکم ترمز دستی رو بالا کشید و گفت:
- خیلی سخته بفهمی من خودم دوست دارم کنار تو و نیکی باشم؟
کمی مکث کرد. تو چشمام زل زد... خیلی هُل شدم... وای نکنه بخواد دهنش رو باز کنه و بگه دوستم داره؟ نه... من آمادگیش رو ندارم... مخصوصاً الان... الان که می دونم هنوز زن فریدم... خدایا... دوست ندارم به این زودی از این حرفها بزنه... یعنی موقعش نیست... گاهی وقت ها حتی بهترین اتفاق زندگی که همیشه منتظرش بودیم هم، اگه به موقع اتفاق نیفته، تبدیل میشه به بدترین اتفاق زندگی آدم. دکتر شریفی دهنش رو باز کرد و گفت:
- دنیا! من... من باید بهت بگم... من از همون روز اول که اومدی دانشگاه___

بَنگ... قلبم اومد توی دهنم... دیگه نشنیدم داره چی میگه... یک چیزی محکم خورد تو شیشه ماشین. نیکی از خواب پرید و وحشت زده گریه می کرد. دکتر شریفی مثل فنر از جا پرید... به شیشه ماشین نگاه کردم... سالم بود اما پشت شیشه فرید رو دیدم که با یک تیکه چوب توی دستش، کنار ماشین وایستاده.

همینکه چشمم به فرید افتاد از شدت عصبانیت دست و پام شروع کرد به لرزیدن. یك نیرویی توی وجودم بزرگ و بزرگتر شد تا اینکه بعد از چند ثانیه دیگه نفهمیدم چی شد. خون جلوی چشمام رو گرفت و مثل دیوونه ها در ماشین رو باز کردم و پریدم از ماشین بیرون. صدای دکتر شریفی رو توی پس زمینه ذهنم می شنیدم که می خواست جلوم رو بگیره اما مثل توپی که منفجر شده بودم هیچ نیرویی جلودارم نبود.

رفتم به سمت فرید و جوری که حس می کردم تارهای صوتیم الانه که پاره بشن، داد زدم:
- چی از جون ما می خوای؟ چرا دست از سرِ ما بر نمی داری؟!

فرید چوبی که تو دستش بود رو پرت کرد روی زمین و به من نزدیك شد و محکم من رو گرفت. دست و پا می زدم. از شدت عصبانیت می کوبیدم به سر و صورتش و فرید هم دستام رو گرفت. دیگه نمی تونستم جم بخورم و فقط چند سانتی متر صورتم با صورت فرید فاصله داشت. چشمای فرید دیگه عصبانی به نظر نمی رسید. همیشه وقتی اون روی سگِ من بالا می اومد ساکت می شد و صبر می کرد تا اون حالتی که بهم دست داده فروکش کنه. من زیاد عصبانی نمی شدم اما فرید می دونست وقتی عصبانی میشم نباید سر به سرم بذاره. البته به جز این اواخر که مشکلات زندگی باعث شده بود هر از چندگاهی به این حالت دچار بشم. اون لحظه هم خوب فهمیده بود که از همون موقع هاست و جیک نمی زد.
- دستام رو ول کن... روانی... ولم کن.
هیچی نمی گفت و نگاهم می کرد.
- واسه چی زندگی من و نیکی رو آتیش می زنی؟ نیکی خواب بود... از خواب پرید... می دونی چقدر ترسوندیش؟ می دونی؟ اصلاً تو چرا عقلت رو از دست دادی؟؟؟ چی تو سرت خورده که اینقدر لات شدی. هان؟

چند تا عابر دورمون جمع شدن و یکی دو تا از همسایه ها سرشون رو از پنجره ها بیرون آورده بودن. دکتر شریفی از ماشین اومد بیرون و همون موقع فرید داد زد:
- بشین سر جات. می خوام با زنم دو کلام حرف بزنم. نمی خوای که برم دانشگاه و بگم با دانشجوهای شوهر دارت رابطه داری. فکر کنم خیلی برات بد بشه نه؟

به نظر می اومد دکتر شریفی از این حرف فرید جا خورده و نمی دونه چی باید بگه، می خواست دهنش رو باز کنه و حرف بزنه اما مات و مبهوت به ما نگاه می کرد. فرید دست من رو ول کرد و برای چند ثانیه همه ساکت شدیم اما صدای گریه نیکی که از توی ماشین شنیده می شد، بلندتر شد. دکتر شریفی تا اومد چیزی بگه گفتم:

- میشه ازت خواهش کنم بری با ماشین یه کم نیکی رو بگردونی؟ فقط چند دقیقه.

دکتر شریفی سرش رو به علامت تأسف در حالی که به فرید نگاه می کرد تکون داد و نشست توی ماشین. ماشین رو روشن کرد و به سرعت فرمون رو پیچوند و دور زد، رفتم سمت ماشین و اونم شیشه اش رو کشید پایین. سرم رو نصفه نیمه توی ماشین کردم و رو به نیکی که هنوز داشت گریه می کرد گفتم:

- نیکی جونم... میری با عمو بستنی بخری برای مامان؟ من خیلی دلم بستنی می خواد. هوا خیلی گرمه. توام می خوای؟
نیکی با گریه گفت: نه من بستنی نمی خوام.
- آخه من می خوام. برام می خری بیاری؟ تو که مهربونی؟
نیکی ساکت شد و چشماش رو مالید. کمی فکر کرد و گفت: باشه. از همون توت فرنگی دارا؟
- آره دیگه، از همونا.
- باشه... پس منم می خوام... شما نمیای؟
- تو با عمو برو. من میرم خونه وسایلمون رو جمع کنم.

به دکتر شریفی نگاه کردم، سرش رو به سمت جلو گرفته بود و نگاهم نمی کرد... نمی دونم از اینکه تصمیم گرفتم با فرید حرف بزنم، دلخور بود یا از تهدید فرید برای شکایت ازش به دانشگاه ترسیده بود!

خیلی آروم گفتم: من بهتون زنگ می زنم. نیکی پیشتون امانت.
بدون اینکه نگاهم کنه گفت: منتظرم. نگرانش نباش .
دکتر شریفی رفت و همینطور که دور می شد، فرید رو کرد به چند نفری که ایستاده بودن و با تعجب نگاهمون می کردن با اون لهجه انگلیسیش گفت:
- چیه؟ برید... برید... برید.

کمی نفس عمیق کشیدم و سعی کردم آروم تر بشم. فرید نزدیك من شد و گفت: بیا بریم پارك روبرویی بشینیم.

چیزی نگفتم و با عصبانیت و قدم های تند به طرف پارك راه افتادم و فرید هم از پشت سر دنبالم می اومد. رسیدیم به پارك. پارکِ نزدیك خونه مون کوچیك بود وقسمت بیشترش رو فضای بازی بچه ها تشکیل می داد. کنار تاب و سرسره ها یك نیمکت بود. رفتم نشستم روی نیمکت. فرید هم نشست. به جلو نگاه می کردم و پاهام رو از عصبانیت به سرعت تکون می دادم. بالاخره فرید دهنش رو باز کرد و گفت:

- تقریباً هر عصر نیکی رو میاری اینجا.
همینطور ساکت بودم و چیزی نمی گفتم و گوش می دادم.

- آره... هم محمد جواد بهم گفته بود... خودم هم از ده روز پیش که اومدم اینجا هر روز عصر از پشت اون بوته ها نگاهتون می کردم... هیچ وقت با این یارو نه اینجا نه هیچ جای دیگه ندیدمت... تو این یك هفته مثل سایه دنبالت بودم... اما این یارو باهات نبود.

از کنار چشم دیدم که روش رو به من کرد و گفت: راستش رو بگو. اگه قراره باهاش عروسی کنی پس تو این یك هفته کجا بود؟ حتی شنبه که روزتعطیله توی پاساژ با نیکی تنها بودی. هرچی بیشتر فکر می کنم بیشتر شك می کنم که قرار ازدواجی در کاره. نکنه تازه همین امروز تصمیم گرفتی باهاش باشی؟

بالاخره همینطور که به درخت های پارك زل زده بودم، گفتم: مگه نیومدی دنبال نیکی؟ با من و زندگیم چی کار داری؟
- کار دارم چون هنوز شوهرتم.
- نیستی.
- هستم.
برگشتم به طرف فرید و تو چشماش زل زدم و گفتم: نیستی.
فرید دستش رو توی جیبش کرد و شناسنامه اش رو درآورد و باز کرد و صفحه اول رو نشونم داد. گرفت جلوم و گفت بگیر. شناسنامه اش رو گرفتم دستم و ورق زدم. با دیدن صفحه دوم حال عجیبی بهم دست داد. رفتم به اون روزها... روز عقدمون... حس می کردم سالها و حتی شاید دهه ها از اون روز گذشته. همه چیز برام خیلی دور و کمرنگ به نظر می رسید... اسم نیکی رو دیدم... یاد تولدش افتادم... یاد لحظه ای که فرید شناسنامه هامون رو آورد و با افتخار اسم نیکی رو توی شناسنامه اش نشونم داد... چقدر خوشحال بود ازاینکه دختردار شده و آرزوهای یواشکیش برآورده شده. هیچوقت به کسی جز من نگفته بود که دلش دختر می خواد می گفت: دختر میشه دختر بابا... پرنسس بابا.

با یادآوری اون روزها عصبانی شدم... شاید دلم می خواست خودم رو گول بزنم. می خواستم به یاد نیارم که روزهای خوبی هم با فرید داشتم... شناسنامه رو بستم وسعی کردم چشمام رو برای چند ثانیه ببندم و یاد کارهای این یك سال اخیرش بیفتم که مبادا دلم براش بسوزه... همینطور که چشمام بسته بود گفتم:
- خُب که چی؟
- دیدی عروسی نکردم؟ دیدی طلاقی در کار نبوده؟
- خوب طلاق می گیریم. کاری نداره. توافق داریم به جدایی مگه نه؟

فرید صداش رو کمی بالا برد و گفت: میگم تو هنوز زن منی. امروز قبل از اینکه با اون یارو بری این رو فهمیدی... بهت گفتم که بعداً نگی نمی دونستی... واسه چی باهاش بیرون رفتی اونم این همه مدت؟ هشت ساعته با این آدمی؟ چرا؟ تو چنین آدمی بودی؟

- از نظر تو شاید زنتم اما من خیلی وقته ازت جدا شدم. از همون چند ماه پیش که نامه طلاق رو برام فرستادی... فکر کردی طلاق یعنی اون یك تیکه کاغذ؟ فکر کردی طلاق یعنی وقتی اسم من بره تو صفحه طلاق شناسنامه ات؟
- پس یعنی کِی؟
- یعنی همون موقع که طلاق عاطفی گرفتم. یعنی همون موقع که با تمام وجودم باور کردم شوهرم نیستی. این باور رو خودت بهم دادی فرید! باید فکر اینجاشم می کردی.
- من... دنیا من نمی خواستم اینطوری بشه... اگه برات تعریف کنم بهم حق میدی... به هر حال تو زنِ قانونی و شرعی منی. می فهمی؟
- شرع... قانون... گفتم یك تیکه کاغذ و خوندنِ دو تا صیغه طلاق از دهن یك آدمی که معلوم نیست کیه و چیه برای من مهم نیست. به هر حال من طلاق می خوام. اصلاً قبول... تا قبل از طلاق با حمید بیرون نمیرم اما هر چه زودتر باید جدا بشیم.

فرید صداش رو برد بالا و دوباره گفت: انقدر حمید حمید نکن دنیا! تو چه آدمِ...

حرفش رو خورد... انگار می دونست که نباید تنها فرصت حرف زدن با من رو با عصبانیت و بد و بیراه گفتن از دست بده. کمی سکوت کرد ودستش رو به صورتش کشید و گفت:
- راست میگی. تو آدم بدی نیستی، من وانمود کردم جدا شدیم، تو هم از من دل کندی، این رو می خوای بگی دیگه؟

سرم رو به علامت تأیید تکون دادم.

- خُب الان دارم میگم، اشتباه کردم. دلیلش هم میگم.
فرید بلند شد و دوباره نشست. اینبار کمی نزدیکتر به من و ادامه داد:

- دنیا تو منِ رو آتیش زدی. پیش مامانم، خواهرام، پیش دوستام... فامیلام، شریکم، پیش همه کوچیکم کردی. زنِ من... یواشکی گذاشته رفته... می دونی یعنی چی؟ بچه ام رو دزدیده... می دونی یعنی چی؟ می دونی با چه شرمی این رو تا یک مدت قایم می کردم؟
مامانم توی یکی از این سفره های نذری که رفته بود. خواهر بزرگ علی- مامان میترا- رو دیده بود. فهمیده بود بدشون نمیاد که دخترشون رو به من بدن، چون بدجوری باباش ورشکست شده و وضع مالیشون خرابه... مامانم هم نشست زیر پام که میترا رو بگیر. دنیا رو طلاق بده. کچلم کرده بود دنیا! روزی ده بار زنگ می زد گریه و زاری. می گفت تو به من ظلم کردی و باید طلاقت بدم. بالاخره واسه اینکه دست از سرم برداره گفتم طلاقت دادم. باور نکرد... منم یك نامه جعلی درست کردم دادم دستش اما بعدش گیر داد که میترا رو بگیر. مامانش هی زنگ می زنه و غیرمستقیم میگه بیایید خواستگاری. به خدا دنیا نرفتم اما علی گفت قرار بذاریم ببینمش. ازش خواستم یك مدت وانمود کنه نامزدیم. نه برای تو. فقط برای کسی... بهش گفتم من زن دارم، با هیچ کس هم عوضش نمی کنم. اونم گفت دوست نداره با من عروسی کنه و باباش رو اعصاب همه شون راه رفته. از اولم علی می گفت، که شوهر خواهرش آدم حسابی نیست.

- اینهایی که میگی همش صغرا و کبراست. وقت تلف کردنه. اصلاً دیگه برام نه میترا، نه تو، نه مامانت،...هیچ کس مهم نیست. تو مگه نیکی رو نمی خوای؟ مگه...
فرید سرش رو چرخوند و در حالیکه مستقیم جلوش رو نگاه می کرد گفت: من نیکی رو با تو می خوام.
- پس چرا دیوونه بازی در می آوردی؟ من نمی فهمم. مثل آدم می اومدی حرف می زدی. اولش فیلم بازی کردی که راضی شدی ما بمونیم، بعد نیکی روبردی فرودگاه که ببریش، بعدم جاسوس گذاشتی برام. بعدم نامه طلاق دادی. بعدم نیکی رو دزدیدی . الانم این بی آبرویی ها. می زنی تو شیشه نمیگی دختر خودت زهره ترك میشه؟
- من محکم نزدم. اگه زده بودم که شیشه شکسته بود. خواستم حال این مردك رو بگیرم. تو حال خودم نبودم. وقتی دیدم که نشستید تو ماشین و اونجوری داره نگاهت می کنه، نفهمیدم چی شد. من اصلاً نفهمیدم نیکی خوابه. این مردک حالا که فهمیده تو هنوز شوهر داری غلط می کنه دنبالته. دنیا! راستش رو بگو. با این مردک قرار ازدواج گذاشتی؟

فرید چشمش رو به لب من دوخته بود. نفسش حبس شده بود. گفتم:

- مهم نیست. مهم اینه که من و تو فعلاً با تفاهم کامل از هم جدا بشیم. مثل دو تا آدم باشعور. نه من، نه نیکی، هیچ کدوممون تحمل دادگاه و این چیزا رو نداریم. اذیتمون نکن.

فرید سرش رو انداخت پایین و گفت: بمیرم هم طلاقت نمیدم.

- اما زجرم میدی؟ آره؟ می خوای باور کنم دوستم داری؟ بعد از کارایی که تو این یک سال کردی؟
- دارم قسم می خورم طلاقنامه رو به خاطر آزار تو نگرفتم. چند هفته قبلش واسه مامانم گرفته بودم. یک چیزایی هست که تو هنوز نمی دونی... الکلی می دونی چیه؟ دنیا من الان نزدیک یک ساله حتی صبح ها هم مشروب می خورم... داشتم تنهایی دیوونه می شدم... بفهم... بفهم... تو رو به اون خدا بفهم تو این یک سال بدون تو و نیکی چی به من گذشت.

صدای فرید پر شده بود از عجز و ناله. داغون بود.

- ببین دنیا! اون روز نزدیکای ظهر بود... توی شرکت بودم... تازه عید شده بود و بدون تو و نیکی حالم خرابتر از همیشه بود... سه تا لیوان بزرگ ویسکی خوردم... می دونی سه تا یعنی چی؟ انقدر حالم بد بود که نفهمیدم چی شد. چشمم خورد به طلاقنامه جعلی ای که به مامانم نشون داده بودم. نشستم برات نامه نوشتم. یادم نمیاد چه مزخرفاتی نوشتم اما می دونم حرفام سر و ته نداشت. بعدم بلند شدم رفتم همونجا تو بازار یک کارت عروسی سفارش دادم. انداختمش تو پاکت و بردم پستش کردم. باورت نمیشه زنگ بزنم به آقا سید جلال، صاحب چاپخونه. فهمید مستم. بوی الکل دهنم مغازش رو برداشته بود. فرداش بهم گفت که فهمیده بوده چه حالی دارم. دنیا به خدا من تو حال خودم نبودم. تو اون حال فکر کردم اگه بفهمی دارم عروسی می کنم حتماً خودت

رو می رسونی که جلوم رو بگیری اما وقتی فرداش عقلم سرجاش اومد فهمیدم چه غلطی کردم. فهمیدم شاید اینجوری کلاً بی خیالم بشی. تا خود اداره پست گاز دادم. بوق زدم. پلیس جریمه ام کرد... تا رسیدم اونجا، مردِ گفت خیلی دیره. دیروز همه نامه ها رفته. مثل سگ پشیمون شدم. به علی جریان رو گفتم. علی پیشنهاد داد با میترا حرف بزنم و راضیش کنم نقش بازی کنه.

سرم رو تکون دادم و گفتم :
- نمی دونم. واقعاً نمی دونم چقدر از حرفات راسته؟ داری کارت رو توجیه می کنی. اما حتی اگرم همین باشه که میگی، توجیه خوبی نیست. الان که دقت می کنم می بینم همون بوی مسخره الکل از دهنت میاد. من آدم ضعیفی مثل تو رو نمی خوام. من طلاق می خوام. همه این کارای بدت رو نمی تونی گردن مستیت بندازی. دو روز پیش من رو تا حد مرگ بردی. نیکی مثل قلبم می مونه. بردیش تا من رو دق بدی. پس یک در صدم باور نمی کنم دوری من دیوونه ات کرده. جدا می شیم. نیکی هم کانادا می مونه. دوست داری بیا اینجا زندگی کن و نیکی رو ببین اما نیکی ایران نمیره. حداقل تو این سه سالی که از درسم مونده.

فرید صداش رو برد بالا و گفت: کی از نیکی حرف زد؟ هان؟ من میگم نیکی رو با تو می خوام. پارسال خواستم ببرمش چون شك نداشتم تو فقط به خاطر نیکی بر می گردی. دو روز پیش می خواستم حس کنی من چی کشیدم، وقتی رسیدم فرودگاه و دیدم نیکی و تو رفتید.
- گذشت نداشتی؟ حالا که چی؟ بعد از این همه کارای زشت انتظار داری چی بشنوی؟ واقعاً چی می خوای فرید؟
فرید کمی فکر کرد و گفت:
- زنم و بچه ام و زندگیم رو. به خدا الکل رو کم کردم. دارم ترک می کنم. دیگه صبح ها نمی خورم. فقط عصرا یا شبا... می دونم دوست نداری... اما اگه تو بخوای... اگه برگردی، قسم می خورم کلاً بذارمش کنار. حتی تو مهمونی ها می ذارمش کنار.
- برگردم؟ وای تو دیگه کی هستی؟ نقطه سر خط، آره؟ هنوزم نمی خوای بفهمی این کاری که دارم می کنم چقدر برام مهمه؟
گوشی موبایلم زنگ خورد. زود گوشی رو از ته کیفم پیدا کردم. سوری بود. به سوری گفتم تا يك ساعت دیگه پیششم اما اسمی ازش نبردم. فرید گفت:
- کی بود؟
- دوستم.
- کدوم دوستت؟
- نمی شناسی... چی کار داری که کی بوده؟ اصلاً به تو چه؟!

دوباره فرید کمی جوش آورد و گفت: به من چه؟ مثل اینکه دختر من رو می خوای ببری خونه دوستت، نباید بفهمم کیه؟

گوشی هنوز تو دستم بود و به دکتر شریفی زنگ زدم که بیاد دم خونه دنبالم. بلند شده بودم از روی نیمکت و پشتم رو به فرید کرده بودم و حرف می زدم. فرید دوباره داشت حالت های تهاجمی بهش دست می داد.
- خودم می رسونمت خونه دوستت. لازم نکرده با اون بری.
- ببین... خوب به حرفام گوش کن. من با تو نمی مونم. بیشتر از چیزی که فکرش رو کنی ازت منزجرم. حداقل در این لحظه... اصلاً هم دلم برات نسوخت. باورمم نشد به خاطر عشقت به من این همه زجرم دادی. ازاینکه انقدر ضعیفی که به جای اینکه مثل یک مرد بلند شی بیای مشکلمون رو حل کنیم رفتی معتاد الکلی شدی و من رو مقصراعتیادت می دونی، ازت بیشتر چندشم شد. وکیلم گفت با این کارایی که پارسال کردی و الان می کنی هیچ شانسی نداری. شماره وکیلت رو بده، وکیلم می خواد باهاش حرف بزنه.
- من وکیلی ندارم.
ساکت شدم. نگاهش کردم. قیافه اش حسابی افسرده شده بود. دیگه خبری از تهدید و گروکشی تو نگاهش نبود. نمی دونستم داره گولم می زنه یا این بار دیگه واقعاً خودشه!
- یعنی اون آقای سپاسی نام...
- یك اسم الکیه. من برای چی باید وکیل بگیرم؟ وکیل رو وقتی می گیرن که بخوان جدا بشن... من تو این یک سال___
- حرفات به دلم نمیشینه فرید. برام جاسوس گذاشتی اما یکبار تو همون مستیت بهم زنگ نزدی. مگه نمیگن مستی و راستی؟ یعنی یکبار دلت نخواست زنگ بزنی... بگی دوستم داری... اگه فقط یکبار این کار رو کرده بودی دلم نمی سوخت اما تو تهدید کردی. شیشه ماشین دکتر شریفی رو شکستی... آدم فرستادی دم مهد نیکی... که فکر کنم تویی و بترسم... می خواستی روانیم کنی... می خواستی بگم کم آوردم... اما نه... فرید، تو من رو دست کم گرفتی، مثل همیشه. من کم نمیارم. الانم برو... باید برم دم خونه. تو خونه کار دارم. بعدم با هر کی دلم بخواد، هرجا که بخوام میرم.

پشتم رو به فرید کردم و با قدم های بلند به سمت خونه رفتم. همه اش فکر می کردم دنبالم بیاد اما وقتی رسیدم دم آپارتمان، سرم رو کمی به عقب برگردوندم. خبری از فرید نبود.

رفتم بالا... با تعجب دیدم که در آپارتمان قفل نیست... یک لحظه حس کردم الانِ که با سمیرا روبرو بشم. رفتم تو، خبری از سمیرا نبود... ترس بَرم داشت... دویدم سمت کشوی میزم... نکنه فرید همه مدارک رو دزدیده باشه؟ کشو رو باز کردم. همه چیز سر جاش بود... خدا رو شکر کردم. همه مدارک رو با یک سری از لباسها و اسباب بازی های نیکی رو برداشتم و توی چمدون بزرگی گذاشتم. دکتر شریفی زنگ زد و گفت دم در منتظر منه. همینکه داشتم از در بیرون می رفتم، چشمم خورد به کلیدی که روی جاکفشی بود. کنار کلید یک کاغذ بود. یک کاغذ مچاله... آره نامه فرید بود. همون که امروز صبح از جیبش در آورده بود. همون که دزدیده بود... فرید نامه رو با کلید بر گردونده بود.

سوار ماشین دکتر شریفی شدم. گفتم:

- فرید رو دیگه ندیدید؟
- نه.

دکتر شریفی خیلی سرد جوابم رو داد. سرم رو چرخوندم و در حالی که از کنار پارک رد می شدیم، فرید رو دیدم که هنوز روی نیمکت نشسته و به یک جا خیره شده.

دکتر شریفی آدرس سوری رو پرسید وتا نزدیکای خونه سوری با من حرف نزد. انگار نه انگار که تا قبل از شوک فرید می خواست چیزی به من بگه. نزدیکای خونه سوری بودیم که پرسید:

- همه چیز به خوبی تموم شد انگار؟
- خوب؟ یعنی چی؟
- آشتی کردید؟

کمی مکث کردم. گفتم: نه، من از فرید جدا میشم. فقط ... بعد از این نمی خوام بهانه ای دستش بدم... برای همین بهتره خارج از دانشگاه هم رو نبینیم. می فهمید که دکتر شریفی؟

- بله..."دکتر شریفی"... لازم نیست خیلی توضیح بدی... از دکتر شریفی صدا کردنت همه چی مشخصه... شایدم بهتر باشه... از این دیوونه زنجیری بعید نیست بره دانشگاه و برام دردسر درست کنه. پس تصمیمت جدّیه؟ فکر کردم انقدر صحبتتون طول کشیده، حتماً...

-حتماً مخم رو زده؟ خرم کرده؟ گولم زده؟ آره؟... نه... فرید همون آدمه... بازم میگه برگرد. بازم نمیگه سه سال صبر می کنه تا درسم تموم شه... بازم همونه که بود... اصلاً ارزشی برای بزرگترین هدف زندگیم قائل نیست... نه... من با فرید نمی مونم... به اندازه کافی این یک سال آزارم داده... من وکیل می گیرم. جدا میشم... نیکی رو هم بهش نمیدم... قول می دید اون کار نیمه وقت رو برام درست کنید؟

- آره... اون که قطعیه... فقط یک سوال... اگر یک درصد موفق نشی و نیکی رو بتونه ببره، چی کار می کنی؟... دکترات رو میگم... برمی گردی ایران یا...

- نه من دیگه الان بعد از این همه زحمت دکترا رو ول نمی کنم. خیالتون راحت.

به خونه سوری رسیدیم. پیاده شدیم... دم در ایستادم تا دکتر شریفی رفت... دور و دورتر شد و من رفتنش رو نگاه کردم... من موندم و نیکی... توی یک دستم، دست نیکی بود و دست دیگه ام یک چمدون... و راهی که باید می رفتم... راهی که نمی دونستم به کجا ختم میشه و چقدر درسته اما می دونستم اون راه، راهیه که با تمام وجودم می خوام که برم.

فصل سوم

سه سال بعد...

نور خورشید توی چشمام افتاده بود ومن انقدر چشمام گرمِ خواب بود که دلم نمـی خواست چشمام رو باز کنم. در حالیکه چشمام رو نصفه نیمـه بـاز کرده بـودم، گوشی موبـایلم رو برداشتم... بـه ساعت نگاه کردم. ساعت پنج دقیقه به هفت صبح بود... دیشب تا سـاعت سه و نیم بیدار بودم و دور اتاق راه می رفتم و خودم رو برای دفاع پایان نامه ام آماده می کردم... چند روزی بود که خورد و خوراک نداشتم و خودم رو توی خونه حبس کرده بودم و برای امروز آمـاده مـی شـدم... امروز روز مهمی بود... باید زودتر آماده می شدم و هرچه زودتر به دانشگاه می رفتم.

لباسم رو پوشیدم. قرآن کوچیکی که کنار میزم بود و همیشه قبل از هر امتحان یا موضوع مهمی می بوسیدمش برداشتم و بوسیدم... چقدر این قرآن رو قبل از دادگاه هایی کـه بـرای طـلاق و نگه داشتن نیکی داشتم، بوسیده بودم. هر ثانیه کـه مـی گذشت ضربان قلبم تندتر مـی شد. نفس عمیقی کشیدم... وای خدای من! چقدر دلم برای نیکی تنـگ شـده... عکس نیکی رو کـه روی میزم بود برداشتم و بوسیدم. عکسش رو روی قلبم گذاشتم و نفس عمیقی کشیدم. آره... تپش قلبم کمتر و کمتر شد. نیکی عزیز من... مسکن روح من. اگر نیکی کنارم بود، فقط کافی بود چند ثانیـه بغلش کنم و پُر بشم از انرژی، اما حالا حتی دیدن عکسش هم بهم قوت قلب میده. فقط کافیه امروز تموم بشه و بتونم یك نفس راحت بکشم. شاید این چهار سال از سخت ترین سال های زندگیم بود....

سخت اما شیرین. سخت به خاطر بی خوابی ها، درس خوندن ها، تنها بودن ها و به تنهایی کشیدن کوله بار زندگی... شیرین به خاطر ذره ذره نزدیك شدن به هدفم و گرفتن پاداش آنی برای هر قدمی که به جلو برمی داشتم و به هدفم نزدیك می شدم.

رفتم توی آشپزخونه و همینطور که داشتم قهوه آماده می کردم، گوشی موبایلم رو دستم گرفتم تا به سوری پیامک بدم. سوری سحرخیز بود و مطمئن بودم که بیداره اما دلم نمی خواست زنگ بزنم، ممکن بود گوشیش زنگ بخوره و نیکی بیدار بشه. سه روزی بود که نیکی پیش خاله سوری بود. شاید این اولین باری بود که نیکی دوشب و سه روز متوالی پیش خاله سوری می موند. هر چند قبلاً هربار برای کنفرانس هام سفر می کردم، سوری از نیکی مراقبت می کرد. من شش تا مقاله در چهار سال گذشته داشتم، برای یکی از مقاله‌ها که در شهر اورلندو بود، نیکی و سوری هم با من اومده بودن و با همدیگه به "دیسنی لند" رفته بودیم... اما معمولاً وقت هایی که بدون نیکی می رفتم، یک یا دو روزه برمی‌گشتم. با اینکه می دونستم نیکی عاشق خاله سوری هست و می تونه بیشتر هم پیشش بمونه اما خودم تاب دوری از اون رو بیشتر از یکی دو روز نداشتم. دلم می خواست زودتر امروز تموم بشه و برم دنبالش و محکم بغلش کنم.
برای سوری پیامک دادم:
"من دارم میرم برای دفاع، برام دعا کن. نیکی خوشگل من دیشب راحت خوابید؟ اذیتت که نکرد؟"

همون لحظه بود که سوری زنگ زد:
- سلام خانوم دکتر!
- صبح بخیر... بیدارت که نکردم؟
- نه عزیزم... تو بیدارم نکردی، نیکی خانوم بیدارم کرده.
- ای وای چقدر زود بیدار شده.
- الان یک ساعته بیدار شده. یک کم نا آرومی می کنه... میگه خواب باباش رو دیده. زنگ زدم باهاش حرف بزنه اما موبایل فرید خاموش بود. بیا می خواد باهات حرف بزنه.
- سلام نیکی جونم. خوش می‌گذره پیش خاله سوری؟
- بله خیلی خوبه ولی من دوباره خواب بابا رو دیدم. خیلی ناراحت بود.

کمی مکث کردم. نیکی شش سال و نیمش بود و خیلی بیشتر از سنش می‌فهمید. گاهی حرف‌های خیلی بزرگونه می زد. حتی هر وقت من ناراحت بودم، با اینکه سعی می کردم نفهمه، متوجه می شد و دلیل نارحتیم رو می‌پرسید.
گفتم:
- دوباره...؟ مگه بازم خواب بابا رو دیده بودی؟
- بله. پریشبم دیدم.
- نگران نباش عزیز دلم. امروز که از دانشگاه برگردم زنگ می‌زنیم به بابا... تازه بابا تا یک ماه دیگه میاد. باید خوشحال باشی نیکی جونم.
- یک ماه؟ خیلی دیره... مگه نه؟

- نه عزیزم تا چشم به هم بزنی می‌گذره. تازه منم تا ۱۰ روز دیگه سر کار نمیرم. می تونیم با هم کلی خوش بگذرونیم تا بابا بیاید.

نیکی سکوت کرد... حس کردم بغض کرده. گفتم:
- نیکی جونم چرا ناراحتی؟ نکنه پیش خاله سوری بهت خوش نمی گذره؟ تو که خودت اصرار کردی بری اونجا.
- نه خوبه مامان... اما وقتی بابا بیاد باز شما رو نمی‌بینم. مگه نه؟

واقعاً نمیدونستم باید چی جواب نیکی رو بدم. داشت دیرم می شد و از اینکه حس می کردم نیکی ناراحته، تمرکزم رو از دست داده بودم. بالاخره آرومش کردم و به سرعت از خونه بیرون اومدم. سوار ماشینم شدم و حرکت کردم. چند ماهی بود که ماشین خریده بودم و راحت تر از قبل اینور و اونور میرفتم. اولین روزی که ماشینم رو سوار شدم، از خوشحالی تو پوست خودم نمی گنجیدم، یك ماشین فورد سفید رنگ. خیلی گرون نخریده بودمش و تو بل بشوی چشم و هم چشمی بعضی از ایرانی های شهرمون، ماشین من یك ماشین فقیرونه به حساب می اومد اما برای من بیشتر از بنز و بي اِم وِ ارزش داشت. این ماشین رو با تلاش خودم خریده بودم، نه کادوی دوست پسرم بود و نه ارثیه بابام. این ماشین رو مدیون سر کار رفتنم بودم. چند ماه پیش توی شرکت بزرگی که مدتها براشون به طور نیمه وقت کار کرده بودم، با حقوق نسبتاً خوبی استخدام شده بودم اما حقوقم دقیقاً از روز فارغ‌التحصیلی که می شد آخر همین ترم تابستون، جهش خیلی خوبی می کرد و قرار بود سرپرست تیم بشم. باور کردنی نبود اما توی این مدتی که کار رو به طور جدی تری شروع کرده بودم، هر روز از طرف مدیرم تشویق می شدم و احساس می کردم بهای زیادی برای کارم قائل هستن. برام خیلی جالب بود، که مدیر من به راحتی از کار من تعریف می کنه، بدون ترس از اینکه روزی ممکنه من بتونم جاش رو بگیرم... اون تحصیلات آکادمیک پائین تری نسبت به من داشت اما توی این مدت که مجبور بودم برای دفاعم درس بخونم، همه جوره من رو حمایت کرده بود. عصرها زودتر خونه می رفتم و گاهی هم صبح ها خیلی دیر به سر کار می رفتم.

رسیدم دانشگاه. رفتم توی دفترم و اسلایدها رو بازبینی کردم... خوشحال بودم. با اینکه دلهره داشتم اما شک نداشتم که روی همه مطالب مسلط هستم و همه سوال‌ها رو جواب میدم. ساعت نه شد و برای دفاع به اتاق سمینار رفتم. دکتر شریفی و گروه کمیته امتحان اونجا بودن. بعد از دفاع همه سوال‌های کمیته رو جواب دادم. هر سوالی رو که جواب می دادم، دکتر شریفی بادی به غبغبش می‌انداخت و از دور مشخص بود خوشحال و راضیه.

بالاخره اون چند ساعت گذشت و همه برام دست زدن. یکی از بهترین لحظه‌های زندگیم بود واشک شوق ریختم. بالاخره اون روزی که مدتها انتظارش رو کشیده بودم رسیده بود و من یواش یواش داشتم مزّه خوشبختی رو حس می کردم.

همه رفتن و من موندم و دکتر شریفی. دکتر شریفی و خیلی از استادای دیگه رسم داشتن بعد از

دفاع، با دانشجوشون ناهار رو به یک رستورانی می رفتن تا اون روز رو جشن بگیرن. دکتر شریفی به طرف من اومد و گفت:
- خانوم دکتر دنیا... دوباره تبریک میگم. مثل همیشه عالی بود.
- مرسی.
- حاضری؟
- آره امروز کاری ندارم. فقط سه روزه نیکی رو ندیدم. دوست دارم هر چه زودتر برم ببینمش.
- پس بریم دنبال نیکی بعدم ملیسا. چهار تایی بریم جشن بگیریم؟
- آره فکر خوبیه. فقط من با ماشین اومدم. پس با ماشین من بریم.
- نه بریم دم خونه ماشینت رو بذار بعد با هم میریم. من پشت سرت میام.

دقیقاً دو ماه پیش، دکتر شریفی از من به طور رسمی تقاضای ازدواج کرده بود. توی این سه سالی که علاقه اش به من رو تو دلش نگه داشته بود، هر وقت احساس می کردم ممکنه این احساسش رو نشون بده، به یک نحوی فرار می کردم. تا اینکه دو ماه پیش بالاخره حرفش رو زد. من شک نداشتم که دیر یا زود این کار رو می کنه اما ترجیح میدادم بذاره برای بعد از دفاعم. نباید از حق بگذرم، وقتی دکتر شریفی بهم پیشنهاد داد، خیلی خوشحال شدم. توی این چهار سال دکتر شریفی فقط استادم نبود. توی همه مراحل زندگیم کنارم بود. از دادگاه های پی در پی گرفته، تا کنفرانس های دانشگاه. اصلاً یکی از دلایلی که تونسته بودم با وجود بچه داری و کار و سختی زندگی، سر چهار سال درسم رو تموم کنم، کمك های بی وقفه دکتر شریفی بود. واقعاً انسان دوست داشتنی ای بود و من هر روز بیشتر بهش وابسته می شدم.

سوار ماشین شدم، دکتر شریفی هم از عقب دنبال ماشینم می اومد. توی راه به سوری زنگ زدم که نیکی رو آماده کنه. اصرار کردم خودش هم برای ناهار با ما بیاد. اما قبول نکرد و کارش رو بهانه کرد. ماشین رو دم در خونه پارک کردم و سوار ماشین دکتر شریفی شدم. هنوز کمربند ایمنی رو نبسته بودم که گوشیم زنگ خورد. شماره تلفن ناآشنا بود. گوشی رو برداشتم. صدای فرید رو شنیدم. با تعجب گفتم:

- الو سلام. کجایی فرید...؟ دخترت از صبح نگرانته.
- سلام دنیا!
- صدات چرا اینجوریه؟
- چه جوریه؟
- نمیدونم یک جوریه... انگارصدات از ته چاه میاد.
- باید ببینمت.
- ببینی؟ مگه تو اینجایی؟
- آره تو تاکسی ام. دارم میام دم خونه ات. موبایل کانادام شارژ نداشت با گوشی راننده تاکسی زنگ می زنم. خونه ای؟
کمی مکث کردم. با مِن و مِن گفتم. آره... فقط من دارم میرم دنبال نیکی. نیکی‌الان پیش سوری هستش. من امروز دفاع داشتم.

فرید با حالت سردی در حالی که نفس عمیقی می‌کشید گفت:
- اِ... دفاع... مبارکه.
- مرسی... می خوای پس تو برو دم خونه سوری دنبال نیکی. خیلی خوشحال میشه بفهمه اومدی. امروز می گفت یک ماه خیلی دیره... راستی چرا زود اومدی؟ قرار نبود الان بیای.
- حالا میام برات میگم. من باید اول خودت رو ببینم. بعداً میرم دنبال نیکی. تا ده دقیقه اونجام.

فرید گوشی رو قطع کرد و من مثل این بودم که مغزم قفل کرده باشه. دکتر شریفی در حالیکه ماشین رو تو دنده میذاشت تا حرکت بکنه گفت:
- واسه چی زود اومده؟
یک دفعه به خودم اومدم و بلافاصله گفتم:
- وای نه صبر کن.
- چی شده؟
من باید برم. یعنی تا ده دقیقه فرید داره میاد اینجا. کارم داره.
- یعنی چی؟ دیگه چی کارت داره؟ بره دخترش رو ببینه.
- منم نمی دونم اما حالش خیلی خوب نبود. ناراحت که نمیشی؟ میشه به جای ناهار، شب بریم برای شام؟

حس می کردم از این تصمیم من شوکه شده و نمیدونه چطوری خودش رو کنترل کنه.
- چی داری میگی دنیا؟! امروز دفاع کردی... یعنی چی؟؟ برای ناهار باید بیای. من تو راه زنگ زدم به مادر ملیسا. گفتم میرم دنبال ملیسا... الان ملیسا منتظره.
- وای ببخشید تو رو خدا. فکر کردی من خیلی خوشحالم؟ اما خُب درکم کن. میگی چی کار کنم؟ مجبورم.
- اصلاً مجبور نیستی دنیا. بهش بگو صبر کنه سه ساعت دیگه بیاد. بره پیش همون دوستش جواد.
- اون که دوستش نبود. یک آدمی بود که در ازای پول براش یک کارایی کرد. دیگه هم باهاش ارتباطی نداره.
- خُب تو چی؟ تو چه صنمی داری با این آقای فرید؟ دیگه الحمدالله همسر قانونی و شرعی ایشون نیستی. هستی؟

به ساعتم نگاه کردم. چیزی وقت نداشتم. باید می رفتم بالا و دستی هم به سر و گوش خونه می‌کشیدم. در رو باز کردم که از ماشین پیاده بشم. دکتر شریفی دستم رو گرفت:
- دارم میگم نباید بری.
برای یک لحظه عصبانی شدم و با لحنی کمی عصبانی گفتم:
- از الان می خوای بهم بگی چی کار باید بکنم چی کار نباید بکنم؟
تو چشماش خیره شده بودم و چند ثانیه طول نکشید که دستم رو ول کرد و گفت:
- نه این چه حرفیه... من فکر می‌کنم اشتباه میکنی که امروز رو به خاطر فرید خراب می کنی. فقط چند ساعت دیرتر ببینیش به همه کارامون می رسیم. می خواستم حالا که با بچه‌ها میریم

بیرون، همه چیز رو بهشون بگیم.

- چی رو بهشون بگیم؟ هنوز که چیزی قطعی نیست. قرار شد چند ماه صبر کنیم، آزادنه با هم رفت و آمد کنیم، مطمئن بشیم، بعد به بچه ها میگیم. تا حالا که به خاطر دانشگاه و محیطِ کاریِ تو نمی‌شد خیلی باهم معاشرت کنیم.

- به خاطر طلاقت بود که انقدر لفتش دادی، نه محیط کار من.

- من لفتش دادم؟ من که از خدام بود زودتر تموم بشه. دیگه خودت که طلاق گرفتی و می دونی چند سال مراحلش طول می کشه. با رفت و اومدهای فریده‌م که دیگه بیشتر هم طول کشید، من چی کار کنم؟

- خیلی خُب حالا چرا انقدر عصبانی میشی؟ خانوم دکتر جوشی... واقعاً جوشی هستی ها. کمی سکوت کرد و دوباره گفت:

- من عاشق همین جذبه تم... یك نگاه می کنی بهم، می شینم سر جام.

لبخندی زد و منم زود خندم گرفت... از ماشین پیاده شدم و گفتم:

- لطفاً از اینجا برو. اگر زود کارم تموم شد زنگ میزنم که بیای. خوبه؟

- نه من همین جا پارک می‌کنم. اگر تا یک ساعت نیومدی میرم.

- ای بابا... ازت خواهش می‌کنم ... میگم برو. نمی خوام حالا فرید فکر کنه تا طلاق گرفتیم، سه ماه نشده قرار ازدواج گذاشتم.

به نظر می اومد که دکتر شریفی خیلی ناراحت شده. بهش حق می دادم... از مدت ها پیش برای اون روز برنامه ریخته بود. گفت:

- تو این مدت که استاد شدم، تو اولین دانشجویی هستی که نمی تونم روز دفاعش ببرمش برای ناهار. می بینی؟ اینم از شانس منه.

- آخ بمیرم، حق داری اما جبران می کنیم. از فردا هر شب میریم بیرون. ببین... این افتخار هم فقط با من نصیبت شده، بعد هی بگو بد شانسم.

- هاها... راست میگی ها... باشه، برو فقط زود ردش کن بره.

- باشه... نگران نباش. زود بهت خبر میدم. برو دنبال ملیسا ببرش بیرون. دل بچه رو خوش کردی که میری دنبالش، گناه داره.

- بله... گناه داره.

چشمکی زد و راه افتاد.

ایستادم که دکتر شریفی از اونجا دور بشه. واقعاً حال و حوصله آتو دادن دست فرید رو نداشتم. توی این دو سال اخیر که هر دو دست از جنگ و دعوا و لج و لجبازی برداشته بودیم، هر چند ماه یکبار برای دیدن نیکی به کانادا می اومد. هر بار فقط چند هفته می موند اما اینبار قرار بود بیاد و بعد از دوهفته با نیکی به ایران بره و تا قبل از شروع شدن مدرسه‌ها نیکی رو برگردونه. این خواسته خود نیکی بود. هرچند هروقت حرف از ایران رفتن رو می زد اشک توی چشماش

جمع می شد و می گفت، دلش می خواد من و اون و فرید به ایران برم. منم هر بار توضیح می دادم که تازه کارم رو شروع کردم و تا چند ماه نمی تونم مرخصی بگیرم.

توی این چند سال اخیر، میشه گفت به آرامش رسیده بودم. سوری بهترین دوست من بود که جای خواهر و گاهی مادر رو برام پُر می کرد. گاهی فکر می کردم سوری یک فرشته است از طرف خدا، برای من و نیکی. نمی دونم اگر سوری نبود چی به سر من و نیکی اومده بود. چقدر لطمه خورده بودیم... این شانس نصیب هرکسی نمیشد. سوری مهربون ترین آدمی بود که تو زندگیم دیده بودم.

من و نیکی بیشتر از دو سال و نیم پیش سوری زندگی کردیم. سوری می گفت، نیکی مثل دخترش می مونه. همیشه آرزوش بوده که فرزندی داشته باشه و الان نیکی رو مثل یک فرزند واقعی دوست داره.

از طرفی فرید با واقعیت کنار اومده بود. اینکه من و اون نمی تونیم دیگه با هم باشیم رو قبول کرده بود اما هیچ وقت جرأت نداشتم نیکی رو بهش بدم تا حتی برای مدت کوتاهی به ایران ببره. با اینکه آرامش خاصی تو رفتار فرید می دیدم، با اینکه با رفتارش بهم نشون داده بود که دلش نمی خواد نیکی رو از من دور کنه، اما باز هم می‌ترسیدم. می‌ترسیدم تا پای نیکی و فرید به ایران برسه، مادر فرید توطئه چینی کنه و فرید رو مجبور کنه نیکی رو نگه داره. اما اینبار خواسته خود نیکی و حس اطمینانی که خود فرید بهم داده بود، باعث شده بود که قبول کنم.

دکتر شریفی از اونجا دور شد و من دویدم توی خونه. خونه من توی یک آپارتمان سه طبقه بود. دو تا اتاق خواب داشت و خیلی به محل کارم نزدیک بود. وقتی اسباب کشی می کردم، سوری همه اش گریه می کرد و ناراحت بود. دلش نمی‌خواست من و نیکی از پیشش بریم اما خونه سوری واقعاً از محل کارم دور بود و چاره‌ای نداشتم. از طرفی دلم می خواست دوباره استقلال داشته باشم و زندگی خودم رو توی خونه خودم شروع کنم. برای همین با کمک مادر و پدرم، این آپارتمان رو با وام خوبی که از بانک گرفته بودم خریده بودم. فقط دوازده هزار دلار از پول پیش خونه رو از پدرم قرض گرفته بودم و بقیه اش رو از پس انداز خودم داده بودم. البته هشتاد درصد از پول خونه وام بانکی بود، که به راحتی می‌تونستم با درآمدم پرداخت کنم.

از وقتی وارد خونه جدید شده بودم، این دومین باری بود که فرید برای دیدن نیکی به کانادا میومد. از دفعه آخری که اومده بود، نزدیک به سه ماه می گذشت. همون موقع بود که طلاق من و فرید به طور قانونی ثبت شد و من تونستم یک نفس راحتی بکشم. وارد خونه شدم وکمی خونه رو مرتب کردم، چند دقیقه بعد، فرید زنگ در خونه رو زد. در رو باز کردم و دیدم داره با یک چمدون کوچیک از راه پله‌ها بالا میاد.

‏- سلام.
‏- سلام. بیا تو.

فرید اومد و روی مبل نشست. هنوز توی صورتش خوب نگاه نکرده بودم. رفتم توی آشپزخونه و گفتم:

- چای میخوری یا کافی؟
- هیچ کدوم. اگه میشه یک لیوان آب برام بیار.

لیوان آب رو دستش دادم و به چشماش نگاه کردم. چشماش سرخ شده بود. صورتش هم خیلی خسته بود.

- فکر کنم خیلی خسته هستی... می خوای بری تو اتاق مهمون بخوابی؟
- نه... نه نه... بیا بشین... باید باهات حرف بزنم.

نشستم. فرید چشماش رو به زمین دوخته بود و مثل این بود که روش نمیشه تو صورتم نگاه کنه. هر چی میگذشت بیشتر نگران میشدم. گفتم:

- خُب بگو... نگرانم کردی... چیزی شده؟
- من... نمی دونم... نمی دونم چه جوری بهت بگم دنیا.
- چه جوری نداره بگو دیگه فرید! مُردم.
- تو من رو بخشیدی؟؟؟ یا نفرین کردی؟
- من...؟

از تعجب شاخ درآورده بودم. فرید با اینکه این مدت دست از جنگ و دعوا برداشته بود و دیوونه بازی نمی کرد اما هیچ وقت به من نگفته بود که مقصره و من باید ببخشمش.

- نه... یعنی... من چرا باید ببخشمت؟ خُب تو هم باید من رو ببخشی.
- من تو رو بخشیدم. خیلی وقته اما می خوام بدونم تو من رو بخشیدی یا نه؟
- خواب نما شدی فرید؟ چی داری میگی بعد از این همه مدت؟! خُب منم بخشیدمت که الان با هم مثل دو تا دوستیم.

- نه... حس میکنم از اینکه این مدت تو و نیکی رو بدون پول گذاشته بودم_

حرفش رو قطع کردم و گفتم:

- نه... تو که الان دو ساله داری برای نیکی پول میفرستی. من یک دلار هم از پول خودم برای نیکی خرج نکردم. برای همینم تونستم این خونه رو بخرم... پس این حرف رو نزن.
- اون دو سال اول چی؟ اون دو سال...
- گذشت فرید. ول کن. جبران کردی رفت پی کارش. تازه منم یاد گرفتم چطوری رو پای خودم وایستم. خودساخته شدم. پوست کلفت شدم. من فکر کردم حالا چی می خوای بگی... خُب منم دو سال نیکی رو از تو دور نگه داشتم. منم کاری بدی کردم. هر دومون اشتباه کردیم و خدا رو شکر فهمیدیم... گذشت دیگه... حرفشم نزن.
- پس اگر تو نفرینم نکردی، این چه بلایی بود سرم اومد؟!

صداش شروع کرد به لرزیدن... برای چند ثانیه تپش قلب گرفتم... دلم هُرّی ریخت پائین... نکنه فرید مریض شده؟ نکنه بیماری بدی گرفته؟! وای نه... شاید برای همین نیکی خواب بد دیده بود... شاید برای همین می گفت بابا رو ناراحت دیده.

گفتم: چی... چی شده فرید؟ تو رو خدا زودتر بگو.

- علی...

- علی؟... خُب علی چی؟

- علی همه چیز رو بالا کشید.

- چی؟ علی شریکت؟ سرت کلاه گذاشته؟ چقدر؟

- همه چیز رو دنیا... همه چیز رو... بیست و یک میلیارد چک داده و هر چی هم تونسته فروخته و زده به چاک.

برای چند ثانیه ساکت شدم و بعد نفس عمیقی کشیدم.

- وای... خُب...

- خُب؟

- نه... نه به خاطر اینکه سرت کلاه گذاشته... نه! برای چند ثانیه فکر کردم مرض بدی گرفتی که میگی بلا سرت اومده...

فرید که سرش رو پایین گرفته بود و روی مبل لم داده بود، به سرعت از جاش نیم خیز شد و به جلو خم شد و گفت:

- اگه مریض می شدم ناراحت می شدی؟

- معلومه... چه حرفیه می زنی؟ تو بابای نیکی هستی... اگه تو چیزیت بشه، نیکی دق میکنه...

فرید با شنیدن حرفم، جوری که انگار ناامید شده دوباره به مبل لم داد و گفت:

- آهان... پس به خاطر نیکی... باز خوبه... فکر می کردم اگه یه چیزیم بشه همه شهر رو شیرینی بدی.

- ای بابا... حالا بگو ببینم، چی شده... مگه میشه علی سر تو کلاه بذاره، مطمئنی؟

- آره... با همه پول ها، زن و بچه اش غیب شده. خونه و مغازه و سهامش رو فروخته. از خواهر و شوهر خواهر و فامیلش هم خبری نیست. کار اون مردک عوضیه، شوهر خواهرش رو میگم، علی چنین آدمی نبود. فقط مادرش رو پیدا کردم. مثل اینکه شبونه رفتن آلمان.

- خُب؟

- خُب... منم گفتم تا ممنوع الخروج نشدم بیام بیرون. تا هواپیما حرکت نکرده بود استرس تمام وجودم رو گرفته بود، تا آخرین لحظه باورم نمیشد بتونم بیام بیرون، همه چک ها برگشت خورده بود، هر لحظه ممکن بود طرف قرارداد شرکت، بیاد و جلوی رفتنم رو بگیره.

همینطور که داشتم به حرفاش گوش می دادم، توی ذهنم چرخی زدم به گذشته... یاد لحظه ای که هواپیما پرید و من برای همیشه از ایران اومدم بیرون، یاد لحظه پرواز که با تمام وجودم گریه کردم. گفتم:

- می دونم چه حسی داشتی... حس بدیه... یك حس ترس و اضطراب وحشتناك تو یک گوشه قلبت و یك حس عذاب وجدان و تردید تو یك گوشه دیگه قلبت. همینطور حس اجبار و ناچاری که کل قلبت رو گرفته.

فرید تو چشمام نگاه کرد. می فهمید چی میگم. چشماش رو بست و آروم شروع کرد به گریه کردن. باورم نمی‌شد. فرید به ندرت گریه می کرد. شاید گاهی برای خر کردن من اشک ریخته بود و به قولی اشک تمساح ریخته بود. اما این ناله و شیون رو تا به حال از فرید نشنیده بودم. حس می کردم که خرد شده. یاد حرف مادرم افتادم. همیشه می گفت هیچ چیز برای یک مرد بدتر از این نیست که یک شبه همه چیزش رو از دست بده. یاد پدر بزرگم افتادم که یکی از افتخارت زندگیش این بود که دست برادرش رو تو یک همچین لحظه هایی گرفته بود و نذاشته بود زیر بار این شکست بزرگ له بشه.

گفتم: خُب... یعنی هیچ جوره نمیتونی بدهی‌هاتون رو بدی؟ هیچ راهی نداره از علی شکایت کنی؟ تقصیر تو که نبوده.
- دنیا من تموم شدم. اگر می‌موندم ایران باید می رفتم زندان. کم ندیدم آدمایی رو که از شریکشون نارو خوردن، چه بلایی سرشون اومده. همیشه علی به من می گفت چطور یک آدم میتونه انقدرپست باشه که به شریکش نارو بزنه. دنیا هنوزم باورم نمیشه علی این کار رو کرده باشه، بیشتر از چشمام به علی مطمئن بودم. نمی دونم چرا همیشه نزدیك ترین آدم های زندگیم بهم نارو می زنن. من مگه چه گناهی کردم دنیا؟

سرم رو پایین انداختم. راست می گفت. فرید حتی از منم نارو خورده بود اما واقعاً دلیلش چی بود؟

- شده بود تو شراکتت با علی، قولی بهش بدی، وعده ای بهش بدی و بعد بزنی زیرهمه چیز؟ یک وعده ای که خیلی براش مهم باشه.

فرید دستش رو لای موهاش کشید و گفت: نمی دونم... نمی دونم... شاید تو راست میگی. من خودم آشغالم که همه باهام اینجوری می کنن.

دلم برای فرید می سوخت، حقش نبود که بعد از ده سال شراکت، علی اینطوری همه چیز رو روی سرش خراب کنه.
- خیلی خُب... حالا خواهش می‌کنم با خودت اینطوری نکن.

یك دقیقه ای حرفی نزدیم، من به فرید نگاه می کردم که چقدر درمونده شده. حس می کردم به کمك من نیاز داره اما نمی دونستم چطوری باید بهش کمك کنم تا دکتر شریفی ناراحت نشه. تو این مدت من فرید رو بخشیده بودم اما دکتر شریفی هیچ کدوم از کارهای فرید رو فراموش نکرده بود و فرید رو یك آدم لات دیوونه زنجیری می دونست.

بالاخره فرید سرش رو بالا گرفت و گفت:

- می تونم خواهش کنم بری دنبال نیکی؟

- همین الان میرم... اگه بفهمه اومدی از خوشحالی بال در میاره.

از جام بلند شدم و همون لحظه فرید گفت:

- دنیا... می خواستم برم هتل... هر چی تو حسابم بود برداشتم اومدم... وقت نشد دلار بخرم. دویست - سیصد دلار بیشتر ندارم.

- عیبی نداره همین جا پولت رو تبدیل میکنی یک جوری... چقدر داری؟

- ده میلیون...

ماتم برد... دوباره آروم نشستم و گفتم:

- ده ملیون؟ همین؟ تقریباً میشه حدود سه هزار دلار.

- هیچی نقد نداشتم دنیا... همه رو جنس خریده بودیم... تو که می دونی من حسابم همیشه خالیه.

کمی سکوت کردم و یاد سالها قبل افتادم. یاد موقعی که فرید همه اش می گفت پول نداره... ولی هیچ وقت حسابش رو به من نشون نمی‌داد، گفتم:

- نخیر... من از کجا بدونم؟ تو که هیچ وقت حسابت رو نشونم نمی دادی.

- نمی دادم چون واقعاً هیچی تهش نبود. همه پولم تو کار بود... می ترسیدم ببینی و بترسی. دنیا قبول کن، اگر به حسابم دسترسی داشتی نمی تونستی احساس امنیت کنی. یک روزهایی حسابم می رفت زیر یک تومن... تو نمی تونستی با این همه ریسکِ من، با آرامش زندگی کنی.

ساکت شدم... هیچ وقت فکرش روهم نمی کردم، دلیل محافظه کاریِ فرید، ایجاد آرامش در من باشه... همیشه فکر می کردم اونقدرا آدم حسابم نمی کنه که بخواد من رو تو انجام کاراش شریک بدونه. گفتم:

- چرا؟ چرا فکر می کردی من فهمم پایینه؟ اگه می گفتی اینطوری کار می کنی، من درکت می کردم. تازه با این کارت باعث می شدی مثل دو تا دوست باشیم، نه ارباب و رعیت.

- من فقط می خواستم راحت باشی. یک مرد واقعی نمی ذاره زن و بچه اش شب با نگرانی سر روی بالش بذارن.

- اینی که تو میگی مال زن های کم سواد و عامیه... نه من... من ترجیح می دادم تو مثل دوستم باشی تا یک سرپرست و حامی.

فرید ساکت شد و بعد به من نگاه کرد و آروم گفت:

- من اینجوری بلد بودم.

- واقعاً حیف... حیف فرید... کاش از همون روز اول مثل الان منطقی حرف می زدی به جای اینکه هر وقت ازت چیزی می پرسیدم، دورم می زدی...

ساکت شد... رفت تو فکر... احساس کردم موقع خوبی برای نبش قبر نیست. گفتم:

- خیلی خُب... مهم نیست. الان دیگه این چیزها مهم نیست... سه هزار دلار هم بد نیست. اصلاً تا وقتی بخوای برگردی می تونی تو خونه من باشی. منم میرم پیش سوری.

- کجا برگردم دنیا؟ زندان؟

تو چشماش زل زدم... درک نمی کردم. نباید میدان رو خالی می کرد. گفتم:
- یعنی می خوای بذاری همه پولات رو این شریک دزدت بالا بکشه؟ هیچی هم نمی خوای بهش بگی؟ باید بری دنبالش. من نمیفهمم... اینطوری که نمیشه.

فرید سرش رو خم کرد و به دستش تکیه داد. دیگه هیچی نمی گفت. گفتم:
- باور کن خیلی ناراحت شدم... اما نباید خودت رو ببازی... یک کاری می‌کنیم. الان باید به فکر نیکی باشی. بذار برم دنبالش. باشه؟

فرید سرش رو بالا آورد و گفت: مطمئنی می‌تونم اینجا بمونم؟

چند ثانیه فکر کردم... از هفته بعد باید دوباره سر کار می رفتم و اگر قرار بود خونه سوری باشم باید دو ساعت تا محل کارم رانندگی می کردم. گفتم:
- آره حالا فعلاً بمون تا یک فکری بکنیم. من میرم دنبال نیکی.
یکی از کلیدهای خونه رو به فرید دادم. گفتم: تو برو دوش بگیر تا من برگردم. یک ساعت و نیمی طول می کشه تا من بیام.
- اووووو... چقدر دوره پس؟ نه؟
- تازه الان ترافیک نیست، خوبه... صبح ها و عصرها خیلی بده... بذار زود برم تا به ترافیک نخورم.

از خونه بیرون اومدم. داشتم سوار ماشینم می شدم که چشمم به ماشین دکتر شریفی افتاد. در ماشین رو که باز کرده بودم بستم و آروم آروم رفتم کنار ماشینش. از پنجره ماشین نگاهش کردم. هیچی نمی گفت، با دست اشاره کرد که بشینم توی ماشینش. از جام تکون نخوردم و زدم به شیشه پنجره تا شیشه اش رو پایین بکشه.
- اینجا چی کار می کنی؟ مگه نرفتی؟
- رفتم... برگشتم چون کارِت دارم. بیا بشین.
- نه نمیشینم، باید زود برم دنبال نیکی.
- بیا من می برمت.
- اووووو اینهمه راه بریم، بیایم، بعد تو برگردی خونه خودت. مگه راه قرض داری عزیزم؟
- همینکه به این بهانه کنار تو باشم کافیه! بیا عزیزم می خوام راننده ات باشم.

لبخند زدم. دکتر شریفی همیشه می دونست چطوری من رو راضی کنه. از اینکه با زبون خوش و ناز کشیدن حرفش رو پیش می برد تا مثل فرید با اولدورم، بولدورم خوشحال بودم. فکر می کنم آدم هایی مثل دکتر شریفی موفق ترن، چون در نهایت کاری که می خوان رو می کنن، جنگ و دعوا هم راه نمی اندازن. واقعاً چی از یک مرد کم میشه اگر احساساتش رو بیان کنه. اگه یک زنی دوست داشته باشه مردش نازش رو بکشه، چرا اون مرد نباید این کار رو بکنه؟
گفتم: خیلی شیطونی حمید.
دکتر شریفی از ماشین پیاده شد و در رو برام باز کرد.

- بفرمایید خانم دکتر.
خندیدم.
دکتر شریفی نشست توی ماشین و گفت: راستی چه خبر از فرید؟
- باید برات بگم... شریکش همه چیزش رو بالا کشیده و اینم شبونه اومده کانادا.
دکتر شریفی می خواست حرکت کنه که زد رو ترمز. نگاهم کرد و گفت:
- نکنه اومده بمونه؟
- آره مثل اینکه.
- اینکه جونش تو ایران بود. پدر تو رو در آورده بود که اینجا نمیاد.
- آره می بینی؟؟؟ واقعاً عجیبه. کارای خدا.
- عجیبه؟ مسخره است. بهش گفتی با همون مهاجرتی که تو براش درست کردی تونسته بزنه به چاک؟
- نه دیگه خیلی حالش بد بود. نمیشد نمک به زخمش بپاشم.
- واقعاً شانس آورده با تو طرفه. هرکس دیگه ای بود با خاک یکسانش کرده بود.
- بی خیال حمید. انقدر نگران نباش. می فهمم نگرانی که برگشتی دم خونه اما به خدا زمین به آسمون بره... آسمون به زمین، من و فرید امکان نداره دوباره با هم برگردیم. ما با هم فرق داریم. چه با تو باشم، چه نباشم، با فرید بر نمی گردم.
- قسم می خوری؟
تعجب کردم. گفتم:
- قسم می خورم. با تمام سلول های بدنم از فرید نفرت دارم. با اینکه عوض شده و سعی می کنه خودش رو معقول نشون بده اما من پرونده فرید رو بستم گذاستم کنار. خیلی وقته... الان فقط به خاطر اینکه بابای نیکی هستش کمکش می کنم و هواش رو دارم... تو خودت بابایی... می فهمی چی می گم.
- خُب حالا کی میره؟
- مثل اینکه نمیره.
- نه... میگم کی از خونه تو میره.
مکثی کردم... آب تو دهنم جمع شده بود و سعی کردم قورتش بدم. گفتم:
- فعلاً که پول نداره. گفتم با نیکی بمونه خونه ی من... من برم پیش سوری.
- تا کی؟
- حالا... نمی دونم که... چقدر سوال پیچم می کنی؟
- نه! فقط از روی کنجکاوی پرسیدم. واقعاً هر روز بیشتر می فهمم چه روح پاکی داری. بعد از اون همه آزاری که داد و منم شاهدش بودم، تو می خوای کمکش کنی. تو و آدم های امثال تو همیشه نون قلبشون رو می خورن. منم برای این ذات خوبی که داری بهت تبریک میگم.

ماشین رو روشن کرد و همون لحظه برای چند ثانیه از پنجره طرف من، نگاهش با تعجب به ساختمون خونه قفل شد. اما زود نگاهش رو به جلو منعطف کرد و حرکت کرد. برگشتم و به پنجره آپارتمان نگاه کردم. پشت پنجره فرید ایستاده بود وجم نمی خورد و به ما زل زده بود.

از اونجا دور شدیم و فرید هنوز داشت ما رو نگاه می کرد. همینطور که از خونه دور می شدیم، آروم آروم سرم رو می چرخوندم و از پنجره ماشین به فرید نگاه می کردم. احساس عجیبی داشتم. مردی که سالهای سال همسرم بود، مردی که سالها پیش همه چیزم شده بود، امروز مثل غریبه ها از پشت پنجره خونه به من و همسر آینده ام نگاه می کرد. کسی که روزی از همه دنیا به من نزدیکتر بود، امروز دورترین بود. یك روزی چقدر دوستش داشتم، چقدر پیش اومده بود که نگاهش کرده بودم و پیری هاش رو تجسم کرده بودم. اما عجیب بود، کجا رفت اون همه احساس خوب و دوست داشتن. چرا الان وقتی نگاهش می کنم هیچ حس خوبی جز ترحم بهش ندارم؟

از کوچه بیرون رفتیم و من سرم رو پایین انداختم. دکتر شریفی گفت:
- چی شده؟ چرا ناراحتی؟
- به خاطر فرید... تو رو دید... فهمید من با تو اومدم. ممکنه ناراحت بشه.
- معلومه که میشه... آدم زن خوبی مثل دنیا خانم داشته باشه، از دستش بده؟ دیوونه نشه خوبه.

لبخند زد. تا خونه سوری، فرید رو کاملاً فراموش کردیم و من در مورد کارم با دکتر شریفی حرف می زدم. در مورد اینکه چطور تونستم خودم رو سر کارم نشون بدم، اینکه با چه سرعتی کار می کنم و چقدر مدیرم رو راضی و خوشحال نگه می دارم. دکتر شریفی تمام راه به حرفهای من گوش می داد و تحسینم می کرد. راه حل هایی که برای هر پروژه به کار برده بودم رو براش توضیح می دادم واونم از ته دلش تحسینم می کرد.

رسیدیم و نیکی رو سوار ماشین کردم. بعد از سه روز وقتی بغلش می کردم بهترین لذت دنیا همه وجودم رو پُر می کرد. همین که نیکی چشمش به دکتر شریفی افتاد دوید سمتش و بغلش کرد.

تا خود خونه حرفی از اومدن فرید به نیکی نزدم. سر راه از ماشین پیاده شدم و چهار پرس چلو کباب خریدم. یکی برای دکتر شریفی و سه تا برای فرید و نیکی و خودم.

بالاخره رسیدیم و با دکتر شریفی خداحافظی کردم. دکتر شریفی دم در خونه پیاده شد و ایستاد و از گوشه چشمش حواسش به پنجره خونه بود. سرم رو برگردوندم و به پنجره نگاه کردم. فرید دم پنجره نبود.
- دنیا، عصر میام دنبالت.
- باشه. زنگ می زنم.
توی راهرو، قبل از اینکه به دم در خونه برسیم به نیکی گفتم:
- نیکی جونم. می دونی الان مهمون داریم؟
- کی؟
- حدس بزن.
- مممممم خاله سمیرا؟
- نه!
- خاله ندا؟

- نه...
- نمی دونم.
همینطور که در رو باز می کردم گفتم: دیشب خواب کی رو دیده بودی؟
- بابا؟؟؟

در رو باز کردم و نیکی پرید توی خونه و شروع کرد به صدا زدن فرید اما فرید اونجا نبود! نگاهی به دستشویی و حموم انداختم، فرید نبود. کفشاشم دم در نبود. دنبال چمدونش گشتم. همینطور که می گشتم نیکی بی قرار شده بود و گفت: پس کو؟ بابا، بابا کو؟ کجاست؟

چمدون فرید بغل مبل بود. گفتم: ببین چمدون بابا اینجاست! فکر کنم رفته بیرون، کاری داشته. زود برمی گرده.

چلو کباب نیکی رو روی میز گذاشتم که بخوره اما نشست روی مبل و با ناراحتی گفت که بدون بابا نمی خورم.

منم نشستم و به نیکی نگاه کردم. گاهی بلند می شد و از پنجره بیرون رو نگاه می کرد. گاهی می نشست و دستش رو زیر چونه اش می گذاشت. نیم ساعتی گذشت. موقع خواب نیکی شده بود و نیکی روی مبل خوابش برد. کم کم داشتم عصبانی می شدم. واقعاً اگر قرار بود که فرید منتظر نیکی نباشه، چرا برنامه من رو خراب کرده بود؟ شاید دکتر شریفی راست گفته بود. فرید ارزش خراب کردن این روز مهم رو نداشت. ساعت سه شد و هنوز خبری از فرید نبود. نیکی رو بغل کردم و آروم روی تخت گذاشتم و در اتاقش رو بستم. گرسنه ام شده بود. رفتم سراغ غذا و هنوز شروع به خوردن نکرده بودم که صدای باز شدن در رو شنیدم. دویدم دم در. فرید بود. رفتم جلو و گفتم:
- هیچ معلومه کجایی؟

فرید جوابم رو نداد و تلو تلو خورون به من نزدیك شد. از کنارم که رد میشد، بوی غلیظ الکل از دهنش به مشام می رسید. گفتم:
- سه ساعته رفتی عرق خوری؟
فرید جواب نداد و رفت و خودش رو پرت کرد روی مبل. چشماش رو بست و مثل این بود که خوابیده.
- فرید... بلند شو.

جوابم رو نمی داد، داشتم دیوونه می شدم، هر چی حرف می زدم جوابی نمی داد. نه اینکه نخواد جوابی بده، کاملاً مست شده بود و هیچی نمی شنید، انگار توی دنیای خودش بود. فایده ای نداشت. بلند شدم و رفتم کنار نیکی دراز کشیدم. نیکی هنوز پیش من می خوابید. بعد از این همه سال براش سخت بود که از من جدا بخوابه. به چشمای خوشگلش و مژه های بلندش نگاه کردم که تکون نمی خورن و آروم گرفتن. دلم برای نیکی می سوخت. چرا باید اینهمه منتظر پدری می

موند که منتظرش نموند؟ فرید گفته بود دیگه الکلی نیست. خیلی وقته ترك کرده اما انگار این حرفشم مثل بقیه حرفهاش دروغ بود.

نیم ساعتی گذشت و من به این فکر می کردم که باید با فرید چی کار کنم. اگر اینجا می موند مجبور بودم هرچی درمیارم برای الکل فرید خرج کنم. باید حرفام رو باهاش می زدم. با این وضعیت نمی تونست اینجا بمونه.
صدایی اومد، رفتم توی هال و دیدم فرید نشسته و دستش رو روی سرش گذاشته.
- فرید! کجا بودی؟ مگه نگفته بودی ترك کردی؟
با چشمای خمارش نگاهم کرد و گفت: ترك کردم... فقط وقتی داغونم می خورم.
- پس یك دفعه بگو ترك نکردی و خودت رو راحت کن. با این بلایی که علی سرت آورده، داغونِ داغونی و هر روز می خوای به این بهانه مست کنی.

همینطور که نگاهم می کرد گفت: دو هفته است که علی این بلا رو سرم آورده، یك چیکه هم الکل نخوردم.

ساکت شدم. دلم نمی خواست بیشتر توضیح بده که چرا داغونه، چون حدس می زدم چی می خواد بگه.
- وقتی داغون شدم که زنم با اون مردك رفت بیرون و من فقط تونستم تماشا کنم... منِ بدبخت وایستادم و گذاشتم تو باهاش بری.

فرید زد زیر گریه و با گریه گفت: راحت شدی نه؟ دیگه می تونی باهاش باشی. از شرّم خلاص شدی. از اولم باید می رفتی با همچین پروفسوری. تو رو چه به فرید دیپلمه فراری؟ خانم دکتر دنیا... چه احساسی داره دکتری؟ به آرزوت رسیدی؟ ارزشش رو داشت؟ ارزش خراب کردن زندگیمون رو داشت؟ ارزش خراب کردن زندگی بچه ات رو داشت؟
- تو چی؟ زدی زیر قولت. چند سال گذاشتیم سر کار. خر فرضم کردی، هی گفتی میریم میریم... موقعش که رسید زدی زیرش. چی فکر می کردی فرید؟ گفتی از آرزوش می گذره... به خاطر بچه اش... آره فکر کردی من مثل خیلی های دیگه مادر خوب بودن رو، توی از خودگذشتگی می بینم. فکر نمی کردی یک مادرخوب، اصلاً یک آدم خوب، یک انسانی که خودش رو دوست نداره، چطور می تونه بچه اش رو دوست داشته باشه؟ اطرافیانش رو دوست داشته باشه؟
- تو اصلاً معنی از خودگذشتگی رو نمی فهمی... مشکلت اینه... مادر من به خاطر بچه هاش شوهر نکرد... از خودگذشتگی کرد اما تو به خاطر نیکی از اون دکترای کوفتیت نگذشتی.
- مادر تو اگر این کار رو با جون و دل و برای خودِ خودِ تو کرده بود، هیچ وقت منتش رو سرت نمی گذاشت که به خاطر تو اِل کرده، پس باید پیشش بمونی و کانادا نری. نمی دونی بدون. من مثل مادر جنابعالی نیستم، چون دلم نمی خواد یک روز به نیکی بگم، به خاطر تو از آرزوم گذشتم و منت سرش بذارم و اون رو اسیر خودم بکنم و نذارم آزادانه زندگی کنه.
- اما بچه ات رو کردی بچه طلاق. بدبختش کردی.

- بچه ای که با دوز و کلک تو دامنم گذاشتی؟ یادم ننداز با چه ترفندی باردارم کردی. خواستم سقط کنم، بازم قسم خوردی که میایم کانادا و بچه دار شدنمون من رو از هدفم دور نمیکنه... اصلاً من بد. تو چی؟ تو که زیر قولت زدی چی؟ تو که بعدش می تونستی گذشت بکنی و نکردی چی؟

- منم اشتباه کردم. می خوام جبران کنم اما انگار تو دست از لجبازی برنمی داری.

- خیلی خُب فرید. ساکت باش الان نیکی بیدار میشه. این بحث ها فایده ای نداره.

رفتم توی آشپزخونه و براش قهوه تلخ درست کردم و دادم دستش تا بوی الکل دهنش از بین بره. بعدم اصرار کردم که دوش بگیره.

خدای من! انصافت رو شکر، دقیقاً توی بهترین روز زندگیم که می تونستم از ته دل بخندم، این چه بلایی بود به سرم آوردی؟ حالا من با این مرد پر مدعی، که مقصر همه خطاهاش رو من و عشقش به من می دونه چی کار کنم؟ مردی که هر چی می گذره بیشتر و بیشتر ازش زده می شم. دلم داشت از ناراحتی می ترکید. همون موقع ها نیکی بیدار شد و از گرسنگی به سمت آشپزخونه رفت و سراغ غذاش رو گرفت. صدای دوش حموم رو شنید و به در حموم نگاه کرد و بدون اینکه چیزی بپرسه شروع به خوردن کرد. گفتم:

- بابا اومد. رفت دوش بگیره تا تو بیدار بشی.

نیکی سرش رو پایین انداخت و به خوردن ادامه داد. نیکی خیلی حساس بود، نمی دونم توی فکرش چی می گذشت اما شک نداشتم که دلش شکسته.

فرید از حموم بیرون اومد و نیکی آروم آروم به سمتش رفت و بغلش کرد. فرید هیجان زده بود اما نیکی حرفی نمی زد و فقط لبخند می زد.

بالاخره ساعت نزدیک شش عصر شد، فرید و نیکی برای قدم زدن رفته بودن، قرار شد دکتر شریفی به دنبالم بیاد و باهم برای گردش و بعد هم شام بیرون بریم. انقدر از دست خودم ناراحت بودم که به خاطر فرید قرار ناهار امروز رو از دست داده بودم که بدون اینکه به فرید چیزی از قرارامشب بگم، شروع کردم به حاضر شدن. یک پیراهن تنگ مشکی بلند، با یقه باز یک طرفه به تن کردم. خیلی وقت بود که یک لباس درست و حسابی نپوشیده بودم و یک تفریح درست و حسابی نکرده بودم. بعد از مدت ها این اولین باری بود که شلوار رو از تنم در آورده بودم و پیراهن می پوشیدم. توی آینه به خودم نگاه کردم، انگار خودم رو نمی شناختم. من گردن کشیده بلندی داشتم که با این لباس خیلی بلندتر و کشیده تر دیده می شد. استخون ترقوه ام از همیشه برجسته تر دیده می شد. آره من توی این چهار سال واقعاً لاغرتر شده بودم. شاید آخرین باری که پیراهن پوشیده بودم هنوز ایران زندگی می کردم. توی چهار سالی که اینجا زندگی می کردم، به جز درس و کار و نیکی به چیز دیگه ای فکر نکرده بودم. همیشه فکر می کردم روزهای تفریح و خوش گذرونی به موقعش میرسن اما روزهای تلاشِ بی وقفه کوتاهن و گذرا. باید قدرشون رو بدونم و از دستشون ندم.

حاضر و آماده روی مبل نشستم و چشمام رو بستم. گوشی موبایلم رو تو دستم گرفتم و منتظر اومدن فرید و نیکی نشستم. چند شب بود که درست نخوابیده بودم. چشمام گرم و گرم تر شدن تا اینکه به خواب عمیقی فرو رفتم.

نمی دونم چند دقیقه بود که خوابیده بودم. انقدر خسته بودم که انگار ساعت ها بود که خوابیده بودم. خواب بودم و خواب می دیدم. با اینکه خواب می دیدم، خودم حس می کردم که چیزی که الان می بینم خوابه! دکتر شریفی و خودم رو می دیدم. توی یك رستوران شیك و لوکس فرانسوی نشستیم. روی میزمون شمع روشنه و دستمون گیلاس شراب. دور و برمون پر از آدمهای اصیل و باکلاس. زن های شیك پوش با لباس های شب و مردایی با کت و کراوات یا پاپیون و دستمال گردن. طنین یك آهنگ دلنشین فرانسوی گوشم رو نوازش میده. روی سکوی رستوران یك ویالونیست در حال نواختن و یك خانمی در حال خوندن به سبك اُپراست. دکتر شریفی بلند میشه و به طرفم میاد. بدون اینکه حرفی بزنه دستش رو به طرفم دراز می کنه. دستش رو می گیرم. بلند میشم. یك دستش رو دور کمرم می ذاره وبا دست دیگه دست راستم رو گرفته. عقب... جلو... عقب... جلو... ما داریم تانگو می رقصیم. زیر گوشم میگه: "چقدر پیراهن بهت میاد." تو چشماش نگاه می کنم. چشماش پر از عشقه. دوباره تو گوشم میگه: "می تونم ببوسمت؟" سرخ میشم. میگم: "اما همه اینها یك خوابه." این بار میگه: "بذار تو خواب ببوسمت. عیبی که نداره." ساکت میشم. به لباش نگاه می کنم. لباش رو به لبام نزدیك می کنه. لبام رو می بوسه. همه اینها یك خوابه اما من لباش رو رو لبام حس می کنم. چرا؟... دستش رو روی سرم می کشه... ولی نه... حتی تو خوابم غلطه... بده... نمی خوام... ازم دور شو... دستم رو روی سینه اش می ذارم و هُلش میدم... وای نه!

نفس عمیقی کشیدم و از خواب پریدم. همینکه چشمام رو باز کردم از ترس شوکه شدم وهاج و واج نگاه می کردم و جم نخوردم. فرید روبروم روی میزجلوی مبل نشسته بود و فقط چند سانتی متر ازم فاصله داشت. هنوز لبام گرم بود. بی اختیاردستم رو روی لبام گذاشتم. فرید از جاش بلند شد و عقب عقب رفت. هنوز مطمئن نبودم این بوسه رو تو خوابم دیدم یا کار فرید بوده!! هاج و واج و وحشت زده نگاهش می کردم. فرید رفت عقب و عقب تا به دیوار مهمون خونه رسید و تکیه داد. چهره ام پُر از علامت سؤال شده بود. تا اینکه فرید با صدای لرزون گفت:
ببخشید نمی خواستم بیدارت کنم. انقدر... انقدر خوشگل شدی... من، من نفهمیدم چی شد. نمی خواستم بفهمی دنیا... فکر نمی کردم بیدار بشی. فقط چند ثانیه نفهمیدم چی کار کردم.
- تو... تو واقعاً این کار رو کردی. تو من رو بوسیدی؟

فرید سرش رو پایین انداخت. نیکی از دستشویی بیرون اومد. همون لحظه گوشیم زنگ خورد. دکتر شریفی بود. بهم گفت دم در منتظرمونه. گوشی رو قطع کردم و با عصبانیت رفتم دم سینك آشپزخونه و لبام رو زیر شیر آب گرفتم. آب دهنم رو توی سینك تف کردم. رفتم جلوی میزم تا دوباره ماتیك بزنم. به نیکی گفتم:
- نیکی جونم حاضری؟ ملیسا پایینه.
- آخ جون... ملیسا؟ با عمو حمید؟

فرید هاج و واج به من و نیکی نگاه می کرد.
- آره مامان جون... بدو کفشات رو بپوش، همین لباست خوبه.

فرید رو کرد به نیکی: کجا؟ بابا رو تنها می ذاری؟
- مگه شما نمیاید؟
- نه عزیزم، بابا دو روز تو راه بوده، باید بخوابه.

نیکی کفشاش رو پوشید و از در بیرون رفت، منم به طرف در رفتم که فرید پرید جلوی من و دستش رو روی دیوار راهروی دم در گذاشت و راهم رو سد کرد.
- کجا میری؟
- با دکتر شریفی و دخترش داریم_
- بیخود کردی. با این لباسا؟ با این سر و وضع؟
- با من اینجوری حرف نزن. به تو هیچ ربطی نداره.
- داره. تو زن من بودی.
- بودم. دیگه نیستم. الانم می خوام با دکتر شریفی معاشرت کنم تا بیشتر بشناسمش، فهمیدی؟
- لازم نکرده بشناسیش. من بهت میگم. یك آدم تازه به دوران رسیده ی عوضیه.
- از تو هم عوضی تره؟
- خفه شو... دنیا ... خفه...
- از سر راه من برو کنار و گرنه پرتت می کنم بری بیرون.
- مگه از رو نعش من رد شی. نمی ذارم بری... یا من رو بکش یا...
- یا زنگ می زنم به پلیس بیان ببرنت.
- دنیا خواهش می کنم. حداقل جلوی من مراعات کن و...
- جلوی تو؟ آخه مگه من گناه کردم تو رو راه دادم خونه ام؟ چرا؟ چرا تو مثل بختك افتادی تو زندگی من؟ من فکر کردم آدم شدی که راهت دادم. باباجون، برو دنبال زندگیت. من و تو دیگه هیچ ارتباطی با هم نداریم.
- داریم... تو مادر بچه امی... زنم بودی... تو هیچ وقت واسه من اینجوری لباس نپوشیدی. هیچ وقت انقدر برای من آرایش نکردی. چرا؟ چی شده که...
- کردم... می کردم... یادت نیست... می دونی چرا؟ چون نمی دیدی... چون برات مهم نبود. من حتی رنگ موهام رو عوض کرده بودم و تو نفهمیده بودی. مدل موهام رو عوض می کردم، نمی فهمیدی. برو کنار.
- نمیرم.
چند ثانیه تو چشماش نگاه کردم و گفتم:
- من میرم. بعدم با نیکی میریم شب خونه سوری. فردا صبح که اومدم، نمی خوام تو این خونه ببینمت. میری هتل، یا میری خونه می گیری. من نمی دونم اما دیگه نمی خوام ببینمت. هروقت پول خواستی زنگ بزن ، می ریزم به حسابت. هر وقت نیکی رو خواستی ببینی، قرار می ذاریم که بری دم در خونه سوری دنبالش اما من... نمی خوااااام بـــبـــیـــنـــمت. فهمیدی؟

فرید تکون نمی خورد. حرفی هم نمی زد. دستش رو گرفتم و از سر راهم کنارش زدم. مقاومتی نکرد. در رو بستم و رفتم.

اون شب گذشت. شب فوق العاده رمانتیک و به یاد موندنی ای بود. وقتی با دکتر شریفی بودم، حتی ثانیه ای یاد فرید و اعصاب خوردی هاش نبودم اما همین که از دکتر شریفی خدا حافظی کردم و به خونه سوری رسیدم، تمام غم دنیا روی دلم سنگینی کرد. انگار فرید مثل یك غده سرطانی توی زندگی من ریشه دوونده بود. ای کاش، ای کاش هیچ وقت با فرید صاحب بچه نشده بودم. وقتی فهمیدم باردارم چند روز متوالی گریه کردم... حتی می خواستم نیکی رو سقط کنم... فرید مثل همیشه گولم زد... با چرب زبونی و وعده های سر خرمنش باز هم باعث شد که من اشتباه کنم و یك موجود بیگناه رو وارد این دنیا بکنم. موجودی که الان همه زندگی منه اما به خاطرش، فرید تا آخرین روز عمرم، بهم تحمیل شده.

مثل همیشه که همه چیزم رو برای سوری تعریف می کردم، همه اتفاقات اون روز رو براش تعریف کردم. سوری فقط به من نگاه کرد و بالاخره گفت: حالا که فرید می خواد کانادا زندگی کنه، نمی خوای باهاش زندگی کنی؟ به خاطر نیکی؟

از حرفش حسابی جا خوردم، سوری همیشه به حرفام گوش می کرد اما هیچ وقت به من نمی گفت چی کار کنم یا نکنم. فقط اگر ازش سؤال می کردم، شاید نظرش رو می داد.

- نه... معلومه که نه. بعد از اینهمه بدبختی که کشیدم، حالا که همه چیش رو از دست داده و مجبور شده بیاد اینجا؟ بعد از اینهمه اذیت و آزار من؟ چه ارزشی داره؟ اصلاً چه ارزشی داره من به خاطر نیکی با مردی زندگی کنم که دوستش ندارم. فکر می کنی اگر این کار رو بکنم توی خونه ما آرامشی پیدا میشه؟ فکر می کنی نیکی خوشبخت میشه؟

سوری ساکت شد و جوابم رو نداد. فکر کنم متقاعد شده بود و بحث نکرد.

صبح دم دمای ساعت نه صبح بود. سوری رفته بود سر کار و من و نیکی هم آماده شدیم تا به خونه برگردیم. گوشی موبایلم زنگ خورد. سمیرا بود. قرار بود به ایران سفر کنه و قبلش می خواست من رو ببینه. من و سمیرا خیلی وقت بود که ارتباطمون کم شده بود. همچنان دوست بودیم و همچنان نیکی سمیرا رو خاله سمیرا صدا می کرد اما اون ارتباطی که از دوران دبیرستان باهم داشتیم رو دیگه هرگز نتونستیم تکرار کنیم. فرید با فرستادن شروین یا همون محمد جواد با یك تیر دو نشون زده بود، هم تونسته بود از جیك و پیك من خبردار بشه و هم به طور ماهرانه ای دوستی ما رو خراب کرده بود. همیشه به خاطر اینکه سمیرا برام با همه دوستای دیگه ام فرق داشت، دل خوشی ازش نداشت. فرقی نمی کرد سمیرا باشه یا هرکس دیگه، به نظرم بیشترِ مردها به دوست صمیمی همسرشون به نوعی حسادت می کنن.

با اینکه فهمیده بودم سمیرا مقصر نبوده اما به طور ناخودآگاه از صمیمیت با سمیرا دوری می کردم. شاید اگر تجربه امروزم رو داشتم، بعد از ازدواجم هیچ وقت رابطه صمیمی با هیچ کدوم از دوستام برقرار نمی کردم. واقعاً ارزش خراب شدن رابطه ام با همسرم رو نداشت. شاید من اشتباه کردم... من باید برای دوست شدن با فرید تلاش می کردم، حتی با اینکه اون مثل بعضی از مردهای سنتی من رو دوست خودش نمی دید و فقط احساس مالکیت بهم داشت، اما شاید اگر تلاش بیشتری می کردم برای دوستی با اون، انقدر از هم فاصله نمی گرفتیم. اما در عوض من صمیمیتم رو با سمیرا محکم ترکردم و هر روز از فرید فاصله گرفتم... این اشتباه رو هیچ وقت دیگه تکرار نمی کنم و هرگز نمی ذارم همسرم حس کنه برای من نفر اول نیست.

دلیل دیگه ای که شاید رابطه ما هیچ وقت مثل سابق نشد، این بود که دنیای من و سمیرا از اول متفاوت بود و این دنیاها هر روز دورتر و متفاوت تر می شد. طوری که این اواخر کارها و بی ثباتی های سمیرا، برام قابل تحمل نبود. وقتی سمیرا رو می دیدم، می نشستم به نصیحت کردن، سمیرا هم از حرفهای تکراری من خسته میشد... شاید یك جورایی هر دو به این نتیجه رسیدیم که دیگه نمی تونیم دوستای خوبی برای هم باشیم. سمیرا بعد از روزی که حقیقت شروین رو فهمید، ازش جدا شد. محمد جواد واقعاً عاشقش شده بود. یك سال تموم سعی کرده بود تا دوباره دل سمیرا رو بدست بیاره اما وقتی سمیرا فهمید، محمد جواد دندونپزشك نیست و اون خونه چند میلیون دلاری خونه اون نبوده و یا ماشین گرون قیمتی که زیر پاش بود، در واقع یك ماشین لیزینگ بوده که در ازای نقشی که بازی می کرده برای مدت کوتاهی صاحب شده بوده، دیگه نتونست یك ثانیه هم بهش فکر کنه، اما یك سال تموم افسرده شده بود. دیگه به هیچ کس اعتماد نمی کرد. من سعی می کردم کمکش کنم، حس می کردم فرید به خاطر اهدافش با احساسات سمیرا بازی کرده و به نحوی خودم رو مقصر می دونستم. سمیرا چند ماهی با من و نیکی پیش سوری زندگی کرد و بالاخره توی یك شرکتی که صاحبش یک ایرانی بود کار پیدا کرد و کم کم مستقل شد. بعد از اینکه از پیش ما رفت، کم کم، رابطه مون کمرنگ و کمرنگ شد، انگار نه اون و نه من اصراری برای نگه داشتن اون رابطه نداشتیم و بدون هم راحت تر بودیم.

با سمیرا توی کافی شاپ مرکز شهر قرار گذاشتیم، دو ماهی بود همدیگه رو ندیده بودیم. نیکی مهربون من مثل همیشه خودش رو تو بغل سمیرا انداخت. سمیرا براش کادو خریده بود. یك دفتر نقاشی و یک جعبه مداد رنگی... نیکی مشغول نقاشی کردن شد و من و سمیرا مشغول صحبت شدیم.
- دلم برات تنگ شده بود.
- منم همینطور... فکر نمی کردم به این زودی بری ایران. همین عید امسال رفته بودی ایران.
- آره... اما برگشتم تا برای پاسپورتم اقدام کنم و الانم برای همیشه میرم ایران.
- برای همیشه؟
- آره... پس فردا دارم میرم. واسه همیشه. هروقت وقتش شد برای امتحان اقامت برمی گردم... اما پاسپورتم رو که بگیرم دوباره میرم ایران.
- برای چی؟ باورم نمیشه... تو که اینجا رو دوست داشتی.

- میرم پیش مامان و بابام... یواش یواش دوریشون برام سخت شده بود. مگه دنیا چند روزه که از هم دور باشیم؟؟؟ اینجا هم خبری نیست خداییش.
- داشتی کار می کردی، زندگی می کردی. یعنی چی؟
- این پولها و این کارا برای من کافی نیست. اگر بابام هر از گاهی برام پول نفرسته نمی تونم از پس مخارجم بربیام... چه کاریه؟
- خُب پیشرفت می کنی. شرکتت رو عوض می کنی. درآمدت بالا میره.
- نمیشه دنیا... فایده نداره... سی و دو سالمه... هنوز نتونستم هیچ کار مهمی بکنم. هیچ کس نیست بتونم بهش اعتماد کنم. اگر برم ایران از طریق خانواده میشه دو تا آدم حسابی پیدا کرد. اما اینجا چی؟ با هرکس آشنا شدم دنبال ازدواج نبود. اکثراً به فکر سوء استفاده بودن.
- همه اینطوری نیستن، مگه ندا با امیر حسین دوست نشد و بعدم عروسی نکرد؟ الانم خوشبختن.
- امیر حسین و ندا تو دانشگاه آشنا شدن. من چی؟ اشتباه من این بود که اینجا اومدم و نرفتم دنبال درس. نمیگم پشیمونما... من اهل درس نبودم... تو راست می گفتی... اینجا اگه آدم درس نخونه همه جوره بازنده است... همه اش فکر می کردم که شوهر آینده ام رو می تونم تو مهمونی ها پیداکنم... یا از دوستای دوستام... يك جورایی اشتباه بود... چند تا از دوستامم با شوهراشون تو دانشگاه آشنا شدن.
- خُب نمی تونی الان شروع کنی؟ يك فوق لیسانس بگیر، فقط دو ساله.
- وای نه... باید امتحان آیلتس بدم... يك سری از واحد های لیسانسِ رو دوباره بگیرم تا قبولم کنن. دو سال پیش رفتم دنبالش. دیدم کار من نیست... فقط منتظر شدم چند سالِ مهاجرتم رو پُر کنم و برگردم... تو راست می گفتی دنیا...
- اینکه باید درس می خوندی؟
- آره... اما این رو نمیگم... یادت نیست چی می گفتی؟
- نه چی؟
- می گفتی برگ برنده من توی ازدواج خانواده مه. می گفتی اگه پسری بفمه من از چه خانواده ای ام، با سر میاد خواستگاریم اما ما اینجا به خاطر دور بودن از خانواده مون و نا شناس بودنمون، عملاً این برگ برنده رو از دست میدیم.
سمیرا خنده تلخی کرد و ادامه داد:
- یادت میاد یه بار گفتی، انقدر به خوشگلیت نناز... فکر نکن توی این دوره زمونه پسرا به خاطر خوشگلی عاشقت میشن. چون دور و برشون پر شده از دخترای خوشگل؟؟؟ اون موقع نفهمیدم چی میگی. فکر کردم به قیافه ام حسودی می کنی اما راست گفتی... غیر از خوشگلی باید یه چیزای دیگه تو چنته داشته باشم. مثلاً همون خانواده یا درس و تحصیلات.

لبخندی زدم. سمیرا ادامه داد:
- من که اهل درس خوندن نیستم... حداقل میرم یکجا که همه بدونن خانواده دارم... اینجا دارم وقتم رو تلف می کنم. به قول تو کسی عاشق چشم ابروم نمیشه.
این اولین باری بود که چنین حرفهایی از زبون سمیرا می شنیدم. پس پشت اون مخالفت ها و داد و بیدادهاش، دو تا گوش هم بوده. گوشی که حرفام رو شنیده و به موقعش بهش فکر کرده.

من و سمیرا موقع خداحافظی همدیگه رو بغل کردیم و گریه کردیم. خیلی وقت بود که انقدر ساده و بی شیله پیله با هم حرف نزده بودیم. خیلی وقت بود که بدون لج و لجبازی کنار هم ننشسته بودیم. با تمام وجودم حس می کردم این بهترین تصمیم برای سمیراست. این زندگی، برای سمیرا و روحیاتش ساخته نشده بود.

من و نیکی بعد از خداحافظی با سمیرا به طرف خونه رفتیم. هرچی به طرف خونه نزدیکتر می شدیم، تپش قلبم بالاتر می رفت. حالا اگر فرید خونه باشه، چی میشه؟ چطور باید باهاش رفتار کنم؟

تا اینکه رسیدیم... بوی غذا تا دم در خونه می اومد... رفتم تو... نیکی فرید رو صدا کرد: بابا... بابا...

نفس عمیقی کشیدم تا عصبانیتم رو کنترل کنم. چشمم به میز ناهار خوری خورد. میز غذا چیده شده بود. فرید با یك ماهیتابه توی دستش به طرف میز اومد و گفت: به به چه خوش موقع... املت بابا رو یادته؟
- آخ جون... املت...
به نیکی گفتم: نیکی جونم تو که کلی صبحانه خودی؟
- بازم می خورم.
فرید صندلی رو عقب کشید و به من گفت: بفرمایید بانو.
نیکی به من زل زده بود و لبخند می زد. رفتم نشستم و فرید برامون املت کشید. نون داغ بربری که از سوپر ایرانی نزدیکای خونه خریده بود، روی میز بود.

با اینکه حسابی سیر بودم اما دلم هوای املت های فرید رو کرد و خوردم. تمام مدت همه اش به این فکر می کردم که چطوری باید فرید رو قانع کنم که بدون جنگ و دعوا از اینجا بره. تو همین فکرا بودم که فرید گفت:
- ازاینترنت یك اتاق پیدا کردم. صبح زود رفتم و دیدم. قرار شد از فردا اونجا زندگی کنم. اتاقش همه چیز داره.
- خُب خدا رو شکر.
- الانم میرم پولهام رو تبدیل کنم.
- خُب... خوبه... پول اجاره ات رو من میدم.
فرید با حالت تندی گفت: لازم نیست. خودم یك کاریش می کنم.
- چی کار؟
- فعلاً ازت قرض می گیرم، تا این علی نامرد رو پیداش کنم.
- باشه هر چی خواستی من بهت قرض میدم. اصلاً از آخر این ماه، حقوقم نزدیك دو هزار دلار بالاتر میره. اصلاً نگران پول نباش.
- جدی؟! مبارکه. یعنی چنده و چند میشه؟

- الان تقریباً چهار هزار دلار، نزدیک شش هزار تا میشه. بد نیست. کافیه برای من و نیکی و حتی تو.

فرید ساکت شد... هیچی نگفت... چند دقیقه بعد گفت: کی با دکتر شریفی عروسی می کنی؟
نیکی با تعجب به من و فرید نگاه کرد. من حسابی هول شدم.

- نیکی با حالت بغض گفت: عروسی؟... تو می خوای عروسی کنی؟
- نه! نه! مامان جون... معلوم نیست... هیچی معلوم نیست.

نیکی زد زیر گریه و رفت توی اتاقش. سر فرید داد زدم:

- خوشحال شدی؟ گریه بچه رو در آوردی.
- مگه من عروسی کردم؟ تو می خوای عروسی کنی!
- نباید اینجوری می گفتی. من می خواستم یواش یواش آماده اش کنم.
- من نمی دونستم نمی دونه. همچین دیروز ملیسا و عمو حمید می کرد. فکر کردم می دونه.

جوابش رو ندادم و رفتم دنبال نیکی.

فصل چهارم

پنج ماه بعد...

امسال زمستون سختی داریم. البته این سخت ترین و سردترین زمستون زندگی کانادایی من نیست. هنوز سرما توی مغز استخونم نفوذ نکرده. نمی دونم! شایدم سرما همون سرماست اما این منم که دیگه لازم نیست تو چله زمستون تو ایستگاه اتوبوس قندیل ببندم. بالاخره روزای خوشم رسیده بودن! من ایمان داشتم که این روزها رو می بینم. هربار که توی ایستگاه اتوبوس، زیر برف و بوران منتظر می ایستادم، نگاهم به مردمی بود که توی ماشین هاشون با بخاری گرم نشستن و از کنارم می گذرن. بهشون حسودی نمی کردم. حتی غبطه هم نمی خوردم چون اونها راهی که من اون روز می رفتم رو مدت ها پیش رفته بودن، شاید همون روزها که من توی خونه ام توی ایران نشسته بودم و پام رو روی پام گذاشته بودم و یک مصرف کننده بودم. مصرف کننده بودن بد نیست اما برای من و امثال من لذتی نداره که هیچ، گاهی میشه آینه دق!

خوشحالم و پشیمون نیستم از راهی که اومدم. با سختی هایی که کشیدم فرسوده نشدم که هیچ، سربلند هم شدم. بعضی خاطره ها با تمام سختی هایی که تو ذهن آدم تداعی می کنن، گاهاً آنچنان

حس شیرین وصف ناپذیری به آدم میدن که آدم تا آخر عمر محاله یادش بره. مثل روزی که حسابم رو چک کردم و اولین حقوقم رو توش دیدم. عددهایی که با من حرف می زدن. یادم می انداختن که من بالاخره تونستم. من خواستم و تلاش کردم و شد. من دیگه یک مصرف کننده نیستم اما در عین حال یاد همه سختی ها و شب بیداری هام می انداختم.

بعضی ها وقتی داستان زندگی من رو می شنون، با چشماشون از من می پرسن: پس نیکی چی؟؟؟ یعنی انقدر برات مهم بود که به خاطرش...؟ آه خدای من! ای کاش زبونشون با چشماشون همراهی می کرد و واقعاً ازم می پرسیدن. ای کاش تو نگاهاشون نمی خوندم که چطور متهمم می کنن و برام حکم صادر می کنن.

اگر واقعاً اینطور میشد، منم حرفایی داشتم برای زدن. بهشون می گفتم اگر از آرزوهام گذشته بودم، باید از خود خودم می گذشتم. اگر فراموش می کردم کی ام و چی می خوام، سالها بعد خودم رو نمی شناختم. اونوقت باید تا آخر عمر مثل یک مترسک زندگی می کردم. جسمم جایی می بود که روحم تو اونجا از اونجا فراری بود. کسی میشدم که سالها بعد نه خودم، نه همسرم و نه حتی دخترم دیگه نمی شناختم. مطمئناً با اتفاقاتی که افتاد، هیچ کدوممون... نه من، نه فرید و نه نیکی برنده این ماجرا نبودیم اما اگر غیر از این هم میشد، باز هم هر سه بازنده بودیم.

سه ماهی بود که فرید همه قرضی که به من داشت رو تسویه کرده بود. از اون اتاقش توی خونه دانشجویی بیرون اومده بود و یک آپارتمان برای خودش دست و پا کرده بود. کار و کاسبی راه انداخته بود. پشت دستش رو داغ کرده بود که با کسی شریک نشه. از طریق اینترنت از چین و هندستان و چند کشور دیگه جنس خریداری می کرد و با چند برابر قیمت توی سایت های معروفی مثل "ای بی" می فروخت. کم کم به اینترنت و کامپیوتر علاقه مند شده بود واز طریق تبلیغات اینترنتی درآمد خوبی پیدا کرده بود. ته دلم براش خوشحال بودم. حتی فکر اینکه زمین خوردن و خونه نشین شدنش رو ببینم ناراحتم می کرد. با وجود همه بدی هایی که تو سخت ترین روزهای زندگیم به من و نیکی کرد و به جای اینکه دستمون رو بگیره، آزارمون داد، ماشینی گرون قیمتی که می تونست زیر پای زن و بچه اش بذاره تا توی سرما زجر نکشیم، زیر پای محمد جواد گذاشت برای جاسوسی و آزار من و خیلی کارهایی که حتی یاد آوریش که ته دلم رو می لرزونه اما من با تمام وجود دلم می خواست کمکش کنم. خوشحالم که مثل همیشه ثابت کرد، با تمام بدی هاش، جربزه بلند شدن و رو پا ایستادن رو داره.

بالاخره بعد از چهار سال و نیم که از آشنایی من و حمید میگذشت، روز وصال رسیده بود. دم دمای ساعت پنج صبح از خواب بیدار شدم. فکر کنم فقط سه ساعت خوابیده بودم. دیشب از ساعت یازده شب تو رختخواب رفته بودم اما فکر و خیال نذاشت بیشتر از چند ساعت خواب ببره. هم خوشحال بودم، هم ناراحت. خوشحال بودم از اینکه مردی پیدا شده که انقدر دوستم داره و به علایق من احترام می ذاره و مشوق همیشگی منه... ناراحت از اینکه روز ازدواجم بدون حضور مادر و پدرم قرار بود سپری بشه. سه ماه بود که برای ویزا اقدام کرده بودم. راضیشون کرده بودم که هر جور شده بیان. حتی با وجود اینکه دقیقاً وسط زمستون بود و اونها از سرما فراری

بودن اما با اینکه دو سال پیش هم ویزا گرفته بودن و به من و نیکی سر زده بودن، این بار خبری از ویزا نشد که نشد. حتی تا همین چند روز پیش منتظر یک معجزه بودم... اینکه مامانم زنگ بزنه و بگه ویزاشون رسید و از خوشحالی بال دربیارم... اما نشد که بشه.

حمید از اینکه می دید از نبود مامان بابام غصّه دارم... حتی پیشنهاد داد تا بعد از اومدن ویزای مامان و بابا صبر کنیم اما قبول نکردم... اصلاً معلوم نبود که بالاخره ویزا بگیرن یا نه! تازه چهار روز بعد که تعطیلات کریسمس شروع میشه، برای ماه عسل قرار بود که به مکزیک بریم. دیگه باید پیه این رو به تنم می مالیدم، غربت یعنی تنهایی، یعنی دوری، یعنی انتظار، یعنی زندگی رنگارنگ و آزادی، با چاشنی بیکسی. دیگه پوستم کلفت شده بود.

یاد روز عقدم با فرید افتادم. مامانم از صبح تا شب سرپا برای اون روز کار و زحمت کشید. بابام مثل یک میزبان بی نظیر، برای عقدم سنگ تموم گذاشت و به جای لذت بردن از اون جشن و شادی، مدام اینطرف و اونطرف می رفت تا همه چیز به بهترین نحو انجام بشه. جشن عقد و ازدواج من و فرید تو تابستون بود. تابستونی گرم و سوزنده. هیچ وقت فکرش رو هم نمی کردم یک روزی عروس برفی بشم. این بار رنگ لباسم با رنگ کوچهها و خیابونها و درختها یکی میشد. با اینکه این ازدواج تو سرماست و اون ازدواج تو گرما بود اما اون ازدواح هیچی جز سردی و پشیمونی برام نداشت. برعکس این بار، نو اوج سرما عروس میشم و در عوض گرمای عشقم به حمید رو با تمام وجودم حس میکنم.

حمید خیلی خوب بود. جز اینکه هر از گاهی به وجود فرید حسودیش میشد، هیچ نکته منفی دیگه ای ازش ندیده بودم. تازه همون حسادتش هم تحسین برانگیز بود و منطقی. مثل مردای غیرتی نبود که به جای بیان عشقشون و به خاطر ترس از دست دادن طرف مقابلشون، جفتک میندازن و فکر میکنن خیلی باحالن که غیرتی شدن. هروقت از نزدیک شدن فرید به من میترسید، ترسش رو بروز می داد و من به راحتی متقاعدش می کردم که نگران نباشه.

نیکی کوچولوی من نزدیک هفت سالش بود. نسبت به هم سن و سالاش قد بلندی داشت و وقتی کسی من رو با نیکی میدید اصلاً باور نمی کرد که دختر من باشه. کم کم از شونه من داشت بلند تر می شد. مطمئناً قدش به باباش رفته، نه من...

اما هر چی میگذشت تودارتر می شد. ملیسا برعکس نیکی، به راحتی موضوع ازدواج ما رو پذیرفته بود و من رو مامی صدا می کرد. گاهی نیکیعصبانی می شد و با ملیسا دعوا می کرد و می گفت: مامان خودمه. تو خودت مامان داری اما ملیسا اعتنا نمی کرد و باز من رو مامی صدا می کرد. حمید می گفت، کم کم همه چیز درست میشه و نیکی همه چیز رو قبول میکنه. نیکی هیچ وقت از دوری من و فرید گله نکرده بود و همیشه خوشحال به نظر می رسید اما به نظرم الان بیشتر از این میترسید که با ازدواج من و حمید از من فاصله بگیره. چند بار از من پرسیده بود: اگر با عمو حمید عروسی کنید، دیگه نمیتونم پیشت بخوابم؟
چی باید جوابش رو میدادم؟ نمی دونم. اما شک نداشتم که آروم آروم با شرایط وقف پیدا میکنه.

با اینکه ساعت پنج صبح بود و هنوز باید می‌خوابیدم اما نتونستم طاقت بیارم. بلند شدم و به کارام رسیدم. ساعت نه صبح سوری می اومد. هم برای تحویل لباسم، هم برای اینکه حاضر بشیم تا ساعت دوازده برای عقد به محضر بریم. سوری خیاط خوبی بود. نه اینکه برای کسی لباس بدوزه و خیاطی شغلش باشه اما همیشه برای خودش و حتی چند بارهم برای نیکی لباس دوخته بود. همیشه می گفت برای عروسی من خودش لباس می‌دوزه. هروقت این حرف رو می زد منم می گفتم: ای بابا... یک دفعه بگو برای من لباس نمی دوزی، من که دیگه ازدواج نمی کنم. سوری‌هم می گفت: میکنی... چرا نکنی؟ هنوز جوونی... از ته دل آرزو می‌کنم یک مرد خوب پیدا بشه و ازدواج کنی.

بالاخره اون روز رسیده بود و سوری لباس عروسی من رو آماده می کرد. هرچند امروز عروس می شدم اما هیچ جشن ازدواجی در کار نبود. قرار بود فقط چند تا از دوستای حمید و فامیلش، بعد از عقد به رستوران بیان و کمی شادی کنیم. منم ندا و یکی دو تا از دوستای دانشگاهم رو دعوت کرده بودم. همین... حمید خیلی‌اصرار کرد که جشن بزرگی بگیریم اما من زیر بار نرفتم. چه جشنی؟ جشنی که مادرم نباشه که مثل پروانه دورم بچرخه و پدرم نباشه که مثل کوه پشتمم بییسته، مگه جشن میشه؟

ساعت نه و ده دقیقه شد. نگران شدم. سوری هیچ وقت دیر نمی کرد! همیشه خوش قول بود. تازه امروز شنبه است و هیچ ترافیکی هم نیست. به سوری زنگ زدم. چند تا زنگ خورد تا بالاخره گوشی رو برداشت:

- سلام عزیزم.
- سلام... نگو که هنوز خونه ای!
- خونه‌ام عزیزم... خونه ام... میتونی بیای اینجا؟ هنوز لباست کار داره.
- شوخی میکنی؟؟ سوری تو که دیشب گفتی تمومه... نگران نباشم!
- تمومه! تا خودت رو برسونی اینجا، تمومه... بیا از اینجا با هم میریم.
- ای بابا... باشه من به حمید میگم زودتر بیاد دنبالم که بیایم اونجا.
- باشه منتظرم عزیزم اما بهتره لباس رو بپوشی و بعد بگی بیاد دنبالت. بذار یکدفعه ببینت و سورپرایز بشه.
- آره نگران نباش... نمیارمش تو که ببینه. خیلی خُب من تا یک ساعت دیگه اونجام.

سریع به حمید زنگ زدم. لباس نیکی رو تنش کردم و خودم هم آماده شدم تا وقتی حمید رسید. حمید حسابی خوشتیپ کرده بود! واقعاً کم سن و سال دیده میشد و نگاهش نجابت خاصی داشت. نیکی با بی‌حوصلگی توی ماشین نشست و به زور جواب سلام حمید رو داد. رسیدیم دم خونه سوری. من از ماشین پیاده شدم وتند تند به سمت در خونه رفتم اما نیکی آروم آروم راه می رفت. گفتم: نیکی بیا تو... زود باش.

- نه من همین جا منتظر میمونم.
- بهت میگم بیا تو... سرده... (با صدای بلند)

حمید سرش رو از شیشه بیرون آورد و گفت: من حواسم بهش هست... برو میارمش تو ماشین

چشمکی زد... انگار می خواست حالیم کنه که زیاد به نیکی گیر ندم و بذارم تو حال خودش باشه.

در رو باز کردم و رفتم تو خونه و لباس عروسم که روی مبل گذاشته شده بود رو دیدم. خیلی خوشگل بود... خیلی... در عین سادگی، زیبا بود و دوست داشتنی... سوری با بی‌حوصلگی از توی اتاق بیرون اومد و گفت:

- برو بپوش بیا ببینم.

اصلاً باورم نمیشد... چطور ممکن بود سوری... سوری که جای خواهرم، مادرم، خاله ام... جای بهترین هام رو برام پُر کرده بود انقدر سرد و بی‌تفاوت برخورد بکنه؟ مدتی بود که حس می کردم یک طوری شده اما امروز مطمئن شدم که با ازدواج من مشکل داره اما چرا؟! سوری خوش قلب ترین آدم دنیا بود که من تا اون روز دیده بودم... دلم حسابی گرفت.

لباس رو برداشتم و رفتم توی اتاق... کمی بغض کردم. اگر امروز مامانم کنارم نیست اما حس اینکه سوری هست بهم قوّت قلب می داد... اما چی شد؟ با بی‌حوصلگی لباس رو پوشیدم. از اتاق رفتم بیرون و گفتم: قشنگه؟

سوری نگاهی به سر تا پام کرد و گفت: موهات رو چی کار میکنی؟

کم کم داشت لجم می گرفت... چی تو سرش بود که اینطور عوض شده بود. گفتم:

- هیچی... موهام رو می بندم ... یا نه... همینطوری باز میذارم... چه فرقی‌داره؟

سوری در حالی که چای جلوم میذاشت گفت: بیا چای سبز.

- نه مرسی. چرا حاضر نمیشی پس؟

سوری سرش رو چرخوند و به یک گوشه نگاه کرد و گفت:

- زیاد حالم خوش نیست. شاید برای مراسم بعد از عقد بیام.

کلافه شده بودم... نه... سوری حق نداشت توی یکی از بهترین روزای زندگیم چنین رفتاری با من بکنه. خیلی زود و مستقیم رفتم سر اصل مطلب و گفتم:

- چی شده؟ چرا اینطوری می کنی؟ تو همونی نبودی که آرزو می کردی ازدواج کنم و مثل تو تنها نمونم؟ حالا که به آرزوت رسیدی... به همین راحتی میگی حالت بده؟ می خوای باور کنم حالت بده؟ من غیر از تو کسی رو ندارم سوری. حتی به ندا هم نگفتم سر عقدم بیاد.

- چی بگم بهت دنیا؟ اصلاً مگه مهمه؟!

- چی مهمه؟

- اینکه من چی می خوام بگم. این که من چی حس میکنم. تو تصمیمت رو گرفتی. دیگه من چی بگم؟ هر چی بگم خودم رو کوچیک کردم.

چند ثانیه سکوت کردم. اصلاً دلم نمی خواست فکر کنم به اینکه چی ممکنه بخواد بگه. طاقتم سر اومده بود. حوصله خرد خرد شیر فهم شدن نداشتم و خیلی زود می خواستم هرچی می خواد بگه، بگه و تمومش کنه.

- هرچی می خوای بگی بگو. فقط بگو. زود باش... دارم دیوونه میشم. تو همه کس منی. تو بهتر از هرکسی من رو می‌شناسی. نمی‌خوای بگی که تصمیمم غلطه؟

- نه... تصمیمت مثل همه تصمیمای زندگیت بهترین تصمیم بوده. اصلاً میدونی چیه؟ تو فقط اسمت دنیا نیست... تو خودِ خود دنیایی. اصلاً اگه تو نمی اومدی توی این دنیا، دنیا تموم می شد.
- سوری بس کن دیگه. رُک حرفت رو بزن ببینم چی شده آخه؟ خواب نما شدی از دیشب تا حالا؟ پنج ماهه می دونی می خوام با حمید عروسی کنم. چرا ناغافل امروز حرفای فلسفی میزنی؟

سوری از پشت اُپن آشپزخونه رفت و روی صندلی آشپز خونه نشست. من با عجله به سمتش رفتم و روبروش نشستم.
- اگه چیزی شده بگو خُب؟
- باشه... بهت می گم چی شده اما قبلش چند تا سوال ازت دارم. راستش رو بهم میگی؟ حتی اگه تلخ باشه؟
- آره قسم می خورم هرچی بپرسی راستش رو میگم.
- هدفت چی بود؟ که بیای اینجا دکترا بگیری. برای خودت کسی بشی. به آرزوت برسی. به هدفت برسی دیگه؟
- آره...
- خُب به هدفت رسیدی. آفرین... همیشه تحسینت کردم... همیشه هرجا نشستم ازت تعریف کردم. کم زنی دیدم مثل تو، که برای هدفشون بجنگن. اصلاً دوستی با تو من رو از این رو به اون رو کرد. قوی ترم کرد. جسارتم رو زیاد کرد اما تو چی؟ تو چی‌فهمیدی از دوستی با من؟ شد یکبار بگی این سوری برای من چی کار کرد؟ جز اینکه نشستم پای درد و دلت. یکبار شد بشینی پای درد و دلم؟
- سوری چی داری میگی؟ معلومه نشستم. چرا ننشستم...
- کی نشستی دنیا؟ کی ازم پرسیدی، سوری جون، از شوهرت جدا شدی، راضی هستی؟ پشیمون هستی؟ پرسیدی دنیا؟
راست می‌گفت... من هیچ وقت ازش نپرسیده بودم... شاید چون حس می کردم دوست نداره خیلی در مورد گذشته اش حرف بزنه.

- ننشستی میدونی چرا؟ چون تو فکر میکنی دنیا دور محور تو می چرخه. تو ناراحت باشی، دیگران باید به درد دلت گوش بدن. تو خوشحال باشی، باید بشینی دو ساعت از اتفاقات خوب دانشگاه و محل کارت برام حرف بزنی و من بشینم و حرف نزنم و فقط گوش کنم و آخرش بگم، به به... چه چه... چه آدم خارق‌العاده‌ای هست دنیا... چقدر نابغه ست. اصلاً استغفرالله خودِ خود خداست.
- چی میگی سوری حالت خوب نیست؟؟؟
- حالم خوبه. هیچ وقت به این خوبی نبوده. من میگم تو چرا انقدر خودخواهی؟ چرا فکر می کنی همه کارت درسته؟
- نه من این فکر رو نمیکنم.

- دِ میکنی... خوبم فکر میکنی... هرکسی هر کار اشتباهی میکنه، بلند میشی میری روی منبر... که این کار درست نیست... چقدر به این سمیرا بیچاره گفتی این کار رو بکن اون کار رو نکن... بیچاره از دست نصیحت هات گذاشت رفت... نمیگم حرفات حق نبود... بود. منم همه حرفات رو قبول داشتم اما تو خودت اینطوری هستی و برای همه روضه می خونی، چرا حرف کسی رو گوش نمیدی؟ چرا نشد یکبار از منی که فکر میکنی مثل خواهر بزرگت می مونم، بپرسی، آخه سوری... زدی زندگی تو داغون کردی بخاطر خیانت شوهرت، الان چقدر خوشحالی؟

- خُب... فکر کردم ناراحت میشی در موردش حرف بزنی.

- نـه عزیزم... نپرسیدی چون همه چیز دور مدار تو میچرخه، چون فقط تو و مشکلات تو مهمه... فقط تو توی دلت غم داری که باید حرف بزنی تا خالی شون کنی... آسمون سوراخ شده و دنیا خانوم افتاده پایین.

- خُب بگو... الان میپرسم... راضی نیستی؟؟؟ میخواستی با مردی که بهت خیانت کرده بمونی؟ میخواستی ببخشیش تا پُررو بشه و بعد از چند وقت علناً بهت خیانت کنه و نتونی چیزی بگی؟ یا نه میخواستی غرورت رو خرد کنی و باهاش برگردی؟

- نخیر دنیا خانوم. پونزده سال پیش که من جدا شدم، کله ام مثل الان خودت باد داشت. من حتی فرصت ندادم که ابراهیم بهم ثابت کنه این کار رو نکرده. نذاشتم... حتی فرصت ندادم جبران کنه... گاهی فکر میکنم شاید اصلاً خیانت نکرده بود.

سرم رو پائین انداختم و آهی کشیدم و به آرومی گفتم: خُب...

- فکر کردم جدا میشم و منم و این دنیا. با مردای متشخصی که منتظرن من جدا بشم تا بیان خوشبختم کنن. پونزده سال گذشت و جز آدمای به درد نخور کسی پیدا نشد تا اینکه ناصر پیداش شد. همون که تا دم نامزدی رفتم و بهم خورد.

- خُب سوری عزیز من... خوشگل من. موضوع تو با من زمین تا آسمون فرق داره. من الان یک مرد خوب پیدا کردم. کسی که همه جوره به من می خوره.

- تو رفتی مثل من که با زن سابق ناصر حرف زدم، حرف بزنی؟ اصلاً فکر نکردی چرا جدا شدن؟

- نـه معلومـه کـه نـه. تو هم اشتباه کردی حرف زدی. مطمئناً زن سابق ناصر حرفایی زده که ازدواج شما به هم بخوره. زن سابق حمید هم جز بدیهای حمید چیزی به من نمیگه... نبایدهم بگه.

- تو چی؟ اگه کسی بخواد با فرید عروسی کنه و بیاد از تو بپرسه، فقط بدی هاش رو میگی؟

- نه من خوبیهاشم میگم. میگم که مرد زندگی بود و اهل کار و خانواده اما من فرق دارم... من خودم جدا شدم اما بین حمید و زن سابقش برعکس بوده. حمید خواسته جدا بشه... اونم معلومه که از لجش دروغ میگه.

- مطمئنی حمید خواسته؟ پس اگر اینطوره چرا شبونه داشته بچش رو میبرده انگلیس که حمید نذاشته؟

چند ثانیه مکث کردم... گفتم:

- به هر حال حرف زدن با زن سابق اون فقط بد بینم می کنه. واسه همین من حرف نزدم و هیچ وقتم نمیزنم.

سوری پاش رو رو پاش گذاشت و گفت:

- هفته پیش که با حمید رفته بودید خرید و ملیسا و نیکی پیش من بودن و بازی می کردن، مادرش اومد دنبالش.

- خُب؟ نگو که باهاش حرف زدی؟

- حرف زدم...

دستم رو روی گوشام گذاشتم و از جام بلند شدم. گفتم:

- هر چی که شنیدی واسه خودت نگه دار سوری. من نمی خوام بدونم... من حمید رو خودم شناختم. چهار سال و نیمه که دارم می‌شناسمش...

- پس نمی خوای بدونی؟

- نه نه نه... اصلاً...

- چرا می‌ترسی؟ اگر به زنِ اعتماد نداری نباید حرفش رو جدی بگیری اما شاید حرفاش به دردت خورد.

- وای سوری... نه... نکن این کار رو با من... دو ساعت دیگه دارم عقد می‌کنم.

- باشه بهت نمی‌گم چی گفت اما می‌گم بهت که چه حسی داشتم.

با کلافگی گفتم:

- کی چه حسی داشتی سوری؟

- در طول زندگیم. می‌دونی حتی الان که بالای چهل سالمه، وقتی فیسبوک دوستم رو می‌بینم... وقتی می‌بینم عکس پدر و مادرش رو گذاشته و زیرش نوشته... "دو تا مرغ عشق همیشگی... پنجاهمین سالگردِ ازدواجتون مبارک" چی حس می‌کنم؟ ... حس می‌کنم یک گوشه از دلم بی‌هوا می سوزه... گاهی صدای جیزجیزِ سوختنشم می‌شنوم.

می دونستم که سوری سال‌ها پیش از جدایی مادر و پدرش رنج کشیده اما هیچ وقت احساسش رو نگفته بود. گاهی می گفت: "خُب پدر مادرم همدیگه رو دوست نداشتن... حق داشتن جدا بشن" اما امروز حرف‌هایی می زد که هیچ وقت نزده بود.

سوری ادامه داد:

- مثل کسی می مونم که دست نداره... پا نداره. هر وقت آدما رو می‌بینه که دست و پا دارن، حسرت می خوره و می دونه که دیگه نمی‌تونه صاحب دست و پا بشه... می دونه و با حقیقت کنار اومده. زندگی می کنه و از خیلی از آدمایی هم که دست و پا دارن موفق تره اما اون حس همیشه باهاش. آرزوی محال همیشه کنج دلشه. واسه منم این آرزوی محال همیشه بوده و خواهد بود... چشمام رو می بندم و میگم، ای کاش مامان بابای منم مثل دو تا مرغ عشق بودن. دنیا محاله... دیگه محاله... اما من هنوز آرزو می‌کنم. آرزو می‌کنم حتی توی این سن یک روز بفهمم همدیگه رو دوست دارن. نمی خوام باهم زندگی کنن... نه. فقط آرزو دارم یک روز از دهن پدرم بشنوم که مادرم رو دوست داشته. یک روزم پیدا بشه که اگر حرف پدرم شد، مادرم به سر تا پای اسم بابام فحش نده... دنیا اینا همش آرزوهای محاله که من دارم... اما برای نیکی محال نیست... نیکی می تونه بزرگ بشه و مدرسه بره و وقتی هم کلاسیش رو می بینه که با مادر و پدرش خونه میره، حسرت نخوره... نیکی می تونه یک روز از عشق مامان باباش برای دوستاش بگه و لبخند بزنه.

ماتم برده بود... پلک هم نمی زدم و همه حرفاش رو می شنیدم و جیک نمی زدم.

- فقط به من نگو برای نیکی محاله دنیا... چون میدونم محال نیست... چون می دونم و شک ندارم که فرید عاشق تو هستش.

- عاشق من نیست... اگه بود اون دو سال...

- عاشق تو هست... خودت هم میدونی دنیا... داری خودت رو گول میزنی تا مثل همیشه بگی عقل کلِ جهانی. عاشقته... همیشه هم عاشقت بوده... اما بلد نبوده چطوری بگه... بلد نبوده حرف بزنه.

- خیلی خُب من حوصله چنین آدمی رو ندارم سوری... سوری بس کن... چرا الان داری میگی؟ چرا چند روز پیش باهام حرف نزدی؟ الان برای این حرفا خیلی دیره... الان حمید تو ماشین منتظره.

- الان دیر نیست... نگفتم چون فکر می کردم بی فایده است. اما دیشب خواب نیکی رو دیدم. صبح که بیدار شدم با خوردم فکر کردم حرفهام رو بزنم. شاید گوش دادی. شاید قبول کردی. بذار حرفام تموم بشه.

- بگو گوش میکنم.

- شد یکبار به فرید فرصت بدی؟ بعد از اینکه برگشت و خواست اینجا بمونه. شد؟

- ببین سوری جونم! می دونم نگران نیکی هستی. می دونم عاشق نیکی هستی و می خوای نیکی مثل تو نشه اما عزیزم تو توی ایران بزرگ شدی. اینجا کاناداست. نیکی این حسرتی که تو میگی رو حس نمی کنه. چون نصف بچه‌های کلاس‌شون اصلاً بابا ندارن یا اگه دارن نمی بیننش. باز نیکی فرید رو می بینه. بابا سوری تو که می دونی چقدر اینجا مادر مجرد هست که اصلاً نمی دونن بابای بچه شون کجاست یا کیه؟

- اولاً اینجورا که تو میگی هم نیست... نمیگم اصلاً نیست، هست... اما نصف بچه‌های کلاس‌شون نیست... فوقش دو سه تا.

- نه بیشتر به خدا... پنج شش تا.

- اصلاً بگو ده تا. امکان نداره نیکی‌غصه نخوره. یک ثانیه خودت رو بذار جای نیکی... قول دادی با صداقت جوابم رو بدی. مامانت بابات رو دوست داره؟

- آره... خیلی...

- بابات چی؟

- اونم عاشقشه.

- همین الان که فکر می کردی جوابم رو بدی، یک لبخندی تو چهره ات دیدم. پس بذار نیکی‌هم یک روز این آرامش رو داشته باشه.

- آخه عزیزم سوری من فرید رو دوست ندارم. چرا باید برای دخترم نقش بازی کنم؟ که احساس آرامش الکی بهش بدم؟ فکر نمیکنی بالاخره می فهمه و بیشتر ضربه می خوره؟

- من فکر می کردم فرید رو دوست داشتی که باهاش عروسی کردی و صاحب بچه شدی. فکر می کردم فقط به خاطر اینکه زیر قولش زد، کارتون به اینجا رسید.

- آره... اما بعدش از چشمم افتاد. به خاطر تمام کارای بدی که بعدش کرد.

- تو هیچ کار بدی نکردی؟

- چرا منم کردم.
- خب پس چرا اصلاً از چشم فرید نیفتادی؟ هان؟
- من براش جاسوس نذاشتم... تهدیدش نکردم... اون همه مدت بدون یک دلار زن و بچه ام رو توی کشور غریب ول نکردم. اما در عوض فرید ورشکست شد و من بهش پول دادم... من نیکی رو نذدیم از وسط مغازه تا به مرز سکته برسونمش...
- تو پاساژ برای ده ساعت؟ یعنی اینکه با هواپیما دزدیدیش اصلاً حساب نیست؟

ساکت شدم. هیچ وقت از این زاویه به قضیه نگاه نکرده بودم اما واقعاً من از روی اجبار این کار رو کرده بودم، نه از روی تلافی و آزار فرید. اگه فرید ویزاها رو دیده بود بدون شک نابودشون کرده بود و جایی برای صحبت کردن نمی ذاشت.

- خیلی فرق داره سوری. کارهای آدم ها با شرایط و هدفشون ارزش یا بی ارزش میشن.

سوری نفس عمیقی کشید و گفت:
- می دونی من اصلاً حافظه خوبی ندارم. اصلاً هم ناراحت نیستم می دونی چرا؟ چون همیشه فکر می کنم آدم هایی که حافظه خوبی دارن، بیشتر عذاب می کشن. مثل تو... اینکه اصلاً نمی‌تونی فراموش کنی... چون حافظه قوی ای داری. دنیا جان! ول کن اشتباهات فرید رو. به جای اینکه هر لحظه اشتباهات فرید رو به خودت یادآوری کنی، یاد کاری خوبش بیفت.
- دیگه خیلی دیرشده سوری... کاراش یادم نمیره.
- شرط می بندم اگر حمید نبود، به فرید یک فرصت داده بودی... می دادی...
- نه نمی دادم.
- می دادی... حالا برو... برو با همون حمید عروسی کن. فکر کن گل بدون خاره. فکر کن از فرید بهتره. اصلاً فکر نکن که اگه خوب بوده چرا یکبار جدا شده؟ چرا زنش ولش کرده؟
- وای سوری داری دیوونه ام میکنی... چی می دونی از زنش؟ بگو.
- گفتی نگم منم نمیگم.
- حالا میگم بگو.

سوری نفس عمیقی کشید و گفت:
- گفت از بیست سالگی با هم دوست بودن وبیست و دو سالگی عروسی می‌کنن. گفت همه زندگیش رو گذاشته پای حمید تا درس بخونه دکترا بگیره. گفت به خاطر حمید می‌رفته تو رستوران کار می کرده درسش رو ول نکنه اما حمید بعد از اینکه دکترا گرفته فیلش یاد هندستون کرده و گفته چرا درس نخوندی؟ چرا نمیری درس بخونی؟ چرا اینقدر خنگی؟ تو به من نمی خوری؟چرا انقدر سنت و ظاهرت پیر و شکسته شده و هیچ کس باورش نمیشه زن منی. چرا به خودت نمیرسی؟ اصلاً تو برای من کمی.
- تو هم باور کردی؟
- دلیلی نداشت باور نکنم. حرفاش با عقل جور در میاد. کم نشنیدم مردایی که به مقامی و پستی رسیدن و بعدش خوبی ها و فداکاری های زنشون رو فراموش کردن و حتی رفتن سرشون هوو آوردن.

- اگرم اینجوری باشه. حمید هم مثل من با کسی عروسی کرده که بهش نمی خورده. از لحاظ تحصیلات و سن و سال. سوری چرا نمی ذاری حالا که همه چیز درست شده با خیال راحت عروسی کنم؟

- یعنی تو نمی‌فهمی اینها مثل هم بودن؟ تحصیلاتشون مثل هم بوده و حمید وقتی به جایی رسیده به جای تشکر و قدردانی، خُردش می کرده؟ نمی‌فهمی؟

- پس حمید ولش کرده دیگه.

- نه... زنه از سرکوفتاش خسته شده و رفته.

- خُب حالا خیلی هم چیز بدی نبود. منم فکر کردم الان چی می خوای بگی.

- متاسفم دنیا... این یک نشونه است از بی‌عاطفه بودن این مرد... حمید نمی تونه تو رو قدر فرید دوست داشته باشه دنیا. اگر الان داره، یک روزی بی‌وفا بودنش رو ثابت میکنه. اگه یک روز اینی نباشی که الان هستی، همین کار رو با تو هم می کنه. همونطور که به کسی که همه موفقیت هاش رو مدیونش بوده بی‌وفایی کرده، یک روز به تو هم بی وفا میشه.

رفتم توی فکر. اگر حرفای اون زن دروغ نبوده باشه... شاید سوری راست میگه اما دیگه خیلی دیره... خیلی... از جام بلند شدم.

- خیلی خُب... همه حرفات رو زدی... منم شنیدم... حالا حاضر شو بیا بریم... بخدا زشته... زیر پای نیکی و حمید علف سبز شد.

- گفتم که... من الان حال خوشی ندارم اما قول میدم عصری برای جشن و رستوران بیام.

همینطور که سرم رو پایین انداخته بودم و آروم آروم به سمت در می رفتم و تو هر صدم ثانیه به یک گوشه از حرفای سوری فکر می کردم، دستم رو روی دست گیره در گذاشتم که برم بیرون. سوری با من تا ته در اومده بود و گفت:

- دنیا! فرید امروز از ساعت هفت صبح اینجا بود و پیش پای تو رفت. تو چشمای سوری زل زدم و جیک نزدم.

- حاضره هر کاری بکنه تا ببخشیش. قسم خورد که می تونه دوباره عاشقت کنه، گفت بیشتر از قبل دوست داره. نه به خاطر نیکی، به خاطر اینکه با اون همه بدی که بهت کرده بود، توی بی پولی تنهاش نذاشتی و دستش رو گرفتی.

اشک توی چشمای سوری جمع شده بود و پلک نمی زد. هیچی نگفتم و در رو باز کردم. سوری دوباره گفت:

- ای کاش یه کم بخشنده بودی دنیا. ای کاش یکبار به فرید فرصت می دادی.

- پالتوم رو که تو دستم گرفته بودم، با باز شدن در و سرمایی که تو صورتم خورد، انداختم روی دوشم و بازم چیزی نگفتم. داشتم در رو می بستم که دوباره سوری گفت:

- فرید توی کافی شاپ سر کوچه نشسته و دعا می کنه که ببخشیش و بری سراغش.

باز هم حرفی نزدم و ساکت و آروم در خونه سوری رو بستم و یک قدم از در خونه فاصله گرفتم. تمام بدنم سست شده بود و غم بزرگی روی دلم سنگینی می کرد.

نیکی توی ماشین حمید نشسته بود و سرش رو به شیشه پنجره تکیه داده بود و با چشمای معصومش که دیگه خیلی وقت بود نمی خندیدن، بی تفاوت به من نگاه می کرد. حمید توی ماشین نشسته بود و چشماش رو بسته بود. انگار بس که منتظر مونده بود خوابش گرفته بود... عجب خواب بی موقعی.

سرم رو چرخوندم و بی اختیار به سر کوچه نگاه کردم. شاید فقط صد قدم با کافی شاپ فاصله داشتم و کمتر از ده قدم با ماشین حمید... چشمام رو بستم و فکر کردم... آیا سرمای اون لحظه و ثانیه که تو دل شهر و دل خودم خونه کرده بود، تاب و توانی هم برای راه رفتن تا سر کوچه رو باقی گذاشته بود؟

آروم آروم توی سرما به سمت ماشین رفتم. نمی دونم به خاطر سرما بود، یا حالی که از حرفهای سوری پیدا کرده بودم اما پاهام رو حس نمی کردم. چکمه های سفید زیر زانو پوشیده بودم که پاشنه های بلندی داشت. به سختی توی برف خودم رو به ماشین رسوندم. تا در ماشین رو باز کردم حمید چشماش رو باز کرد و به سمتم نگاه کرد. با لبخند همیشگیش نگاهم کرد و گفت:

- پس سوری کو؟
- حالش خوب نیست. شاید بعد از عقد بیاد.
حمید کمی مکث کرد و گفت:
- بریم عروس خانم؟
هیچی نگفتم و سرم رو به علامت تأیید تکون دادم. حرکت کرد و منم ناخوداگاه صدای ضبط ماشین رو بلند کردم و گفتم:
- من عاشق این آهنگم.

اصلاً آهنگی که داشت پخش میشد رو نمی شناختم. شاید چند باری از رادیو شنیده بودم، اما نه اسم خواننده اش رو می دونستم نه آهنگ رو. شاید فقط می خواستم سکوت کنم و حرفی نزنم. شاید می خواستم فکر کنم. همینطور که می رفتیم از کنار کافی شاپ رد شدیم. سعی کردم داخل کافی شاپ رو ببینم اما داخل کافی شاپ دیده نمی شد. چشمام رو بستم و سعی کردم تمرکز کنم... باید چی کار می کردم؟ اصلاً مگه ممکن بود مردی مثل حمید که نه تنها به من، بلکه به همه کمک می کرد، بتونه همسرش رو به بهانه پایین تر بودن از خودش رها کنه؟ نه اینجور خصلت ها به حمید نمی خورد. حمید نمی تونست چنین آدمی باشه.

اما هر چی بیشتر فکر می کردم به این حرف سوری حق می دادم. سوری بهم گفت اگر حمیدی در کار نبود شاید یک فرصت دیگه به فرید می دادم. آره می دادم. سوری راست می گفت. من به خاطر هدفم این همه بدبختی کشیده بودم. شاید به خاطر نیکی یک فرصت به فرید می دادم. اما الان خیلی دیره. الان که حمید رو تا این لحظه امیدوار کردم، نباید جا میزدم، این کار نامردی بود. نمی تونستم بهش این ظلم رو بکنم. همه فامیل هایی که توی تورنتو داشت و عده ای از دوستاش امروز به خاطر جشن کوچیکی که داشتیم به رستوران دعوت بودن. نه من نمی تونستم آبروش رو جلوی آشناهاش ببرم.

نزدیکای دفتر ازدواج بودیم. حمید صدای ضبط رو کم کرده بود و حرف میزد. چی می گفت؟ شاید داشت یک خاطره تعریف می کرد... گوش نمی دادم. فقط هر وقت با خنده حرفش رو میزد، من هم لبخندی تصنعی می زدم. هر وقت می خندید من هم صدای خنده ای از خودم در می آوردم. تا اینکه رسیدیم. به نیکی نگاه کردم. آی پدی که تازه خریده بودم رو دستش گرفته بود و داشت بازی می کرد. با بی حوصلگی آی پد رو توی کوله پشتی اش گذاشتم و پیاده شد. وارد ساختمان شدیم. دست نیکی رو گرفته بودم و جلوتر از حمید راه می رفتم. رسیدیم به دفتر و حمید شروع کرد به حرف زدن با خانمی که پشت میز نشسته بود.

نیکی من رو بغل کرد اما حرفی نمی زد. حمید اومد سمتمون و گفت:

- بریم بشینیم توی اون سالن. نیم ساعتی مونده.

رفتیم توی سالن. روی مبل نشستیم. نیکی سرش رو روی سینه من گذاشته بود و دستش رو دور کمرم حلقه کرده بود. حمید هم نشست. اصلاً نگاهش نمی کردم. تا اینکه گفت:

- یک جوری شدی.

هول شدم. نگاهش کردم و گفتم:

- چی؟ من؟ نه!

- چرا. نه به اون شوق و ذوقی که سر صبح داشتی نه به الان. از وقتی از خونه سوری اومدی ناراحتی. نکنه به خاطر اینکه سوری نتونست بیاد برای عقد ناراحتی؟

سکوت کرده بودم و فکر می کردم.

- بگو دنیا. می دونم از نبودن مامان و بابات ناراحتی. سوری هم که نتونسته بیاد بیشتر توی ذوقت خورده. مگه نه؟ درست فهمیدم؟

حمید داشت به هر دری می زد تا بفهمه چی توی سرم می گذره. تا اینکه بالاخره بعد از کلی اصرار حمید گفتم:

- حمید! اگر بهت بگم امروز عروسی نکنیم خیلی ناراحت میشی؟

فکر کنم رنگ از صورتش پرید. نگاهش رو از من گرفت و گفت:

- من که بهت گفتم اگر دوست داری صبر می کنیم تا مامانت اینها هم بیان. خودت قبول نکردی.

- خُب الان خیلی دیره اگر قبول کنم؟

حمید حسابی کلافه شده بود. دست روی سرش می کشید و تند تند پاهاش رو تکون میداد.

- چی میگی دنیا. الان؟

- باشه ببخشید. مهم نیست. فراموش کن. حرفشم نزن دیگه.

حمید ازم فاصله گرفت. شروع کرد به قدم زدن توی سالن. بدجوری توی فکر رفته بود. چند دقیقه بعد برگشت و نشست کنارم و گفت:

- دنیا پاشو. بلند شو بریم.

- کجا؟

- بریم.

توی چشمام نگاه نمی کرد. از در سالن رفت بیرون و من و نیکی هم بلند شدیم و پشت سرش رفتیم. حالم بد شده بود. نکنه حمید از دستم ناراحت شده باشه؟! داد می زدم:

- حمید... حمید چی شد؟ تو رو خدا صبر کن...

بالاخره دم در اصلی ساختمان، قبل از اینکه وارد برف و بوران بشیم ایستاد و گفت:

- مگه ته دلت نمی خوای عقب بندازیم؟

- چرا... اما انقدرها هم مهم نیست.

- مهمه... دنیا من و تو جوون بیست و یک ساله نیستیم که از هول حلیم توی دیگ بیفتیم. من دلم نمی خواد همسرم، روز ازدواجمون با این قیافه بق کرده بشینه بق کرده روبروم. من می خوام با فکر، با عشق، با اطمینان خاطر با هم ازدواج کنیم. اگر به هر دلیلی تردید داری، نباید این کار رو بکنیم.

- من... من تردید ندارم حمید. نکنه تو تردید داری؟

- من نه تنها تردید ندارم، بلکه برای امروز ثانیه شماری کردم. چهار ساله به این لحظه فکر میکنم. اما توی همه رویاهایی که از این لحظه ساخته بودم، تو داشتی مثل همیشه می خندیدی، حرف می زدی. شادی می کردی. من تو رو این جوری که الان هستی تجسم نکرده بودم دنیا. توی نگاهت تردید میبینم. ازدواجی که با تردید شکل بگیره، آخرش برای هر دوی ما واضحه.

- من... من... راست میگی حمید. یک کمی دودل شدم.

حمید که انگار بهم یک دستی زده بود تا از زیر زبونم بکشه که تردید دارم، با ناراحتی گفت:

- پس واقعاً تردید داری؟ واقعاً! شک کردی به انتخابت؟

- نه نه... در اینکه تو بهترین گزینه هستی شک ندارم... تو همونی هستی که من می خوام.

- پس چی؟ چی شد امروز خونه سوری؟

- هیچی... به خدا... فقط سوری بهم تلنگر زد... گفت خودخواهم. آره حمید من خودخواهم؟

- نه خودخواه نیستی... تو یک انسانی و حق ازدوج داری. تو تازه سی و دو سالته دنیا. چرا فکر میکنی چون بچه داری نباید ازدواج کنی؟

- نه... من این فکر رو نمی کنم... حمید بس کن. الان نمی خوام در موردش حرف بزنم. بیا بریم بالا. فراموش کن. اصلاً من می خندم. دیگه سکوت نمی کنم. این دودلی هم تموم شد و رفت.

- نه دنیا!

حمید دیگه چیزی نگفت و از در ساختمون بیرون رفت. پشت سرش من و نیکی هم دویدیم و رفتیم توی ماشین.

حمید توی راه حرفی نمی زد. تا اینکه گفتم:

- حمید. به خدا من دوستت دارم.

- هیس...

حمید ناراحت بود. حس کردم دستاش روی فرمون میلرزن. از خودم بدم اومده بود. حالا باید چی کار می کردم. برگشتم به صورتش نگاه کردم. یک لایه اشک توی چشماش جمع شده بود.

بغض کردم. این چه زندگیِ که من دارم؟ چرا باید سوری این حرفها رو به من میزد و من رو اینطوری کن فیکون می کرد؟ وسط های راه بودیم که از حمید خواستم ما رو ببره خونه سوری.

رسیدیم دم در خونه سوری. از نیکی خواستم بره توی خونه. صبر کردم تا سوری در رو باز بکنه و نیکی وارد خونه بشه. سوری تا در رو باز کرد نیکی رو با خوشحالی توی بغلش گرفت.
به حمید گفتم:
- من رو می رسونی خونه خودم؟
حمید با بی حوصلگی راه افتاد. دستش رو گرفتم و گفتم:
- حمید. یک کم به من فرصت بده. میدی؟
حمید سرش رو تکون داد و بعد گفت:
- یک سال. ده سال. هر چقدر خواستی صبر می کنم. اما نمی خوام اینجوری با دودلی همسرم بشی. میفهمی؟
- میفهمم.
- فقط به من بگو سوری بهت چی گفت؟
- سوری... سوری خیلی چیزها بهم گفت. اما چیزی که من رو به فکر فرو برد این بود... بهم گفت اگه تو توی زندگیم نبودی به فرید یک فرصت دوباره می دادم. به خاطر نیکی. راست میگه حمید. من به خاطر هدفم اینجا اومدم. بهش رسیدم. اگه تو توی زندگیم نبودی بهش فرصت می دادم.

حمید جیک نزد و تا دم خونه ام ساکت بود. وقتی رسیدم دم در خونه گفتم:
- می دونم ازم متنفر شدی حمید. می دونم... می دونم اگر به فرید فرصت بدم، به احتمال خیلی خیلی زیاد رفوزه میشه. اونوقت دیگه تو رو هم نمی تونم داشته باشم... می دونم میری و فراموشم می کنی. اما نمی خوام بعدها به خاطر نیکی به خودم بد و بیراه بگم، که چرا به فرید یک فرصت ندادم. شاید فرصت بدم و بی فایده باشه. اما حداقل یک عمر با عذاب وجدان زندگی نمی کنم. می فهمی حمید؟

حمید هیچی نمی گفت. سرش رو به علامت تایید تکون داد و گفت:
- خداحافظ

از ماشین پیاده شدم. در رو بستم و حمید این بار بر خلاف همیشه که صبر می کرد وارد خونه بشم، حرکت کرد و رفت. به دور شدنش نگاه کردم و بی اختیار زدم زیر گریه. خودم رو به سرعت به خونه رسوندم. لباس عروسیم رو از تنم درآوردم و خودم رو روی تخت انداختم. گریه می کردم. گریه ای بلند و از ته دل. خدایا نکنه من اشتباه کردم؟

فصل پنجم

سالها بعد...

حس می کردم چیزی داره می کوبه به شکمم. چشمام رو باز کردم. به سختی از جام بلند شدم و نشستم لب تخت. دست روی شکمم کشیدم. من همیشه عادت داشتم روی شکمم دست بکشم. حس می کردم اینطوری دارم بچه ام رو نوازش می کنم. این کار حسی خوبی به من می داد. حتی وقتی برای نیکی حامله بودم همین کار رو می کردم. شاید کار درستی نباشه. چون این برام تبدیل به یک عادت شده بود. انقدر تند تند دست روی شکمم می کشیدم که شک ندارم بارها و بارها همکارام من رو حین انجام این کار دیده بودن. حتی شاید چندبار توی ملاقات های کاری این کار رو کرده بودم. باید کمی بیشتر مراقب باشم. ناسلامتی مدیر هستم و شاید اینکارم صورت خوشی نداشته باشه.

بلند شدم و رفتم سمت اتاق نیکی. نیکی سحرخیز بود و اون روز خبری ازش نشده بود. رفتم بالای سرش و دیدم مثل فرشته ها خوابیده. گاهی به این فکر میکنم که آیا ممکنه بتونم بچه دومم رو هم به اندازه نیکی دوست داشته باشم؟! اما همه مادر هایی که بیشتر از یک فرزند دارن بهم گفتن، وقتی برای اولین بار بچه رو توی بغلم بگیرم، اون موقع است که می فهمم هیچ فرقی با نیکی برام نداره. حتی با اینکه این بار صاحب یک پسر کوچولو میشم.

شاید ته دلم می خواست بچه دومم هم دختر بشه. مخصوصاً که فاصله سنیش با نیکی خیلی زیاده. نیکی الان یازده سالشه و به طور قطع آیدین کوچولو تا مدتها براش حکم یک عروسک رو پیدا میکنه تا یک دوست و برادر.
اون روزجمعه بود ولی تعطیل رسمی بود. دلم می خواست برم بیرون و برای آیدین کمی خرید کنم. اما تنهایی سخت بود. باید صبر می کردم تا بابای این آیدین کوچولو از سفر برگرده.

یک سالی بود که باهم ازدواج کرده بودیم. دقیقاً سه سال و چهار ماه بعد از اینکه با هم قطع رابطه کردیم. همون روز که من رو دم در آپارتمانم پیاده کرد و رفت. همون روزی که قرار بود عقد بکنیم. شاید اگر اون روز ازدواج کرده بودیم، آیدین الان سه ساله بود و به جای یازده سال، هشت سال از نیکی کوچکتر می بود. از همه مهمتر، من توی سن سی و هفت سالگی با اینهمه فشار کاری، مجبور نبودم باردار بشم. نمی گم پشیمونم. درسته سه سال دیرتر به حمید رسیدم، اما حداقل یک عمر کول باری از عذاب وجدان رو روی دوشم نمی کشم. شاید الان کمتر احساس می کنم که خودخواه بودم. من انقدر صبر کردم که حتی صدای نیکی هم در اومد. روزهای آخری که با فرید بودم، وقتی داشتیم یکی از همون دعواهای لفظی کذایی رو با هم می کردیم، نیکی در اتاقش رو باز کرد و گفت: "بسه... برید بیرون دعوا کنید. خسته شدم. اصلاً شماها چرا جدا نمیشید؟ چرا؟ اگه به خاطر منه، من نمی خوام! نمی خوام با هم باشید. جداشید." بعدم در اتاقش رو کوبید و رفت. همون موقع فرید از خونه رفت بیرون و چند روزی پیداش نشد.

کار من خیلی فشرده بود. گاهی از ساعت هفت صبح سر کار بودم و تا هشت شب خونه نمی اومدم. فرید نمی تونست تحمل بکنه. همیشه سر اینکه چرا دیر میام خونه دعوا راه می انداخت. بهش می گفتم، فرید، فقط چند ماه صبر کن تا این پروژه به سرانجام برسه. من سرپرست گروهم. چطور می تونم از بقیه کارمندها انتظار داشته باشم تا دیروقت سر کار باشن و خودم زودتر از همه برم خونه؟! اما فرید دست بردار نبود. نمی تونست تحمل کنه. حتی چند بار بهم شک کرده بود که شاید با حمید سر و سری دارم که دیر میام خونه.

حمیدِ بیچاره. من بعد از اون روز حتی یکبار هم حمید رو ندیده بودم. حمید بی سر و صدا از زندگی من رفت بیرون. فقط چند روز قبل از ازدواج مجددم با فرید بهش زنگ زدم و ازش حلالیت خواستم.

تهمت های فرید بیشتر عصبانیم می کرد. نمی دونم واقعاً شک می کرد یا دلش می خواست عذابم بده تا حدی که از خیر کار بگذرم. نه اینکه از کار کردن من ناراضی باشه، چون به هر حال درآمد خیلی خوبی داشتم اما همیشه می گفت لازم نکرده سرپرست تیم باشی. برو یک کار معمولی پیدا کن و کمتر مسئولیت داشته باش تا انقدر وقتت توی شرکت تلف نشه. گاهی می گفت، تو چه مدیری هستی که اختیارت دست خودت نیست و باید تا دیروقت کار کنی؟ گاهی هم با حرف هاش تحقیرم می کرد. می گفت، شرکتی که تو سرپرست تیمشون باشی، باید درش رو گِل گرفت. حتماً از این شرکت های دربه داغونه که تو رو مسئول کردن... شرکتی که توش کار می

کردم از بزرگترین شرکت های مخابراطی کانادا بود و بیش از هفت هزار نفر در سر تا سر کانادا کارمند داشت. من سرپرست یک پروژه بزرگ با بیش از صد و پنجاه نفر کارمند بودم. همه اینها رو به فرید می گفتم. اما باز هم دست از تحقیر و کوچیک شمردن کارم بر نمی داشت. وای خدای من، این مرد اصلاً ارزشی برای پیشرفت کاری من قائل نبود. اصلاً دیگه نمی خوام بهش فکر کنم که هربار بهش فکر می کنم بیشتر اعصابم خرد میشه.

تلفنم زنگ خورد. حمید بود. گوشی رو برداشتم. حمید تازه از هواپیما پیاده شده بود و داشت میومد خونه. زود رفتم دم میزتوالتم و شروع کردم به آرایش کردن. با اینکه یک سالی بود باهم ازدواج کرده بودیم، اما بیشتر مواقع از هم دور بودیم. حمید هنوز استاد دانشگاه تورنتو بود و به خاطر من برای دانشگاه هاروارد اقدام کرده بود. خدا خدا می کردم تا زودتر یک معجزه ای بشه و حمید هم بتونه برای همیشه پیش ما زندگی بکنه.

درست چند ماه بعد از جدایی از فرید، به پیشنهاد کاری که مدتها پیش از شهر بوستن آمریکا داشتم جواب مثبت دادم. دیگه چیزی نبود که به خاطرش بخوام تورنتو بمونم. فرید هم با یک زن میانسال کانادایی- فرانسوی دوست شده بود و رفته بود مونترال و پیشش زندگی می کرد. اون زن از کشور هندوستان جنس می آورد و توی یک بوتیک، لباس زنانه می فروخت. دقیقاً از جنس کار هایی که فرید هم عاشقش بود. الان یک سالی میشه که با هم هستن و هر از گاهی عکس های عاشقانه شون رو توی صفحه فیسبوکش می بینم. برام جالب بود، فریدی که از یادگیری زبان انگلیسی می ترسید و یکی از دلایل نیومدنش به کانادا، ترسش از یادگیری زبان بود، هر از گاهی وقتی با نیکی تلفنی حرف میزد، کلمات فرانسوی می پروند. دیگه اصراری نداشت نیکی رو هر روز ببینه و توی این مدت فقط یکبار برای دیدن نیکی اومده بود.

چند روز بعد از اینکه پام به بوستن رسید، مشغول پیدا کردن خونه و خرید ماشین بودم تا بتونم هرچه زودتر نیکی رو که پیش سوری گذاشته بودم پیش خودم بیارم که یک ایمیل از حمید دریافت کردم. وقتی ایمیلش رو دیدم احساس عجیبی بهم دست داد. شاید ته دلم دنبال یک معجزه بودم که بتونم دوباره با حمید برگردم. اما جرأت نداشتم حتی در موردش فکر کنم چه برسه که اقدامی بکنم. اون معجزه اتفاق افتاد و حمید باهام تماس گرفت. بعدها فهمیدم که حمید همیشه از طریق مدیر اصلی شرکتم که از دوستانش بود، اخبار کاری مربوط به من رو می گرفته. از استعفام و حتی از طلاقم خبردار شده بود و بعد از چند روز که با خودش کلنجار رفته بوده، بالاخره خودش رو راضی میکنه و باهام تماس می گیره.

من و حمید ازدواج کردیم و بالاخره بعد از این همه سال مزه خوشبختی رو زیر زبونم حس کردم. قبل از ازدواج بالاخره دلیل جدایی حمید از همسرش رو پرسیدم. حمید هم دقیقاً مشکل من رو پیدا کرده بود. همسرش بعد از چند سال درس و دانشگاه رو کنار گذاشته بود. اما دلیل همسرش کار کردن و درآمد داشتن برای سرپرستی خانواده نبوده. حمید به اندازه کافی از بورس ودرآمد دانشگاهی برخوردار بوده که نیازی به کار کردن همسرش نباشه. از طرفی پدر حمید از دنیا رفته بوده و ارثیه زیادی بهش رسیده بود و این نیاز مالی به هیچ عنوان وجود نداشته. حمید

می گفت هر چه اصرار کرده که همسرش از دانشگاه استعفا نده، قبول نکرده. حتی دو سالی همسرش به انگلستان پیش خانواده اش بر میگرده و حمید رو رها میکنه. تا اینکه با اصرار های حمید آشتی میکنه و بر میگرده. بعد هم ملیسا به دنیا میاد و جنگ و دعوا ها به اوج خودش میرسه و در نهایت تصمیم به جدایی میگیرن. باید اعتراف کنم حرفهای سوری اون روز من رو دو دل کرده بود، اما دو دل شدنم به خاطر شکم به حمید نبود. من فقط به خاطر نیکی و فرصتی که فکر می کردم به خاطرش باید به فرید بدم، پا پس کشیدم. پشیمون نیستم و هیچ وقت هم هیچ کسی رو مقصر ندونستم. من باید این فرصت رو می دادم تا به خودم و بقیه ثابت کنم که می تونم خودخواه نباشم.

صدای باز شدن در رو شنیدم. دویدم به طرف در خونه. حمید بود. همدیگه رو بغل کردیم. دو هفته ای بود که ندیده بودمش. دستی روی شکمم کشید و گفت:

- پسرم چطوره؟

لبخند زدم. حمید بالافاصله پرسید:

- دخترم کجاست؟

- خوابه.

- پس صبر میکنم نیکی هم بیدار بشه بعد خبر میدم.

- چه خبری؟

- یک خبر خوب!

از بالای راه پله صدای نیکی رو شنیدیم که می گفت:

- من بیدارم...

نیکی از پله ها پایین اومد و صبح بخیر گفت. حمید رو بغل کرد و گفت:

- من می دونم چه خبری داری دَدی.

نیکی هیچوقت حمید رو بابا صدا نزد. در عوض مثل ملیسا دَدی صداش می کرد.

- چه خبری دارم؟ اگه درست حدس زدی جایزه داری.

- کارتون درست شد. بالاخره استاد دانشگاه هاروارد شدین؟

حمید در حالی که لبخندش رو مخفی می کرد گفت:

- دنیا نیکی هوشش به خودت رفته. باهوش و باذکاوت. ای کاش آیدین هم مثل تو و نیکی بشه.

ناخوداگاه جیغ کشیدم...

- وای دروغ میگی حمید؟ درست شد؟ وای تو که گفته بودی امکانش خیلی کمه...

- آره همین دیروز قطعی شد.

- چرا زودتر نگفتی؟

- خواستم بیام رو در رو بگم.

- خیلی خوشحالم... خیلی...

اشک توی چشمام جمع شده بود. تا دو ماه آیدین به دنیا میومد و وجود حمید در کنارم جزء بزرگترین آرزوهام شده بود. یک سال دوری و رفت و آمد هر دوی ما رو خسته کرده بود. حمید گفت:

- پس دیگه نگران کارِت هم نباش. میتونی بعد از چند ماه برگردی سر کار خانم دکتر. من کارم خیلی سبک تر از توست.
- نه مگه میشه؟ کار جدیده. باید کلی خودت رو ثابت کنی.
- یک سال اول خیلی دانشجوی دکترا یا فوق نمی گیرم. شاید فقط دو تا کلاس بگیرم. کارم رو سبک می کنم تا آیدین بزرگتر بشه.

نفس عمیقی کشیدم و لبخند زدم. حمید بهتر از هرکسی می دونست چقدر کارم برام مهمه. چقدر وجودم سر کار لازمه و چقدر برای کارم زحمت کشیدم. اون بیشتر از من برای موفقیتم حرص می خورد و تحسینم می کرد. حمید به خاطر من، به خاطر کارِ من، شهرش و کشورش رو عوض کرد. تنها فامیلش که توی تورنتو بودن رو رها کرد. همه این کار ها رو به خاطر من کرد. همه رو با جون و دل کرد. هیچ قولی هم نداده بود که به خاطرش مجبور به این همه از خود گذشتگی بشه.

- یک خبر دیگه هم دارم. تعطیلات تابستون ملیسا میاد پیشمون.
نیکی لبخندی زد و گفت:
- خودم میدونم.
- می دونی؟ (حمید با تعجب نگاهش کرد)
- دَدی من و ملیسا هر روز با هم حرف میزنیم.

نیکی و ملیسا تقریباً هم سن و سال بودن و دوست های خوبی هم برای هم بودن. ملیسا دو سالی بود که با مادرش به انگلستان رفته بود و کنار مادربزرگ و پدر بزرگش زندگی می کرد اما همیشه از طریق اینترنت با نیکی در تماس بود. این اواخر هر وقت وارد اتاق نیکی می شدم تصویر ملیسا رو توی آی پد نیکی می دیدم و با هم حال و احوال می کردیم. از اینکه انقدر با هم دوست بودن و همیشه با هم در تماس بودن، احساس خوبی بهم دست می داد.

حمید لبخندی زد و رفت بالا تا لباسش رو عوض کنه. من هم رفتم توی آشپزخونه. دلم می خواست رنگارنگ ترین صبحانه ی دنیا رو روی میزی که توی بالکن بود، بچینم. دلم می خواست زیر آفتاب بشینیم و از این هوای بهاری و این نسیم زیبا در کنار هم لذت ببریم. دلم می خواست این مرد رو که اسطوره ای از محبت و گذشت و فداکاریه، هر روز صبح روبروم ببینم و صبحم رو با گرمای وجودش آغاز کنم. ای کاش ما آدم ها ایمان داشتیم که هیچ بدبختی ای توی این دنیا نیست که اختیار ما درش دخیل نباشه. ما آدم ها با انتخاب های غلط، مشتی از مشکلات و سختی ها رو وارد زندگیمون می کنیم و بعد به جای حل مشکل، دیگران و حتی سرنوشت رو باعث و بانیِ مشکلاتمون می دونیم. ما آدمها به موقع تصمیم درست رو نمی گیریم و یک عمر خودمون و حتی اطرافیانمون رو زجر میدیم... فرید آدم بدی نبود. منم بد نیستم. ما دو تا آدم با این همه عقاید متفاوت می تونستیم از ابتدا درست انتخاب کنیم و انقدر خودمون رو عذاب ندیم. مطمئنم فرید هم الان بیشتر احساس خوشبختی میکنه و بهش ثابت شده، به جای سعی در تغییرِ

من، باید از ابتدا به دنبال فرد دیگه ای می بوده. فردی که مثل خودش فکر بکنه و اونجور که اون دوست داره عمل بکنه.

شاید تنها چیزی که باعث میشه گاهی دلم بگیره، دوری ازخانواده ام و وطنم ایرانه. آره من از روز اول نیتم ترک کشورم نبود. اما باید حقیقت رو پذیرفت. ما آدم ها مثل درخت می مونیم. هر چی بیشتر یک جا بمونیم بیشتر ریشه می دوانیم و سخت تر می تونیم از اونجا کنده بشیم. مخصوصاً که بعد از سالهای سال ساده زندگی کردن در اینور دنیا، برگشتن و تغییر نحوه ی زندگیم برام خیلی سخته. اما با تمام این وجود نگران نیستم. می دونم اگر روزی بخوام برای همیشه به ایران برگردم، حمید باز هم به خاطرم فداکاری میکنه. حمید همیشه میگه:"برام مهم نیست کجا زندگی بکنم. برام مهمه جایی زندگی کنم که تو در اونجا شاد باشی."

نیکی کوچولوی من که از من هم قد بلندترشده، به آشپزخونه اومده بود و توی آماده کردن صبحانه بهم کمک می کرد، می خندید وچشماش برق خوشحالی میزد. شک نداشتم که اون هم به اندازه من خوشحاله. خیلی دوست داشت زودتر این مدت هم بگذره تا بتونه آیدین رو توی بغلش بگیره. نیکی همیشه بهم می گفت، دوست داره روزی دکتر بشه، دکتر اطفال. اینجوری می تونه با یک تیر دو نشون بزنه. هم به بچه های کوچولو کمک بکنه و هم خانم دکتر بشه. نیکی درس خون بود وبا استعداد. شک نداشتم و خیالم راحت بود که اون هم روزی برای رسیدن به اهداف و آرزوهاش می جنگه.

پایان

Donya's Journey
Copyright © 2015 by Salma Attaran

www.salma-attaran.com
Email: salma.rokrast@gmail.com
ISBN-13: 978-1511635875

Editor: Sadra Samadi, Samaneh Rakhshan Pouri
Designed by: Sasan Habibian
Cover Photo: Nariman Mani